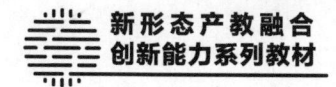

新形态产教融合
创新能力系列教材

电子商务
基础与应用

毕 波　宋艳苹 ◎ 主编
李瑞吉　李 顺　张玄知　张 洋　费 洋 ◎ 副主编

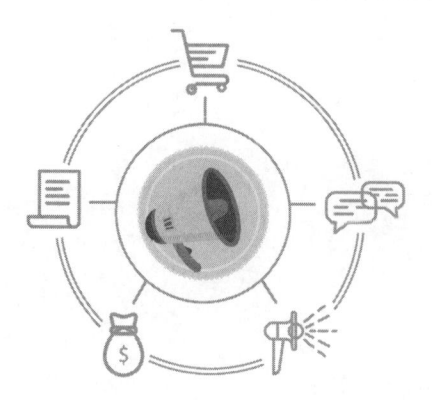

电子工业出版社
Publishing House of Electronics Industry
北京 · BEIJING

内 容 简 介

本书共 8 章，分别为电子商务基础知识、电子商务技术基础、电子商务模式、电子支付、电子商务物流、网络营销、电子商务法律法规和电子商务新领域。每章设有"学习目标""知识框架图""思政目标""引导案例""案例与思考""知识拓展""思政案例""本章小结""学习与思考""技能训练"等模块。同时，本书还提供课程标准、电子课件、习题答案、实训指导、教学案例、教学视频和模拟试卷等教辅资料。

本书可作为高职高专及应用型本科电子商务、市场营销、工商管理等专业的教材，也可作为电子商务相关工作人员的自学用书及电子商务培训班的培训资料。

未经许可，不得以任何方式复制或抄袭本书部分或全部内容。
版权所有，侵权必究。

图书在版编目（CIP）数据

电子商务基础与应用 / 毕波，宋艳苹主编. -- 北京：电子工业出版社, 2025. 1. -- ISBN 978-7-121-49090-3
Ⅰ. F713.36
中国国家版本馆 CIP 数据核字第 202470E6V0 号

责任编辑：袁桂春　　文字编辑：韩玉宏
印　　刷：三河市鑫金马印装有限公司
装　　订：三河市鑫金马印装有限公司
出版发行：电子工业出版社
　　　　　北京市海淀区万寿路 173 信箱　邮编：100036
开　　本：787×1 092　1/16　印张：14.75　字数：378 千字
版　　次：2025 年 1 月第 1 版
印　　次：2025 年 1 月第 1 次印刷
定　　价：59.00 元

凡所购买电子工业出版社图书有缺损问题，请向购买书店调换。若书店售缺，请与本社发行部联系，联系及邮购电话：(010) 88254888，88258888。
质量投诉请发邮件至 zlts@phei.com.cn，盗版侵权举报请发邮件至 dbqq@phei.com.cn。
本书咨询联系方式：（010）88254199，sjb@phei.com.cn。

前言

党的二十大报告指出:"教育、科技、人才是全面建设社会主义现代化国家的基础性、战略性支撑。必须坚持科技是第一生产力、人才是第一资源、创新是第一动力,深入实施科教兴国战略、人才强国战略、创新驱动发展战略,开辟发展新领域新赛道,不断塑造发展新动能新优势。"这为推动当下和未来一段时间内我国科教及人才事业的发展、构建人才培养体系指明了基本方向。

近年来,电子商务这一学科的理论与实践又有了突飞猛进的发展,新零售、跨境电子商务、农村电子商务、移动电子商务等成为电子商务新的发展方向。电子商务专业从业者需要具备完整的电子商务理论知识,拥有对电子商务市场、行业发展趋势的分析能力,以及对电子商务的行业应用能力。为此,我们特地编写了本书,以理论、案例、练习相结合的形式,全面介绍电子商务的系统理论知识,以及电子商务在各行业的实际应用,帮助读者更好地理解和掌握电子商务的理论知识。

本书共8章,分别为电子商务基础知识、电子商务技术基础、电子商务模式、电子支付、电子商务物流、网络营销、电子商务法律法规和电子商务新领域。每章设有"学习目标""知识框架图""思政目标""引导案例""思政案例""案例与思考""知识拓展""本章小结""学习与思考""技能训练"等模块。同时,本书还提供课程标准、电子课件、习题答案、实训指导、教学案例、教学视频和模拟试卷等教辅资料。

本书具有以下特色:

(1)知识结构合理。本书从宏观角度出发,合理布局,对围绕支撑电子商务活动的各项内容进行全面介绍,即先从电子商务的基础知识开始讲解,循序渐进,层层深入,使读者对电子商务有一个全方位的了解。

(2)模块设置多样、体例新颖。在具体内容安排上,每章开篇设有"学习目标""知识框架图""思政目标""引导案例"等模块,方便读者课前预习、把握重点;正文穿插"案例与思考""知识拓展""思政案例"等栏目,其中,案例的启发思考题目可用来进行课堂互动教学,知识拓展提供更多有趣的相关资料或实用技能;章后设有"本章小结""学习与思考""技能训练"等模块,方便对所学内容进行回顾和巩固。

(3)融入课程思政,提升个人素养。本书在内容布局、案例选取和栏目设计等方面融入了思政元素,便于教学实施"课程思政",培养读者敢于担当、勇于奉献、诚实守信的良好品格,提升读者的职业道德和文化自信。

(4)配套资源丰富。本书不仅提供精美的教学课件、课程标准、电子教案、微课教学视频等资源，还提供习题库、课后题参考答案、模拟试卷及答案、实训指导书等配套教学资源，有需要的读者可自行通过电子工业出版社的网站免费下载。

本书由长春职业技术学院毕波、宋艳苹担任主编，由李瑞吉、李顺、张玄知、张洋、费洋担任副主编。宋艳苹老师负责全书整体设计和统稿，隋东旭对本书做了细致的审校工作。在本书编写过程中，编者整合了多年的自用教学资料，也参考了许多同行的相关教材和案例资料，在此对他们表示崇高的敬意和衷心的感谢！

本书可作为高职高专及应用型本科电子商务、市场营销、工商管理等专业的教材，也可作为电子商务相关工作人员的自学用书及电子商务培训班的培训资料。

由于编者水平有限，书中难免存在疏漏和不当之处，恳请专家、读者批评指正。

编　者

目录

第一章 电子商务基础知识 … 1

第一节 电子商务概述 … 3
一、电子商务的概念 … 3
二、电子商务的基本组成要素 … 4
三、电子商务的产生与发展 … 5

第二节 电子商务的功能与分类 … 7
一、电子商务的功能 … 7
二、电子商务的分类 … 8

第三节 电子商务的应用 … 12
一、在线教育 … 12
二、在线旅游 … 14
三、互联网医疗 … 15
四、电子政务 … 18

思政案例 … 19
本章小结 … 21
学习与思考 … 21
技能训练 … 22

第二章 电子商务技术基础 … 24

第一节 电子数据交换技术 … 26
一、电子数据交换技术的发展概况 … 27
二、电子数据交换的方式 … 28
三、电子数据交换的组成要素 … 29
四、电子数据交换的应用 … 30

第二节 计算机网络技术和互联网技术 … 31
一、计算机网络技术 … 31
二、互联网技术 … 33
三、网络互联技术 … 34

四、互联网接入技术 38
　　五、互联网的应用 39
　第三节　电子商务新兴技术 41
　　一、物联网 41
　　二、云计算 47
　　三、大数据 50
　　四、人工智能 52
　思政案例 54
　本章小结 54
　学习与思考 55
　技能训练 56

第三章　电子商务模式 57

　第一节　B2C 电子商务 59
　　一、B2C 电子商务概述 59
　　二、B2C 电子商务模式的分类 60
　　三、B2C 电子商务的基本业务流程 62
　　四、B2C 电子商务的盈利模式 62
　第二节　C2C 电子商务 64
　　一、C2C 电子商务概述 64
　　二、C2C 电子商务平台的分类 65
　　三、C2C 电子商务网上交易流程 66
　　四、C2C 电子商务的盈利模式 66
　第三节　B2B 电子商务 67
　　一、B2B 电子商务的特点 68
　　二、B2B 电子商务的优势 68
　　三、B2B 电子商务网站的分类 68
　　四、B2B 电子商务的盈利模式 71
　第四节　新零售商业模式 72
　　一、新零售概述 72
　　二、新零售框架 73
　　三、新零售的商业模式 77
　思政案例 79
　本章小结 80
　学习与思考 80
　技能训练 81

第四章　电子支付 82

　第一节　电子支付概述 84

一、电子支付的概念、发展阶段和特点 ……………………………………………… 84
　　二、电子支付的类型及功能 …………………………………………………………… 85
　　三、电子支付系统 ……………………………………………………………………… 86
第二节　电子支付工具 ……………………………………………………………………… 89
　　一、信用卡 ……………………………………………………………………………… 89
　　二、电子现金 …………………………………………………………………………… 92
　　三、电子钱包 …………………………………………………………………………… 93
　　四、智能卡 ……………………………………………………………………………… 94
　　五、电子支票 …………………………………………………………………………… 95
第三节　第三方支付 ………………………………………………………………………… 97
　　一、第三方支付简介 …………………………………………………………………… 97
　　二、第三方支付平台的交易流程 ……………………………………………………… 97
　　三、典型的第三方支付平台 …………………………………………………………… 98
第四节　网上银行 …………………………………………………………………………… 101
　　一、网上银行的概念 …………………………………………………………………… 101
　　二、网上银行的特点 …………………………………………………………………… 101
　　三、网上银行的业务 …………………………………………………………………… 102
思政案例 ……………………………………………………………………………………… 103
本章小结 ……………………………………………………………………………………… 104
学习与思考 …………………………………………………………………………………… 104
技能训练 ……………………………………………………………………………………… 105

第五章　电子商务物流 …………………………………………………………………… 107

第一节　电子商务物流概述 ………………………………………………………………… 109
　　一、电子商务物流的概念与特点 ……………………………………………………… 109
　　二、电子商务与物流的关系 …………………………………………………………… 111
第二节　电子商务物流模式 ………………………………………………………………… 113
　　一、企业自营物流 ……………………………………………………………………… 113
　　二、物流企业联盟 ……………………………………………………………………… 114
　　三、第三方物流 ………………………………………………………………………… 115
　　四、第四方物流 ………………………………………………………………………… 117
第三节　电子商务物流新技术 ……………………………………………………………… 118
　　一、条码技术 …………………………………………………………………………… 118
　　二、二维码技术 ………………………………………………………………………… 120
　　三、射频识别技术 ……………………………………………………………………… 120
　　四、全球定位系统 ……………………………………………………………………… 123
　　五、北斗卫星导航系统 ………………………………………………………………… 123
　　六、区块链技术 ………………………………………………………………………… 124
思政案例 ……………………………………………………………………………………… 125

本章小结 ··· 126
学习与思考 ·· 127
技能训练 ··· 127

第六章　网络营销 ··· 128

第一节　网络营销概述 ··· 130
一、网络营销的概念 ··· 130
二、网络营销与传统营销的关系 ······································· 131
三、网络营销的特点 ··· 134
四、网络营销的职能 ··· 135

第二节　网络市场调研 ··· 137
一、网络市场调研的概念 ··· 137
二、网络市场调研的步骤 ··· 137
三、网络市场调研的方法 ··· 138

第三节　网络营销的策略 ··· 140
一、产品策略 ·· 140
二、定价策略 ·· 141
三、渠道策略 ·· 143
四、促销策略 ·· 144

第四节　网络广告 ·· 144
一、网络广告的概念及发展 ·· 144
二、网络广告的特点 ··· 145
三、网络广告的主要形式 ··· 146
四、网络广告的收费模式 ··· 147

第五节　网络营销方法 ··· 148
一、搜索引擎营销 ·· 149
二、E-mail营销 ·· 150
三、病毒营销 ·· 151
四、社群营销 ·· 152
五、软文营销 ·· 153
六、微博营销 ·· 154
七、网络直播营销和短视频营销 ······································· 157

思政案例 ··· 160
本章小结 ··· 161
学习与思考 ·· 161
技能训练 ··· 162

第七章　电子商务法律法规 ··· 163

第一节　电子商务法概述 ··· 165

　　一、电子商务法的主要内容 165
　　二、电子商务中的知识产权保护 168
　　三、电子商务中的消费者权益保护 170
第二节　电子商务新领域法律法规 174
　　一、与直播电子商务有关的法律法规 174
　　二、国家层面与直播电子商务相关的政策法规 174
　　三、与跨境电子商务有关的法律法规 178
思政案例 181
本章小结 183
学习与思考 183
技能训练 184

第八章　电子商务新领域 186

第一节　移动电子商务 188
　　一、移动电子商务概述 188
　　二、移动电子商务的应用 190
　　三、移动网店的开通与运营——以口袋微店为例 192
第二节　直播电子商务 197
　　一、直播电子商务概述 197
　　二、直播电子商务的热门平台 200
　　三、直播运营的流程——以点淘直播运营为例 201
第三节　跨境电子商务 205
　　一、跨境电子商务概述 206
　　二、跨境电子商务常见平台简介 208
　　三、跨境物流 209
　　四、跨境支付 210
　　五、跨境客服 211
第四节　农村电子商务 212
　　一、农村电子商务概述 212
　　二、农村电子商务模式 213
　　三、农村电子商务的特征 215
　　四、农村电子商务运营流程——以拼多多店铺开店流程为例 217
思政案例 221
本章小结 222
学习与思考 222
技能训练 223

参考文献 224

第一章
电子商务基础知识

学习目标

（1）掌握电子商务的概念及基本组成要素。
（2）了解电子商务的产生与发展。
（3）能够描述电子商务在某一行业中的应用。
（4）掌握电子商务的功能及电子商务的应用领域。

知识框架图

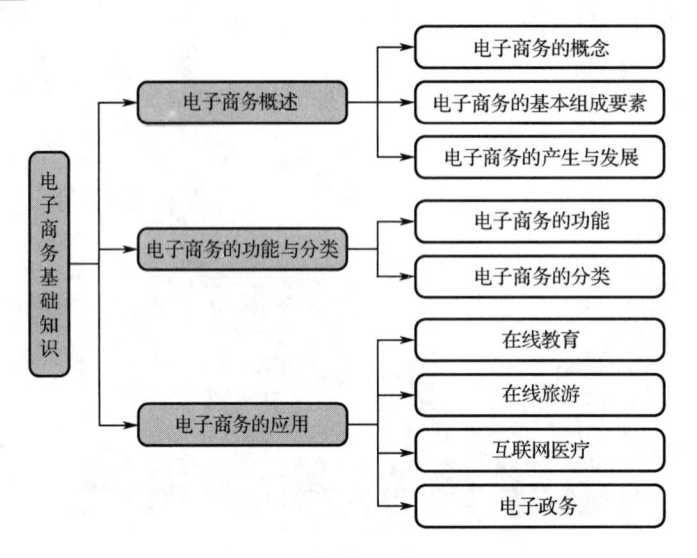

```
                        ┌─→ 电子商务的概念
          ┌─ 电子商务概述 ─┼─→ 电子商务的基本组成要素
          │              └─→ 电子商务的产生与发展
电子商务    │
基础知识 ──┼─ 电子商务的功能与分类 ─┬─→ 电子商务的功能
          │                       └─→ 电子商务的分类
          │
          │                 ┌─→ 在线教育
          └─ 电子商务的应用 ─┼─→ 在线旅游
                            ├─→ 互联网医疗
                            └─→ 电子政务
```

思政目标 ▶▶▶▶▶▶▶

（1）具备爱岗敬业、诚实守信的职业道德。
（2）培养文明礼貌、遵纪守法的时代精神。
（3）培养创新意识、诚信经营观。

引导案例

传统企业的电子商务转型之路——苏宁易购

近年来，以互联网为依托，运用大数据、人工智能等先进技术对商品生产、流通和销售进行升级重塑的新零售模式悄然流行。在技术升级和消费升级的双驱动下，新零售的诞生塑造了新的生产关系，也为经济发展带来了新的机遇。苏宁易购集团股份有限公司（以下简称苏宁易购）也在这样的环境下从传统企业成功转型为电子商务企业。

在电子商务快速发展浪潮的推动下，面对阿里巴巴、京东等强劲的竞争对手，苏宁易购下定改革的决心，提出"去电器化"的品牌发展战略。随后，苏宁易购全资收购母婴平台"红孩子"。至此，苏宁易购正式向全品类经营扩展。当下，苏宁易购网上购物平台的经营品类已经从3C产品延伸至图书、百货、金融产品、虚拟产品等。

从2021年开始，下沉市场、社交电子商务、直播电子商务的竞争日渐白热化，电子商务平台出现综合化趋势，各大电子商务平台都面临着优质资源被抢夺的尴尬境地，因此，更多电子商务平台的目光也从大流量池（如淘宝、微信等）转移到各类消费潜力巨大的小流量池。近年来，苏宁易购在娱乐方面不断发展，尝试了大型直播综艺等多种创新方式，为消费者带来了与众不同的购物体验。苏宁易购的直播电子商务模式主要分为主播带货、店播（在线下实体店内直播）、生鲜等时令性商品产地直播和生产车间直播4种类型。

近年来，苏宁易购积极寻求外部合作以获取流量。苏宁易购宣布与微博达成合作，深入打通娱乐、电子竞技等领域，以展开内容生态及商业转化的合作，并在用户链路上实现无感转化。具体来说，在娱乐方面，苏宁易购和微博将致力于实现"内容+电子商务"的深度融合，通过艺人矩阵创作更多优质内容；在电子竞技方面，双方将携手打造苏宁微博电竞专场，推出不同直播的场景；在电子商务业务对接方面，苏宁易购向微博提供供应链服务，将产品整体接入微博小店。苏宁易购还宣布与抖音达成深度合作。苏宁易购将输出零售服务能力，提供物流和售后服务等，全部商品入驻抖音小店，并向抖音中的所有主播开放，消费者无须跳转即可完成购买。

启发思考：结合苏宁易购，谈一谈传统企业在当前电子商务环境中应当如何转型。

第一节 电子商务概述

随着互联网科技的迅速发展，互联网已经深入千家万户，电子商务已经渗入人们的生活当中，改变了人们的生活方式。随着国家"互联网+"计划的实施，电子商务迎来了新一轮重要的发展机遇，呈现出一系列新内涵、新特征和新趋势，并且在大宗商品交易、个人消费服务、跨境电子商务、农村电子商务、移动电子商务等领域迎来了新发展，成为推动经济增长的新动力。

一、电子商务的概念

电子商务作为一种新型交易方式，为企业、政府、消费者等建立了一个网络经济环境，人们可以不受时间与空间的限制，以高速、快捷的方式完成各项繁杂的商务活动。

电子商务是一个全新的学科，下面从狭义和广义两个方面进行介绍。

1. 狭义的电子商务

狭义的电子商务（Electronic Commerce，EC）是指在互联网上开展的交易或与交易有关的活动，是人们利用电子化手段进行的、以商品交换为中心的各种商务活动，也可以称为电子交易，包括网络营销、网络广告、网上贸易洽谈、电子购物、电子支付等不同层次、不同程度的电子商务活动。

2. 广义的电子商务

广义的电子商务（Electronic Business，EB）是指人们利用信息技术使整个商务活动实现电子化的所有相关活动，包括利用互联网、内联网、外联网等不同形式的网络。广义的电子商务不仅包括企业商务活动中面向外部的业务流程，如网络营销、电子支付、物流配送、电子数

> **知识拓展**
>
> **"电子商务"一词的起源**
>
> "电子商务"起源于计算机的电子数据处理技术，从科学计算向文字处理和商务统计报表处理应用的转变。1839年，当电报刚出现时，人们就开始了对运用电子手段进行商务活动的讨论。当贸易开始以莫尔斯码点和线的形式在电线中传输时，就标志着运用电子手段进行商务活动新纪元的到来。

据交换等，还包括企业内部的流程，如企业资源计划、管理信息系统、客户关系管理、供应链管理、人力资源管理、战略管理、市场管理、财务管理等内容。

上述定义都强调了电子商务是电子技术在商务活动中的应用。电子商务是商务活动的电子化后的表现形式，是商务与电子技术结合的产物，是供应商、生产商、销售商和消费者交流的平台，是在互联网上将信息流、资金流和物流完整实现的过程。电子商务是企业实现提高销售额和降低交易成本、寻找商业机会和提高交易效率、提升企业品牌知名度和提供有效服务、整合企业内部资源和减少中间环节、减少库存积压和提高货物周转率的有效途径。

本书综合以上定义认为：电子商务是指各种具有商业活动能力的实体（如生产企业、商贸企业、物流企业、金融机构、政府机构、个人消费者等）利用互联网及现代通信技术进行任何形式的商务运作、管理或信息交换的活动。

二、电子商务的基本组成要素

电子商务的基本组成要素包括网络、用户、认证中心、物流配送、银行和商家，如图1.1所示。

图1.1 电子商务的基本组成要素

1. 网络

网络主要包括互联网、内联网、外联网。互联网作为电子商务的基础，是商务、业务信息传送的载体；内联网是企业内部进行商务活动的场所；外联网是企业与企业及企业与个人进行商务活动的纽带。本书所阐述的电子商务是指在互联网上进行的商务活动。

2. 用户

用户可分为个人用户和企业用户。个人用户使用个人计算机和数字助理等个人设备接入互联网，从而开展个人消费、缴纳水电费等电子商务活动。企业用户建立内联网、外联网和管理信息系统，对人、财、物、产、供、销、存进行科学管理。企业用户是主要利用互联网作为企业信息发布载体进行日常商业活动的用户。

3. 认证中心

认证中心是指法律承认的权威机构，负责发放和管理数字证书，使网上交易的各方能互相确认身份。数字证书是包含证书持有人个人信息、公开密钥、证书序号、有效期、发证单位的电子签名等内容的数字文件。

4. 物流配送

物流配送是现代流通业的一种经营方式。具有一定规模，经营着商品存储、运输、包装、加工、装卸、搬运的场所称为配送中心。配送中心一般有先进的物流管理信息系统，能接受商家的送货要求，能组织运输货物，能跟踪商品的运输进度，保证商品更快、完好地送到消费者手中。

5. 银行

银行主要是指网上银行和在线银行。银行利用互联网技术向客户提供开户、查询、对账、转账、信贷、网上证券、投资理财等传统金融服务项目，能够在任何时间和地点，以任何方式向电子商务交易中的商家和消费者提供收款及付款等金融服务。

6. 商家

商家利用互联网站点发布产品信息、接收订单，在网上销售商品，要借助电子报关、电子报税、电子支付系统，与海关、税务局、银行进行有关商务、业务处理。

企业电子商务的基本框架如图 1.2 所示。商家通过网络平台与用户进行商品或服务的交易。在交易过程中需要完成支付结算、物流配送。在虚拟商务中，交易安全问题是人们普遍关注的问题，因而需要相应的安全认证。

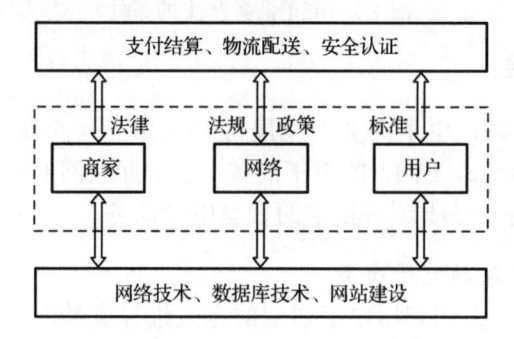

图 1.2　企业电子商务的基本框架

三、电子商务的产生与发展

1. 电子商务的产生

20 世纪 60 年代，计算机和网络技术飞速发展，从而构建了电子商务赖以生存的基础，并预示了未来商务活动的一种新的发展方向，人们开始提出了电子商务的概念。电子商务产生的条件主要有信息技术和社会经济两个方面的发展。

（1）信息技术的发展是电子商务产生的基础。20 世纪 90 年代，计算机的处理速度越来越快，处理能力越来越强，价格越来越低，应用越来越广泛。网络的普及和成熟为电子商务的产生奠定了技术基础。随着互联网逐渐成为全球通信与交易的媒介，全球上网用户数量呈几何级数增长，网络快捷、安全、低成本的特点为电子商务提供了应用条件。

（2）随着社会经济的发展，大多数商品出现了供大于求的现象，这时急需一种新的商务模式来提高企业的竞争力，电子商务即扮演了这种角色。

总之，信息技术的发展和社会经济的发展，促使社会网络化、经济数字化、竞争全球化、贸易自由化成为必然，电子商务也应运而生。图 1.3 所示为电子商务产生的条件。

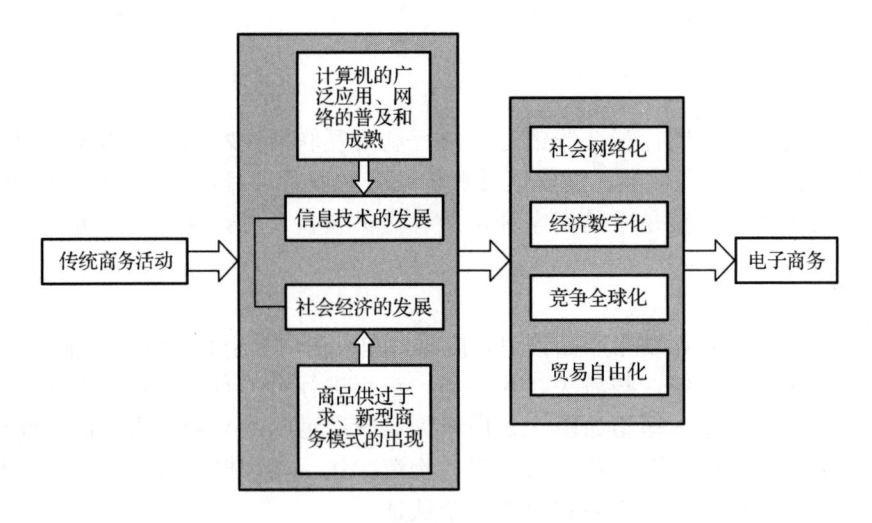

图 1.3　电子商务产生的条件

2. 电子商务的发展

根据使用的网络不同，电子商务的发展可分为如下 4 个阶段：基于电子数据交换（Electronic Data Interchange，EDI）的电子商务；基于互联网的电子商务；基于 3G、4G、5G 网络的移动电子商务；基于新兴技术的智慧电子商务。

1）基于电子数据交换的电子商务

从技术的角度来看，人们利用电子通信的方式进行贸易活动已有几十年的历史了。早在 20 世纪 60 年代，人们就开始利用电报报文发送商务文件了。20 世纪 70 年代，人们开始普遍采用更方便、快捷的传真来替代电报。由于传真是将信息经各类信道传送至目的地的，在接收端获得与发送原稿相似记录副本的通信方式，它还不能将信息直接转入信息系统，所以，利用电报、传真等技术进行的商务活动还不是严格意义上的电子商务。后来人们开发了电子数据交换技术，在互联网普及之前，它是最主要的电子商务应用技术。

2）基于互联网的电子商务

20 世纪 90 年代中期，互联网迅速从大学、科研机构走向企业和家庭。1991 年，一直被排斥在互联网之外的商业贸易活动正式进入互联网的世界，电子商务成为互联网应用的热点。

2014 年之后，电子商务出现了许多新的发展趋势，如与政府的管理和采购行为相结合的电子政务服务、与个人手机通信相结合的移动电子商务均得到了很好的发展，跨境电子商务也成为电子商务发展的一个新的突破口。

3）基于 3G、4G、5G 网络的移动电子商务

随着移动通信技术的发展，手机上网已经成为一种重要的上网方式。在 3G 和 4G 网络时代，智能手机、平板电脑的普及使移动电子商务的发展极为迅速，改变了很多基于互联网的电子商务的"规则"。2018 年，我国三大电信运营商开始投入 5G 网络建设，并于 2019 年投入商用。

5G 网络不仅拥有更高的速率、更大的带宽，而且是一个多业务、多技术融合的网络，

还是面向业务应用和用户体验的智能网络，旨在最终打造一个以用户为中心的信息生态系统。根据中研普华产业研究院发布的《2022—2027年中国5G行业市场全景调研与发展前景预测报告》，2022年上半年，我国5G基站已累计开通185.4万座，5G移动电话用户达到4.55亿户，5G加速在工业、医疗、教育、交通、能源等领域推广落地，"5G+工业互联网"项目超过3100个，5G行业专网达到6518个，5G应用创新案例超过两万个。

5G的快速发展真正开启了万物互联时代，5G赋能经济社会数字化转型，既带来超万亿元的巨大市场，也促进了大数据、云计算、人工智能、物联网等的发展，使其形成了一个共同发展的生态圈，为电子商务的快速发展提供了更有力的技术支撑。

4）基于新兴技术的智慧电子商务

2015年，《政府工作报告》提出了制订"互联网+"行动计划，电子商务是"互联网+"行动计划的一项重要内容，也是核心内容之一。"互联网+"不仅是技术变革，还是思维变革。站在"互联网+"的风口上，新零售、互联网金融、智能制造、智慧城市等细分领域的创新应用和实践遍地开花。移动互联网、云计算、大数据、物联网、人工智能、区块链等新兴技术与现代制造业结合，促进了电子商务、工业互联网和互联网金融的快速发展。

2016年，时任阿里巴巴集团董事局主席的马云提出了"五新"，即新零售、新制造、新金融、新技术、新能源。"五新"的提出，将电子商务企业从纯电子商务领域扩展至跨越行业界限的技术平台，推动电子商务进入智能电子商务阶段。构建虚拟商业与实体商业空间融合的智慧商圈，创建高融合度的一流消费环境，这是电子商务发展的趋势。互联网与传统产业的融合发展不仅推动了经济稳步增长，促进了产业结构创新升级，还加快了国家综合竞争新优势的形成，为我国在新一轮全球竞争中脱颖而出创造了机会。

第二节　电子商务的功能与分类

一、电子商务的功能

电子商务可提供网上交易和管理等全过程的服务，因此它具有广告宣传、咨询洽谈、网上订购、网上支付、电子账户、服务传递、意见征询、交易管理功能。

1. 广告宣传

电子商务可凭借企业的Web服务器和客户的浏览，在互联网上发布各类商业信息。客户可借助网上的检索工具迅速找到所需的商品信息，而商家可利用网上主页和电子邮件在全球范围内进行广告宣传。与以往的各类广告相比，网上的广告成本非常低廉，而给客户的信息量却非常丰富。

2. 咨询洽谈

电子商务可借助非实时的电子邮件、新闻组和实时的讨论组来了解市场和商品信息，洽谈交易事务。如有进一步的需求，还可用网上的白板会议来交流即时的图形信息。网上的咨询和洽谈能超越人们面对面洽谈的限制，提供多种方便的异地交谈形式。

3. 网上订购

电子商务可借助 Web 中的邮件交互传送实现网上订购。网上订购通常都是在产品介绍页面提供十分详细的订购提示信息和订购交互格式框。当客户填完订购单后,通常系统会回复确认信息单来保证订购信息的收悉。订购信息也可采用加密的方式使客户和商家的商业信息不会泄露。

4. 网上支付

电子商务要成为一个完整的过程,网上支付是重要的环节。客户和商家之间可采用银行卡账号进行支付。在网上直接采用电子支付手段可节省交易中很多人员的开销。网上支付需要更为可靠的信息传输安全性控制,以防止欺骗、窃听、冒用等非法行为。

5. 电子账户

网上支付必须有电子金融来支持,即银行或信用卡公司及保险公司等金融机构要为金融服务提供网上操作的服务。电子账户管理是其基本的组成部分。信用卡号或银行账号都是电子账户的一种标志,而其可信度需要配以必要技术措施来保证。

6. 服务传递

对于已付款的客户,应将其订购的货物尽快传递到他们手中。有些货物是在本地,有些货物是在异地,电子邮件能在网络中进行物流的调配。最适合在网上直接传递的货物是信息产品,如软件、电子读物、信息服务等,它能直接从电子仓库中将货物发送到用户端。

7. 意见征询

电子商务能十分方便地采用网页上的"选择""填空"等格式来收集用户对销售服务的反馈意见,这样使企业的市场运营形成一个封闭的回路。客户的反馈意见不仅能提高售后服务的水平,还能使企业获得改进产品、发现市场的商业机会。

8. 交易管理

整个交易管理涉及人、财、物多个方面,以及企业和企业、企业和客户、企业内部等各方面的协调和管理。因此,交易管理是涉及电子商务活动全过程的管理。电子商务的发展将会提供一个良好的交易管理的网络环境及多种多样的应用服务系统。这样,能保障电子商务获得更广泛的应用。

二、电子商务的分类

1. 按照交易对象分类

按照交易对象,电子商务主要分为如下 4 种类型:B2C、B2B、C2C、B2G。

1)企业与消费者之间的电子商务

B2C(Business to Consumer)电子商务即企业与消费者之间的电子商务。电子商务类似于联机服务中进行的商品买卖,是利用计算机网络使消费者直接参与经济活动的高级形式。这种形式基本等同于电子化的零售,它随着万维网的出现迅速发展起来。目前,在互联网上遍布各种类型的商业中心,提供从鲜花、书籍到计算机、汽车等各种消费商品和服务。传统企业都根据各自销售商品的经验使用电子商务平台进行此类商务活动,如当当网就将传统的图书销售转移到互联网上,经过多年经营成为全球最大的中文网上书店。近几年,我国典型的 B2C 网站有京东、天猫、当当网、唯品会、苏宁易购等。

> **案例与思考 1.1**
>
> **移动餐饮外卖平台——美团**
>
> 美团秉承"帮大家吃得更好,生活更好"的使命,立足生活服务业这一广阔市场,聚焦餐饮这一高频刚需的核心品类,带动其他业务的发展,成为中国互联网生活服务领域的龙头公司。美团服务涵盖外卖、餐饮、酒店旅游、休闲娱乐、零售等 200 多个品类,覆盖全国 2800 多个县、区、市。2021 年,美团年度交易用户 6.91 亿人,人均每年消费 35.8 次,活跃商家 880 万家。
>
> 目前,美团已经形成到家、到店和创新业务 3 个板块布局。到家业务包括餐饮外卖,以及品类扩展下的闪购和跑腿业务;到店业务包括到店吃喝玩乐等团购业务和酒店旅游业务;创新业务则是持续孵化的、具有长期增长潜力的业务,包括零售、出行、B 端业务等。
>
> 美团四处出击,无边界拓展新业务,覆盖生活服务场景下消费者不断发展的新需求。从根本上来说,美团的核心竞争力在于在正确的时间做正确的事,并且把这件事做好。
>
> **启发思考:** (1)如何理解美团的核心竞争力?
> (2)美团为我们提供了便利,我们在购买商品的过程中要怎样才能做到文明购物、诚实守信呢?(课程思政)

2) 企业与企业之间的电子商务

B2B(Business to Business)电子商务即企业与企业之间的电子商务。目前,人们又将 B2B 电子商务划分为面向交易市场的水平 B2B 电子商务和面向制造业或商业的垂直 B2B 电子商务两种模式。水平 B2B 电子商务模式是指将买方与卖方汇聚到一个市场中来进行信息交流、拍卖、交易和库存管理等。阿里巴巴国际交易市场是这一模式的电子商务的典型代表。阿里巴巴国际交易市场是一个面向全球的、开放的网络交易平台。一些企业在这个开放的平台上为每笔交易寻找最佳伙伴,与伙伴进行从订购到结算的全部交易行为。一些企业在这个开放的平台上相互之间持续地进行交易,为了相同的经济利益,共同进行设计、开发或全面进行市场及库存管理等商务活动。垂直 B2B 电子商务模式可以分为两个方向,即上游与下游。生产商与零售商可以与上游的供应商之间形成供货关系,生产商与下游的经销商可以形成销货关系,他们都借助网络来开展相互间的商业活动。这样的电子商务活动通常只限于需要某一类商品的企业,或者说某一行业的企业。具有代表性的 B2B 平台有 1688 采购批发网和敦煌网等。在这些网络平台上,各个企业都可以找到合适的合作对象进行采购、销售、签订合同和付款等活动。

> **案例与思考 1.2**
>
> **全球最大的采购批发网——1688**
>
> 　　1688 采购批发网原来称为阿里巴巴中国交易市场，与阿里巴巴国际交易市场同年创立，是国内领先的网上采购批发平台。1688 采购批发网以批发和采购业务为核心，通过专业化运营，完善客户体验，全面优化企业电子商务的业务模式。
>
> 　　目前，1688 采购批发网已覆盖原材料、工业品、服装服饰、家居百货、小商品等多个行业大类，提供原料采购、生产加工、现货批发等一系列供应服务，以实现"让天下没有难做的生意"的企业愿景。1688 采购批发网为阿里巴巴旗下零售平台经营业务的商家提供商品采购渠道。目前，1688 采购批发网已和全国百强企业签约达成合作，带动产业朝数字化转型，更加高效率地服务线上采购批发商。
>
> 　　启发思考：（1）1688 采购批发网属于哪种类型的电子商务网站？
> 　　　　　　（2）要想在当前激烈的市场环境中生存，电子商务平台企业应当注重哪些方面的发展？（课程思政）

3）消费者与消费者之间的电子商务

C2C（Consumer to Consumer）电子商务即消费者与消费者之间的电子商务。淘宝网是这一类型的电子商务的典型代表。淘宝网为消费者提供了"个人对个人"的交易平台，给每位淘宝网的访问者参与电子商务的机会。易趣网、拍拍网等竞拍网站也属于此类型的电子商务网站。在我国，这一类型的网站衍生出的个人创业与就业功能已经为大学生普遍看好，淘宝网成为大学生创业的孵化器。

> **案例与思考 1.3**
>
> **国内领先的个人交易网上平台——淘宝网**
>
> 　　淘宝网由阿里巴巴集团投资 4.5 亿元创办，致力于成就全球最大的个人交易网站。自 2003 年 5 月成立以来，淘宝网基于诚信为本的准则，从零做起，在短短的半年时间内，迅速占据了国内个人交易市场的领先地位，创造了一个互联网企业发展的奇迹，真正成为有志于网上交易的个人网络创业平台。
>
> 　　淘宝网倡导诚信、活跃、高效的网络交易文化，在为淘宝会员打造更安全高效的商品交易平台的同时，也全心营造和倡导互帮互助、轻松活泼的家庭式文化氛围，让每个在淘宝网进行交易的人，更迅速高效地完成交易，并在交易的同时交到更多朋友。因此，淘宝网成为越来越多网民网上创业和以商会友的最佳选择。
>
> 　　启发思考：（1）淘宝网在 C2C 电子商务领域的业务主要有哪些？
> 　　　　　　（2）淘宝网为"大众创业，万众创新"提供了怎样的平台？（课程思政）

4）企业与政府之间的电子商务

B2G（Business to Government）电子商务即企业与政府之间的电子商务。B2G 电子商务比较典型的例子是网上采购，即政府机构在网上进行产品、服务的招标和采购。这种运作模式的目的是降低投标的费用和获取更多的投标机会。这是因为供货商可以直接从网上下载招标书，并以电子数据的形式发回投标书。同时，供货商可以得到更多的其至是世界范围内的投标机会。由于通过网络进行投标，即使是规模较小的公司也能获得投标的机会。

2. 按照商务活动的内容分类

按照商务活动的内容分类，电子商务可分为直接电子商务和间接电子商务。

1）直接电子商务

直接电子商务是指交易过程中的信息流、资金流和物流都能够完全通过电子商务方式实现。直接电子商务主要针对无形商品和服务的网上交易，如计算机软件、娱乐内容的联机订购、付款和交付，或者是全球规模的信息服务。这类交易不需要利用传统渠道，可以使买卖双方不受地域限制，直接在网上完成交易。

2）间接电子商务

间接电子商务是指依靠一些外部要素（如邮政服务和商业快递）来完成整个交易过程的电子商务方式。间接电子商务主要针对有形商品（如计算机、日用品、书籍等）。这类交易仍然需要利用传统渠道送货或实地交割货物。

3. 按照交易地域范围分类

按照交易地域范围分类，电子商务可分为本地电子商务、远程国内电子商务和全球电子商务。

1）本地电子商务

本地电子商务是指在本地区进行的电子商务，具有涉及范围小、货物配送速度快和成本低等特点。本地电子商务通过互联网、内联网或专用网络，将用于电子商务活动的系统连接在一起，解决了本地支付、配送和售后服务等问题。

2）远程国内电子商务

远程国内电子商务是指在本国进行的电子商务，涉及的范围比本地电子商务大，参与商务活动的各方可能分布在不同的省、市、区，对软件、硬件和技术的要求更高。远程国内电子商务要求在全国范围内实现商业电子化和自动化，实现金融电子化，要求交易各方具备一定的电子商务能力、经营能力、技术能力和管理能力等。

3）全球电子商务

全球电子商务是指在全世界进行的电子商务。与一般的电子商务活动相比，全球电子商务的交易行为涉及范围更加广泛，交易对象也更加多样，包括政府行政管理部门、贸易伙伴和商业部门等。需要注意的是，全球电子商务并不直接针对消费者，只是包括了商业机构对商业机构和商业机构对行政机构的电子商务活动。总的来说，全球电子商务的业务内容繁杂，数据来往频繁，相关的协调工作和法律法规具有全球性，要求电子商务系统更加严格、准确、安全、可靠，各国应共同制定健全的电子商务标准，签署电子商务贸易协议。

第三节　电子商务的应用

电子商务已经渗透到各行各业，应用领域越来越广，跨界融合日益明显。本书把电子商务的主要应用概括为在线教育、在线旅游、互联网医疗和电子政务 4 个方面。

一、在线教育

在线教育也就是远程教育或网络教育，是指使用电视及互联网等传播媒体开展的教育活动。与传统的教育方式相比，在线教育突破了时空的界限，教与学不受时间、空间及地点的限制，知识获取渠道多样化。

目前，国内大家熟知的在线教育平台有很多，如腾讯课堂、网易云课堂、云朵课堂等。这些在线教育平台的授课形式非常多样化，包括录播教学、直播教学、一对一教学等，主要提供语言培训、职业技能培训等。例如，网易云课堂是网易公司打造的在线实用技能学习平台，立足于实用性的要求，为用户提供大量的优质课程，涵盖实用软件、IT 与互联网、外语学习、生活家居、兴趣爱好、职场技能、金融管理等多个方面。图 1.4 所示为网易云课堂首页。

图 1.4　网易云课堂首页

> **案例与思考 1.4**
>
> **猿题库**
>
> 2019 年 12 月 16 日，猿题库被列入第一批教育 App 备案名单。猿题库是一款手机智能做题软件，已经完成对初高中及小学的全面覆盖。猿题库针对高三学生还提供了总复习模式，涵盖全国各省市近 6 年的高考真题和近 4 年的模拟题，并匹配各省考试大纲和命题方向，使学生可按考区、学科、知识点自主选择真题或模拟题进行练习。猿题库覆盖初高中所有知识点，支持各种版本教材的同步练习，实时提供做题报告，评估能力，预测考试分数，是中高考总复习神器，全面支持 Android、iPhone、iPad 同步使用。
>
> 启发思考：（1）猿题库有哪些基本功能和特点？
> 　　　　　（2）猿题库在智能化学习的探索道路上有哪些创新点？（课程思政）

我国当前的在线教育模式可以按照电子商务的主要类型进行分类，主要包括以下 4 种模式。

1. B2C 在线教育模式

B2C 在线教育模式是指企业向个人提供教育培训服务。目前，B2C 在线教育模式是市面上在线教育的主流模式，如猿题库、51Talk 等。B2C 在线教育模式的授课场景形式也在不断演变，从录播课程到直播形式，从大班课到一对一模式，通过掌握消费者心理，充分满足其需求来留住消费者。

2. B2B 在线教育模式

B2B 在线教育模式是指企业提供在线教育的整体解决方案，主要面向企业、政府、学校、团体提供在线教育的平台及服务工具。例如，云朵课堂就是典型的 B2B 在线教育模式，主要为教育机构、企业、教师等提供包括直播、录播、考试、题库、学员管理等功能在内的在线视频教学。

案例与思考 1.5

云朵课堂

云朵课堂隶属于北京昱新科技有限公司，是国内领先的在线教育网校系统和教育软件提供商，提供标准及定制化网校系统，产品聚合多种排课教务、网校搭建、学校CRM、线上直播课堂教学，提供课程点播、教学管理等功能。通过云朵课堂，用户可快速搭建属于自己的网络教育平台，并迅速开展网络教学，学生扫描网校二维码进入网校，海量课程、高清视频课程，流畅观看，随时随地进行学习。

启发思考：（1）云朵课堂提供了哪些功能？
（2）云朵课堂有哪些创新点？（课程思政）

3. C2C 在线教育模式

C2C 在线教育模式是指教师和学生直接在互联网上的在线教育平台上开展教学、交易活动，是近几年兴起的一种教育模式。这一模式绕开了传统的教育培训机构，使教师和学生直接通过网络平台开展教学活动。荔枝微课、网易云课堂等属于典型的 C2C 在线教育模式。

案例与思考 1.6

荔枝微课

荔枝微课是由深圳十方融海科技有限公司开发的在线教育微课平台，是一个专注大众知识分享的平台，全平台所有功能终身免费使用。在该平台上，每个人都可以随时随地开课分享，也可以听课学习。荔枝微课支持微信公众号、App 等多种方式听课；平台课程内容丰富多样，包含自我成长、情感关系、职场提升、投资理财、育儿教育等各个方面，帮助学员轻松实现自我提升。荔枝微课扶持大众创新创业，为未来创业者提供了知识变现平台。

启发思考：（1）荔枝微课提供了哪些基本功能？
（2）我们怎样才能充分利用现有的在线教育平台储备知识？（课程思政）

4. O2O在线教育模式

O2O在线教育模式是指原有线下培训业务的机构开展在线教学业务，或者原有在线教育企业开展线下教学业务，并使二者相互结合的模式。在"互联网+"的背景下，探索并实践"互联网+教育"与人才培养如何深度融合变得至关重要。慕课就是"线上线下"的教学模式。

案例与思考 1.7

慕课

慕课简称是新近涌现出来的一种在线课程开发模式，它发端于过去的那种发布资源、学习管理系统及将学习管理系统与更多的开放网络资源综合起来的旧的课程开发模式。

慕课是大规模的网络开放课程，它是为了增强知识传播而由具有分享和协作精神的个人与组织发布的、散布于互联网上的开放课程。

启发思考：（1）慕课有哪些基本功能和特点？
（2）慕课在传媒领域中是如何运用云计算、大数据、互联网等技术实现O2O在线教育模式的？（课程思政）

二、在线旅游

在线旅游是旅游电子商务行业的专业词语，指旅游消费者通过网络向旅游服务提供商预订旅游产品或服务，并进行网上支付或线下付费，即各旅游主体可以通过网络进行产品营销或产品销售。

目前，我国热门的在线旅游平台主要有众信旅游网、携程旅行网、去哪儿网、马蜂窝旅行网、飞猪旅行网、驴妈妈旅游网、途牛旅游网等。在线旅游的主要经营模式如下。

1. 开始线上业务的传统旅行社——以众信旅游网为例

众信旅游网是北京众信国际旅行社有限公司创建的专业的旅游服务电子商务网站，为旅游者提供酒店预订、机票预订、组合旅游产品预订、签证服务和定制旅游等多元化全方位的旅游服务。

近年来，众信旅游网由出境游逐步向国内游、高端旅游、游学留学、移民置业、旅游金融、健康医疗、目的地服务等一系列旅游及出境综合服务延伸。众信旅游网在继续加强批发业务优势的基础上，加大零售业务的开拓力度，将"众信旅游"零售品牌拓展至全国。

2. 作为线上代理渠道的延伸——以携程旅行网为例

携程旅行网是全球领先的一站式旅游平台，总部设在中国上海。携程旅行网向超过2000万名会员提供包括酒店预订、机票预订、度假预订、商旅管理、特惠商户及旅游资讯在内的全方位旅游服务。目前，携程旅行网拥有国内外60余万家会员酒店可供预订，是中国领先的酒店预订服务中心。

携程旅行网秉持"以客户为中心"的原则,以团队间紧密无缝的合作机制,以一丝不苟的敬业精神、真实诚信的合作理念,创造"多赢"伙伴式合作体系,从而共同创造最大价值。

3. 利用比价模式的垂直搜索引擎——以去哪儿网为例

去哪儿网在创立初期是一个针对旅游的搜索入口,将客户的全部搜索转接给第三方供应商。随着酒店和旅游行业的不断整合,其平台上的小代理商数量大幅增加,去哪儿网也开始涉足在线旅游业务。去哪儿网的核心业务是酒店和机票预订,与携程旅行网的部分业务重叠,但去哪儿网采取了差异化和精准化的战略布局。同时,去哪儿网寻求与百度的合作,强大的合作伙伴实实在在地帮助了去哪儿网顺利进行布局。百度为去哪儿网提供了具有精准旅游需求的消费者流量,去哪儿网将大量的酒店、机票、旅游类关键词和客户资源接入其后台系统,供应商在其后端平台运行管理,以此形成一个完整的商业闭环。

4. 用户自行产生旅游需求的网站——以马蜂窝旅行网为例

马蜂窝旅行网主要是站在自由行旅游者的角度,帮助用户作出最佳的旅游决策。与其他在线旅游平台相比,马蜂窝旅行网最大的特点是具有社交平台的功能,用户可以自由地交流信息,互帮互助。马蜂窝旅行网最开始并不是商业项目,而纯粹是出于爱好发展起来的业余平台。用户以游记的形式分享旅行攻略、经历等,同时也可以向他人咨询旅游建议。马蜂窝旅行网是基于旅游社交和旅游大数据的新兴自由行决策与交易平台,这也是马蜂窝旅行网的特有商业模式。马蜂窝旅行网依据用户偏好数据,提供个性化的自由行产品及服务。

三、互联网医疗

互联网医疗也称在线医疗,是互联网在医疗行业的新应用,包括以互联网为载体和技术手段的健康教育、医疗信息查询、电子健康档案、疾病风险评估、在线疾病咨询、电子处方、远程会诊及远程治疗和康复等多种形式的健康医疗服务。

互联网医疗代表了医疗行业新的发展方向,有利于解决中国医疗资源不平衡和人们日益增加的健康医疗需求之间的矛盾,是卫健委积极引导和支持的医疗发展模式。互联网医疗主要包括互联网医院、互联网诊疗和远程医疗服务。

1. 互联网医院

互联网医院是实体医院的线上模式。根据卫健委于 2018 年 7 月印发的《互联网医院管理办法(试行)》,互联网医院必须有实体医疗机构作为线下支撑,互联网医院所能开展的科室设置和诊疗科目不得超出所依托的实体医疗机构的科目范围。互联网医院可以提供慢性病和常见病复诊,可以开具电子处方,但不能提供首诊。

互联网医院的诊疗流程包含线上分诊、线上问诊、线上处方、线上支付、线上配药和康复管理,如图 1.5 所示。相比于线下就医,互联网医院省去了排队挂号、排队候诊、排队缴费、排队拿药等环节,大大提升了就医体验。对于需要进行检验和手术等线下医疗服务的患者,互联网医院可以在线上提供预约。

互联网医院的意义在于方便患者、分散流量、促进区域医疗资源公平分配。对政府来说，通过互联网远程会诊对基层医院的重症患者进行诊疗，起到了提高医疗资源利用效率、促进医疗公平的作用。对医院来说，通过互联网手段将慢性病和轻症患者的需求高效解决，减小了线下实体医院的诊疗流量压力。对患者来说，互联网医院的诊疗方式大大节约了时间，就医体验得以提升。

图 1.5　互联网医院的诊疗流程

案例与思考 1.8

吉林大学第一附属医院互联网医院案例

2020 年 4 月 9 日，吉林大学第一附属医院通过了吉林省互联网医院执业登记信息技术部分专家现场评审，吉林大学第一附属医院互联网医院建设工作进入了新征程。现场专家组对吉林大学第一附属医院互联网医院建设给出了高度评价。吉林大学第一附属医院互联网诊疗流程清晰，相关管理制度完善，数据安全措施有力。

吉林大学第一附属医院不断完善互联网医院建设，加强互联网网络负载均衡的建设，完善互联网医院管理制度，不断探索互联网医院建设模式，持续推动线上线下的所有诊疗数据同步。从而实现线上问诊（开立处方、续方、开检查、开检验）、线上预约（覆盖检查、检验、手术、住院、体检等全诊疗流程）、药物配送（院内+第三方药房）、电子健康档案（包括检查报告、检查影像、就诊历史等）、服务评价、病历打印预约邮寄、护理服务平台、调查问卷、家庭医生签约、慢性病管理、随访表单推送、在院患者病历阅览等功能，引导诊疗从线下至线上，建立医生和百姓之间便捷的沟通渠道，提高百姓的就诊满意度。吉林大学第一附属医院互联网医院累计注册用户有 460 余万人，门诊预约达 457 万次，产生电子票据 1400 余万张，共有 896 名医生提供了线上诊疗服务，为百姓提供医疗服务咨询 64742 次。

启发思考：（1）吉林大学第一附属医院互联网医院有哪些功能？
　　　　　（2）吉林大学第一附属医院互联网医院发挥了哪些作用？（课程思政）

---

2. 互联网诊疗

互联网诊疗与互联网医院有着本质的区别，前者主要满足消费医疗需求，而后者则是严肃医疗的延伸。互联网诊疗是指互联网公司和企业申办的互联网在线问诊平台，支持符合条件的第三方机构搭建互联网信息平台，开展远程医疗信息咨询服务。服务项目有医疗咨询、健康体检、康复护理、私人健康管理、母婴健康等。

目前，在线问诊的主要模式有轻问诊模式、视频问诊模式和导医导药模式。医生的响应时间根据不同模式也各有差异，从 15 分钟到 24 小时不等。

1）轻问诊模式

轻问诊模式主要是指使用手机短信、在线问答、电子邮件等文字交流方式为用户提供医疗服务。用户描述患者的症状，提出疑问，同时可附加图片或检查报告等；医生根据用户提供的信息为患者提供基础性的诊断意见、建议和治疗方案。轻问诊模式自 2011 年起在国内开始有了一定的用户群。

2）视频问诊模式

视频问诊主要是通过视频进行的在线问诊，专业度要求更高，对远程设备和网络技术的要求也更高，但因为沟通更充分，医生能掌握的信息相对更丰富，因而为用户提供的诊断或建议确切性更高。视频问诊时，用户通常需要支付一定的问诊费。

3）导医导药模式

导医导药模式是国内的在线问诊创业公司正在探索的通过与医院和药店的合作引流来实现盈利的模式。通常情况下，用户在线问诊完成后，如果还有后续行为，则往往可分为去医院和去药店的两类价值用户。所谓导医模式，是指通过在线问诊平台将患者引入线下医院就诊和治疗，医院向在线问诊平台支付佣金作为回报。所谓导药模式，是指经过在线问诊后，用户需要选购药品，在线问诊平台能结合基于位置的服务（Location Based Services，LBS）模式引导用户在附近的医院或药房购药，甚至直接通过药店的电子商务平台在线购药，在线问诊平台也将从中收取佣金。导药模式的关键点在于能否有效整合药店资源。

平安好医生提供的网上医疗服务项目如图 1.6 所示。家庭医生服务是平安好医生早期业务开展的核心抓手。远程轻问诊需求是用户下载互联网在线问诊平台的核心驱动力，这一业务相当于流量的入口，重要性不言而喻。

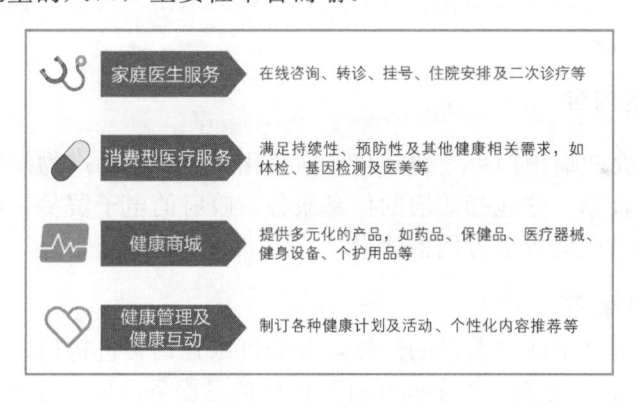

家庭医生服务	在线咨询、转诊、挂号、住院安排及二次诊疗等
消费型医疗服务	满足持续性、预防性及其他健康相关需求，如体检、基因检测及医美等
健康商城	提供多元化的产品，如药品、保健品、医疗器械、健身设备、个护用品等
健康管理及健康互动	制订各种健康计划及活动、个性化内容推荐等

图 1.6 平安好医生提供的网上医疗服务项目

3. 远程医疗服务

远程医疗服务包括互联网+便民就医、互联网+医院云平台、互联网+多学科远程医疗。

1）互联网+便民就医

基于互联网技术，可建立全区域统一的医疗数据中心和医疗信息服务云平台。一方面，打造创新服务闭环，形成包括互联网服务、自助服务、便捷就医、健康管理等服务在内的服务闭环；另一方面，有利于增值服务延伸，能够将医疗向健康领域延伸，开展如网约护理、处方流转、康复养老等运营服务。

2）互联网+医院云平台

医院云平台为患者提供了便捷的就医途径。通过医院云平台，一方面，提供便捷就医、健康咨询、在线诊疗、复诊配方、慢性病配药等一系列全新就医服务；另一方面，为医疗机构协同赋能，提供云端双向转诊、远程会诊等服务，推进医联体的建设。

3）互联网+多学科远程医疗

互联网+多学科远程医疗的相关产品为"创业 GDPcloud 多学科远程医疗平台"。该平台主要面向各类大型医联体，形成多学科诊教研协作体，目的是通过远程协作的技术，在线上实现多学科、多机构、多专家的多学科联合诊治（Multi-Disciplinary Treatment，MDT）。

四、电子政务

近年来，随着"互联网+政务服务"的进一步发展，政府部门内部及政府部门之间共享政务信息的需求日益突出，政务信息的社会共享呼声也日益高涨。如今，电子政务已成为提高公共服务治理水平的重要引擎。

1. 电子政务的含义

电子政务是指使用信息与通信技术，打破行政机关的组织界限，改进行政组织，重组公共管理，实现政府办公自动化、政务业务流程信息化，为公众和企业提供广泛、高效和个性化服务的过程。

2. 电子政务的内容

电子政务虽然是政府部门办公自动化、网络化、电子化的产物，但绝对不仅仅像单独的政府上网那么简单，它包括政府的信息服务、政府的电子贸易、电子化政府、政府部门重组、公众参与政府等多方面的建设。

1）政府的信息服务

各级政府在互联网上建立自己的网站，公众可以查询其机构构成、政策法规等，相当于政府的"窗口"，一方面，为企业和百姓提供信息服务，另一方面，加强与企业和百姓的沟通与联系。

2）政府的电子贸易

政府的电子贸易即政府的电子化采购，既能提高工作的透明度，促进廉政建设，同时，也可加大企业的竞争，降低成本，此外，还能减少政府开支，提高政府的工作效率。

3）电子化政府

实现政府办公自动化、网络化，不仅各部门内可以形成局域网，直接连通，而且各部门之间也可以相互连通起来，实现资源共享、信息互通。

4）政府部门重组

随着我国"信息高速公路"的发展，传统的政府工作模式已经不能适应环境的要求，必须通过政府工作流程改革，使之更加合理化，提高政府的工作效率。

5）公众参与政府

公众可以通过互联网在政府网站上发表自己的意见，参与有关政策的制定，甚至可以通过发送电子邮件反映相关情况。这是信息产业发展的方向，是民主化进程的重要一步，是信息技术为人类进步服务的更高阶段。

3．电子政务的类型

从电子政务的服务对象来看，电子政务可分为以下几类。

1）政府对公众电子政务

政府对公众电子政务（Government to Citizen，G2C）涵盖政府与公众之间所有的交互活动，其主要目的是建立一站式在线服务。公众在家可以与政府交流，可以网上找到他们需要的所有信息，可以提出问题并得到回答，可以缴税和付款等。政府可以在网上发布信息、开展培训、帮助就业等。政府对公众电子政务提高了政府政务活动的透明度，有利于提高政府部门的服务质量和办事效率，有利于公众的民主参与和有效监督。

2）政府对企业电子政务

政府对企业电子政务（Government to Business，G2B）是指政府通过电子网络系统进行电子采购与招标，精简管理业务流程，快捷迅速地为企业提供各种信息服务。政府部门试图将其与企业的交易活动自动化，目的是为企业减轻负担，为企业提供顺畅的一站式在线支持服务。同时，企业可以通过互联网获取政府公开的各种信息资源，避免发展的盲目性，寻找更多的商机。政府对企业电子政务有利于营造公平的竞争环境，减少暗箱操作及权钱交易。

3）政府对政府电子政务

政府对政府电子政务（Government to Government，G2G）是指政府部门内部、政府上下级之间、不同地区和不同职能部门之间实现的电子政务活动，主要包括政府内部网络办公系统、电子法规政策系统、电子公文系统、电子司法档案系统、电子财政管理系统、电子培训系统、网络业绩评价系统。政府对政府电子政务的主要目的是打破行政机构组织部门的垄断和封锁，加速政府内信息的流转和处理，提高政府内部的行政效率。

4．电子政务的发展方向

当前，随着物联网、云计算、移动互联网等新一代信息技术的涌现，我国电子政务也随之升级。智慧政务就是我国电子政务的发展方向。实际上，智慧政务并非一种全新的政务形式，而是电子政务发展到一定程度、为适应时代需求而形成的，是智慧城市理念对电子政务提出的更高要求，旨在为公众提供更便捷、更有效的服务，实现公众办事"零跑腿"的新目标。例如，中国政府采购网提供了有关政府采购的政策和程序，使政府的采购行为接受来自社会各方面的监督，使其真正成为"阳光下的交易"。

思政案例

拼多多的发展轨迹及其战略转折	
当"3亿人都在用的App"的广告语仍在人们耳边不停地重复时，2018	课程思政

年7月26日,拼多多(股票代码:PDD)在纳斯达克敲响了上市的钟声。

因为拼多多的负面新闻较多,常常有人以"拼夕夕"这种不友好的称呼来嘲讽它。逆势之下,创办3年的拼多多便成功赴美上市。

从产业方面来看,拼多多属于新兴电子商务产业,是一家商家入驻模式的第三方移动电子商务平台,也是以人为先的新电子商务开创者。作为新兴电子商务产业先行者的拼多多缺乏坚实的基础及可以参考的前车之鉴,同时最大的问题是拼多多缺乏产品和技术标准,产品质量不稳定。虽然拼多多只是移动电子商务平台,但创立初期必然会遇到人员不足使得产品质量监管不到位等问题,如今的发展也证实了这一点。难能可贵的是,作为开创者,拼多多没有沉浸在已取得的成绩之中,其创始人黄峥曾强调,拼多多还是"三岁小孩",身上的问题显而易见,眼前充斥着各种挑战。在赴美上市的光环之下,拼多多仍需要在品类结构、定位拓展等方面延伸广度与深度,在急速扩张与平台监管中寻找平衡点。

虽然拼多多遇到了各种质量问题,但是单纯从企业发展角度来说,拼多多进入电子商务初期便使得产业成型。在营销方法方面,拼多多在以人为先的理念下,将娱乐与分享的理念融入电子商务运营中,用户发起邀请,在与朋友、家人、邻居等拼单成功后,能以更低的价格买到优质商品。同时,拼多多也通过拼单了解消费者,通过机器算法进行精准推荐和匹配。在价格策略方面,拼多多的核心竞争力在于创新的模式和优质低价的商品:拼单意味着用户和订单大量且迅速地涌入,而大量订单使拼多多可以直接与供货厂商合作对话,省掉诸多中间环节,实现C2B模式,价格优势由此体现。

从产品方面来看,拼多多实施的竞争战略值得肯定。在新兴产业中进行竞争的一个重要战略选择是正确的进入时间。"我们的核心就是五环内的人理解不了",这是拼多多创始人黄峥曾经说过的一句话。当国内电子商务平台"老大哥"阿里巴巴和京东逐渐转型走精品化路线时,拼多多则将消费重点放到了三、四线城市,以及县城和乡镇。在阿里巴巴和京东转型走精品化路线的过程中,网购从北上广深等一、二线大都市逐步进入四、五线县城乡村,受众从都市白领、大学生蔓延至老家父母、七大姑八大姨,拼多多的时间点赶得真好。对这部分受众来说,受限于收入,品牌、时尚并非他们关心的点,真正能让他们"剁手"的只有一个因素:价格!这个电子商务成立之初的根,在转型走精品化路线的过程中,也被阿里巴巴和京东摒弃了。当这部分人发现网上的价格居然比集市、商场的价格还便宜时,他们是自豪的:一是省钱的自豪,二是从内心发出的"看,我也能网购"的自豪。这部分人在14亿国人中的占比情况,自然不言而喻。通过早期进入投资于原材料供应、零配件供应和批发渠道等,拼多多取得了成本优势。在黄峥看来,拼多多会成为"Costco+迪士尼"的融合版,迎合娱乐性消费趋势。他认为,消费者通过搜索方式购买商品的目的性消费已逐

> 成功 = 艰苦的劳动 + 正确的方法 + 少谈空话
> ——爱因斯坦

> 抓住时机,克服困难,创新创业

> 利用接地气的营销理念,发展了拼多多

> 企业定位精准、新技术使用、企业社会责任、诚信经营、造福人民

> 知己知彼,百战不殆

渐向娱乐性消费转变。与此同时，拼多多正加速与制造商对接培育爆款，商户依托工厂实现量产，以供应链优势降低生产成本，通过薄利多销实现盈利。黄峥称，供应链升级是拼多多未来长时间内的战略重点。

从市场角度来看，拼多多属于市场挑战者。它的崛起战略是深挖低端市场，背靠腾讯微信冲出重围。就目前而言，国内电子商务的"龙头"仍是阿里巴巴。因此，对拼多多来说，它的进攻战略便是侧翼进攻和迂回进攻。侧翼进攻即采取"避实就虚"的战略原则，集中优势力量攻击对方的弱点。而迂回进攻便是尽量避免正面冲突，在对方没有防备或不可能防备的地方发动进攻。与阿里巴巴和京东相比，拼多多仍需要在品类结构、定位拓展等方面从长计议，但是其借助腾讯微信的优势，把朋友圈、支付体系、电子商务入口融为一体，手握丰富流量。当人们大谈消费结构升级时，拼多多将视线瞄准了中国三线以下城市的网民，他们大多收入较低，对价格比较敏感。拼多多正是抓住了这一点，使得用户数呈现井喷式增长。当然，拼多多最有效的营销方法当属拼团砍价的"病毒式"社群营销，这也是最简单、最高效的拉新方式。从物以类聚的淘宝到人以群分的拼多多，消费分级和做利基市场是拼多多的重要商业逻辑。"社交电子商务"模式刺激了用户需求并聚集相同或类似需求，市场下沉显示了三、四线城市人群红利的价值。借助消费分级与市场下沉，拼多多实现了创新。

总的来说，电子商务黑马拼多多在如今日趋红海的电子商务市场中寻找到一片蓝海。拼多多的异军突起让电子商务行业深刻意识到，看似成熟的电子商务市场内部仍然有依靠颠覆式创新异军突起的可能，对电子商务的未来发展和中国的真实国情都值得重新认知。

启发思考：（1）简述拼多多的发展战略。
（2）新一代大学生面临互联网的迅猛发展，如何规划自己的创业生涯？（课程思政）

本章小结

本章介绍了电子商务的概念、电子商务的基本组成要素、电子商务的产生与发展、电子商务的功能、电子商务的分类及电子商务的应用领域。通过对案例的学习，使学生加深对电子商务的理解，激发学生在电子商务方面的创业欲望。

学习与思考

一、名词解释

电子商务　　在线教育　　认证中心　　在线旅游　　互联网医疗

二、单选题

1. 下列选项中不是电子商务基本组成要素的是（　　）。
A．用户　　　　B．物流配送　　　　C．政府　　　　D．认证中心

2．电子数据交换的简称是（　　）。
A．EB B．EDI C．NET D．EC
3．1688采购批发网属于（　　）电子商务类型。
A．B2C B．B2B C．C2C D．C2B
4．淘宝网站的电子商务类型是（　　）。
A．B2G B．C2C C．B2C D．B2B
5．网上商城的鼻祖是（　　）。
A．当当网 B．京东 C．亚马逊 D．天猫

三、多选题

1．（　　）是电子商务的基本组成要素。
A．用户 B．商家 C．银行 D．认证中心
2．按交易对象分类，电子商务可分为（　　）。
A．B2C电子商务 B．B2B电子商务
C．C2C电子商务 D．跨境电子商务
3．电子商务中任何一笔交易都包括（　　）等。
A．物流 B．资金流 C．现金流 D．信息流
4．下列网站中属于B2B电子商务的是（　　）。
A．敦煌网 B．亚马逊
C．中国化工网 D．1688采购批发网
5．电子商务是以商务活动为主体，以计算机网络为基础，以电子化方式为手段，在法律许可范围内所进行的商务活动交易过程。那么，电子商务中的主要要素指的是（　　）。
A．商品 B．商城 C．消费者 D．物流

四、思考题

1．电子商务的基本组成要素中，每个要素的功能是什么？
2．简要阐述电子商务的应用主要有哪些方面。

技能训练

分别进入京东、淘宝网、1688采购批发网，浏览各网站首页的主要内容和功能，就其交易模式、所经营的产品、下订单的方式、购物搜索、支付方式、物流配送进行详细的分析与比较，如表1.1所示，总结出这些网站的相同点和不同点。

表1.1 电子商务网站对比

项　　目	京　东	淘 宝 网	1688采购批发网
交易模式			
所经营的产品			
下订单的方式			

续表

项　目	京　东	淘　宝　网	1688采购批发网
购物搜索			
支付方式			
物流配送			

第二章
电子商务技术基础

学习目标

（1）了解电子数据交换技术的概念。
（2）了解互联网协议的相关内容。
（3）掌握 IP 地址与域名的相关规定。
（4）了解电子商务新兴技术的应用。
（5）能够在常见的互联网应用方面进行一些设置。

知识框架图

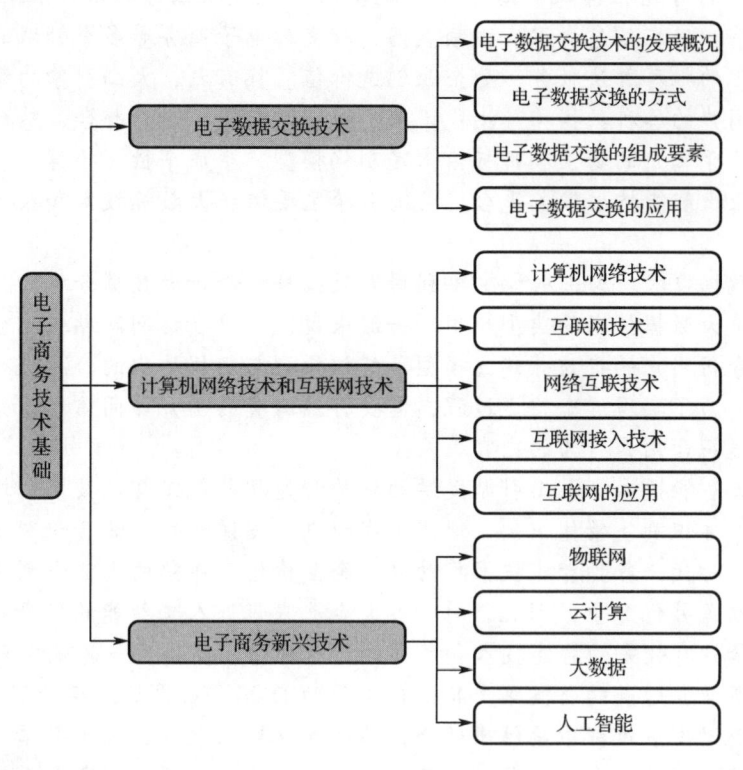

```
                        ┌─ 电子数据交换技术 ─┬─ 电子数据交换技术的发展概况
                        │                    ├─ 电子数据交换的方式
                        │                    ├─ 电子数据交换的组成要素
                        │                    └─ 电子数据交换的应用
                        │
电子商务技术基础 ───────┼─ 计算机网络技术和互联网技术 ─┬─ 计算机网络技术
                        │                              ├─ 互联网技术
                        │                              ├─ 网络互联技术
                        │                              ├─ 互联网接入技术
                        │                              └─ 互联网的应用
                        │
                        └─ 电子商务新兴技术 ─┬─ 物联网
                                             ├─ 云计算
                                             ├─ 大数据
                                             └─ 人工智能
```

思政目标

（1）具有商业道德、社会责任感。
（2）遵守网络行为规范，勇于承担责任。

引导案例

火山引擎

火山引擎是字节跳动旗下的云服务平台，致力于为用户打造更极致的视频体验。中国软件网海比研究院发布的《中国企业服务生态发展状况研究报告》中提出，企业服务可以分为3种：一是赋能企业流程管理，二是赋能服务，三是赋能产品。为了赋能企业流程管理，字节跳动推出了办公软件——飞书；为做好赋能服务与赋能产品，字节跳动推出了火山引擎，并希望通过火山引擎在企业技术服务领域占据一席之地。

火山引擎可以为企业提供智能应用、视觉智能、数据智能、多媒体技术、语音智能、云原生6个方面的服务。其中，智能应用包括智能推荐和机器翻译；视觉智能包括美化滤镜、贴纸特效、手势交互、人像特效、人像融合、人像漫画风、图像漫画风、通用文字识别、身份证识别、银行卡识别等；数据智能包括 Data Wind、一站式数据中台套件、应用性能管理平台；多媒体技术包括 ImageX、企业直播、视频会议；语音智能包括音视频字幕生成、语音合成、歌唱合成等产品；云原生包括机器学习平台

Clever、智能容器云 veCompass。

火山引擎的智能推荐机制基于字节跳动的大规模机器学习和个性化推荐领先技术，结合字节跳动在信息资讯、视频直播、社交、电子商务等多个领域的优势，为企业提供定制化的推荐算法服务，为企业创造价值。换言之，火山引擎的智能推荐机制就是通过将用户的各种数据（如浏览记录、停留时长等）进行整合，然后由经验丰富的算法团队基于客户的场景和目标输出定制化模型，生成个性化推荐。

作为企业级智能技术服务平台，火山引擎主要依托大数据技术和人工智能技术提供服务。

（1）大数据技术。火山引擎主要利用大数据技术进行大数据分析，如火山引擎的推荐系统就是大数据技术的典型应用。一般来说，用户在访问网站或平台时，火山引擎会记录和分析用户的行为并建立模型，将该模型与数据库中的产品进行匹配后，完成推送过程。为了实现这个推送过程，需要存储海量的用户访问信息，并分析大量数据，从而推送符合用户行为的内容。

（2）人工智能技术。火山引擎提供的视觉智能就是人工智能技术的典型应用，可以精准进行人体识别、物体识别、通用文字识别、图像识别、语音识别等。

人工智能时代，各种智能技术推动创造企业价值。成熟的企业会利用人工智能技术进一步推动差异化竞争，因此，对于各大企业来说，人工智能的投资和部署迫在眉睫。火山引擎拥有领先的智能技术和成熟的增长理念，提供了一套赋能 B 端企业通过 C 端触达实现业务增长的全链路产品集合（帮助 B 端企业更好地经营 C 端的客户）。依托于字节跳动发展过程中总结出的全链路数字化增长之道，火山引擎把字节跳动内部的技术能力、增长理念与工具进行产品化、服务化，从而带领各大企业走上数字化转型之路，赋能企业智能化升级，实现业务高速增长。

启发思考：人工智能技术还可应用在哪些领域？有什么需要解决的问题？

第一节　电子数据交换技术

当代世界，科学技术迅猛发展，经济面貌日新月异。特别是自 20 世纪 60 年代末 70 年代初以来，在新技术革命浪潮的猛烈冲击下，兴起了电子数据交换（Electronic Data Interchange，EDI）技术。EDI 技术是模拟传统的商务单据流转过程，对整个贸易过程进行简化的技术手段。EDI 技术一经出现便显示出了强大的生命力，迅速在世界各主要工业发达国家和地区得到了广泛的应用。

EDI 技术是随着计算机及网络开始在商业领域应用而诞生的。EDI 是指按照同一规定的一套通用标准格式，将标准的经济信息通过通信网络传输，在供应商、零售商、制造商和客户等贸易伙伴的电子计算机系统之间进行自动交换和处理商业单证的过程。EDI 是将贸易、运输保险、银行和海关等行业的信息，用一种国际公认的标准格式，通过计算机通信网络使各有关部门、公司与企业之间进行数据交换与处理，并完成以贸易为中心的全部业务过程。

一、电子数据交换技术的发展概况

1. 产业标准阶段（1970—1980 年）

产业标准阶段开始于 20 世纪 70 年代，美国几家运输公司联合起来，成立了运输数据协调委员会（Transportation Data Coordinating Committee，TDCC）。成立 TDCC 的目的是开发一种传输运输业文件的共同语言或标准，1975 年公布了运输行业的第一个标准。继 TDCC 之后，其他行业也陆续公布了所属行业的 EDI 标准。

2. 国家标准阶段（1980—1985 年）

当产业标准应用成熟以后，企业界发现，维持日常交易运作的对象，并不局限于单一产业的对象，国家标准由此诞生。1979 年，首先在美国开始开发、建立跨行业且具一般性的 EDI 国家标准，与此同时，欧洲的官方机构及贸易组织也提倡共同 EDI 标准，并获得联合国的授权，由联合国欧洲经济理事会第四工作组负责发展及制定 EDI 的标准格式，并在 20 世纪 80 年代初提出贸易数据交换（Trade Data Interchange，TDI）标准，但该标准只定义了商业文件的语法规则，欠缺报文标准。

3. 国际通用标准阶段（1985 年至今）

1985 年，联合国欧洲经济理事会负责国际贸易程序简化的工作小组承担了国际性 EDI 标准制定的任务，并于 1986 年正式将 UN/EDIFACT 作为国际通用标准。

案例与思考 2.1

中国远洋运输有限公司

中国远洋运输有限公司是国内最早应用 EDI 的企业之一，它的前身是成立于 1961 年 4 月 27 日的中国远洋运输公司。中国远洋运输有限公司真正应用 EDI 系统是从 1988 年开始的。20 世纪 90 年代初，中国远洋运输有限公司与 GEIS 公司合作开始了 EDI 中心的建设，由该公司为中国远洋运输有限公司提供报文传输服务。1996—1997 年，完成了中国远洋运输有限公司 EDI 中心和 EDI 网络的建设，该 EDI 网络基本覆盖了国内 50 多家网点，实现了对海关和港口的 EDI 报文交换，并通过北京 EDI 中心实现了与 GEIS 公司 EDI 中心的互联，连通了中国远洋运输有限公司海外各区域公司。1997 年 1 月，中国远洋运输有限公司正式开通公司网站。1998 年 9 月，中国远洋运输有限公司在网站上率先推出网上船期公告和订舱业务，通过 EDI 实现了对舱单、船图、箱管等数据的 EDI 传送。

启发思考：（1）简述中国远洋运输有限公司的 EDI 发展历程。
（2）中国远洋运输有限公司是如何通过 EDI 系统提高工作效率的？（课程思政）

1990 年 5 月，第一届中文 EDI 标准研讨会在深圳蛇口举行。这是 EDI 概念首次被引入中国，它一出现就受到国内各有关部门的高度重视。原国家计委、科委等主管部门将 EDI 列为国家"八五"计划的关键推广项目之一。1991 年成立了"中国促进 EDI 应用协调小组"，1992 年拟定了《中国 EDI 发展战略与总体规划建议》，1996 年 2 月我国

对外经贸部成立了国际贸易电子数据交换服务中心；1996年12月18日，联合国贸易网络组织中国发展中心在北京成立；1996年12月24日，北京海关与中国银行北京分行在我国首次开通了电子数据交换通关电子划款业务。1997年1月13日，我国台湾地区实现了电子数据交换跨行付款作业。我国香港地区零售业中的百佳连锁超级市场是应用电子数据交换的典范，其172家连锁店由以太网联系30家大买主，向500家供货商订购了100 000多种商品。

目前，在国家的大力支持和计算机应用技术人员的辛勤劳动下，EDI已由宣传教育转入实际应用阶段，其发展已出现了可喜的局面。

二、电子数据交换的方式

1. 手工条件下数据交换方式

在手工条件下，操作人员首先使用打印机将企业数据库中的数据打印出来，形成贸易单证，然后通过邮件或传真的方式发送给贸易伙伴。贸易伙伴收到贸易单证后，再由录入人员手工录入数据库中，以便企业内部共享。传统的贸易单证在流通过程中，由于买卖双方之间重复输入的数据较多，所以，会造成劳动力消耗多、耗时长、易产生差错。手工条件下贸易单证的传递方式如图2.1所示。

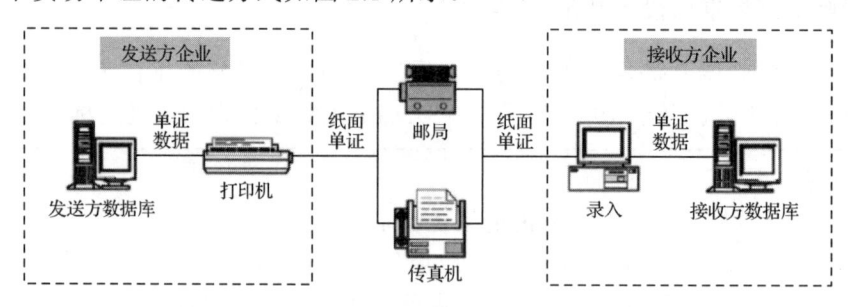

图2.1 手工条件下贸易单证的传递方式

2. EDI条件下数据交换方式

在EDI条件下，数据库中的数据通过一个翻译器转换成字符型的标准贸易单证，然后通过增值网或互联网传递到贸易伙伴的计算机，该计算机再通过翻译器将标准贸易单证转换成该企业内部的数据格式存入数据库。EDI条件下贸易单证的传递方式如图2.2所示，由此不难看出使用EDI的优势。但是，由于贸易单证是通过数字方式传递的，缺乏验证的过程，所以，加强安全性，保证贸易单证的数据真实可靠成了一个重要的问题。

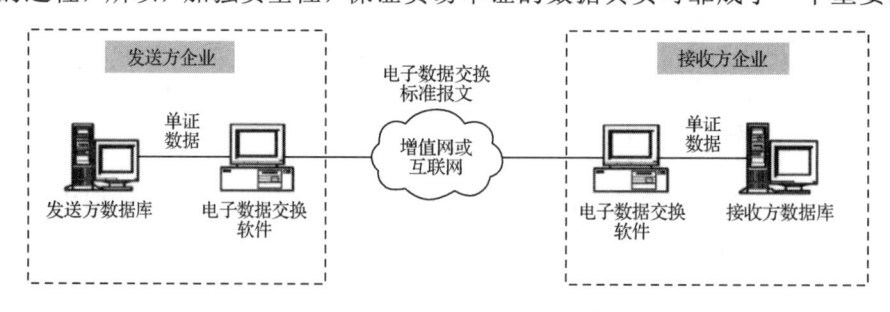

图2.2 EDI条件下贸易单证的传递方式

三、电子数据交换的组成要素

数据标准化、EDI 软件和通信网络是组成电子数据交换的 3 个要素。

1. 数据标准化

数据标准是指电子数据交换专用的一套结构化数据格式标准。由于电子数据交换是在全世界范围内跨组织信息系统的桥梁,因此需要有一套能够在不同的计算机系统中供各参与方在各个业务领域广泛使用的数据结构化、格式化的标准,这样才能保证各参与方之间能够顺利完成数据交换。电子数据交换标准在实际应用中分为语言标准和通信标准两大类。

电子数据交换的标准应该遵循以下两条原则。

(1) 提供一种发送数据及接收数据的各方都可以使用的语言,这种语言所使用的语句是无二义性的。

(2) 这种标准不受计算机机型的影响,既适用于计算机间的数据交换,又独立于计算机之外。

国际上现存两个标准体系:一个是流通于欧洲和亚洲的,由联合国欧洲经济委员会(UNECE)制定的 UC/EDIFACT 标准;另一个是流通于北美洲的,由美国国家标准学会(ANSI)制定的 ANSI X.12 标准。

为了在国际贸易中更快、更省、更好地使用电子数据交换技术,世界各国特别是欧美地区的工业发达国家,都在强烈要求统一电子数据交换国际标准,即"讲一种语言,用一种标准"。1992 年 11 月,美国 ANSI X.12 鉴定委员会投票决定,1997 年美国将全部采用 EDIFACT 标准来代替 ANSI X.12 标准。美国国家标准学会的工作人员说:"1997 年之后,现有的 ANSI X.12 标准仍将保留,但新上项目将全部采用 EDIFACT 标准。"

2. EDI 软件

EDI 软件将用户数据库系统中的信息译成电子数据交换的标准格式,并具有传输、交换的功能。EDI 软件包括转换软件、翻译软件和通信软件。

1) 转换软件

对于发送方,转换软件可以帮助发送方将原有计算机系统的文件转换成翻译软件能够识别的平面文件(Flat File);对于接收方,转换软件将把翻译软件接收的平面文件转换成原计算机系统中的文件。

2) 翻译软件

翻译软件就是根据报文标准、报文类型和版本由服务机构提供的目录服务功能确定。对于发送方,将平面文件翻译成 EDI 标准报文;对于接收方,将接收到的 EDI 标准报文翻译成平面文件。

3) 通信软件

对于发送方,将电子数据交换格式的文件外层加上通信信封再发送到 EDI 系统交换中心的对方邮箱中;对于接收方,将接收到的文件从 EDI 系统交换中心取回。EDI 软件的工作流程如图 2.3 所示。

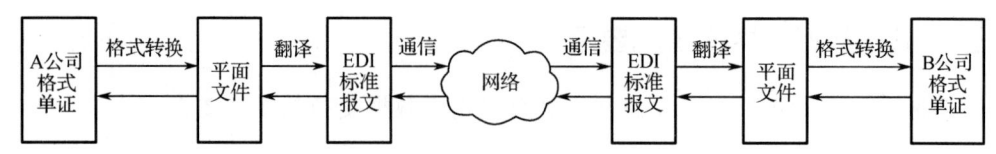

```
A公司        格式转换        翻译        EDI        通信              通信        EDI        翻译        格式转换        B公司
格式   ←→    平面    ←→    标准   ←→   网络   ←→   标准   ←→   平面   ←→           ←→   格式
单证             文件            报文                                报文            文件                    单证
```

图 2.3　EDI 软件的工作流程

3. 通信网络

通信网络是实现 EDI 的手段。EDI 通信网络主要有两种：一种是在贸易伙伴之间建立专用网；另一种是增值网络方式。通信网络类似于邮局，为发送者与接收者维护邮箱，并提供存储转送、记忆保管、通信协议转换、格式转换安全管制等功能。因此，通过增值网络传送 EDI 文件，可以大幅降低相互传送资料的复杂程度和困难程度，大大提高 EDI 的工作效率。

四、电子数据交换的应用

1. 电子数据交换在金融领域的应用

金融领域采用电子数据交换技术能够实现银行和银行、银行和客户之间的各种金融交易单证安全、有效地交换，如付款通知、信用证等。金融电子数据交换的实施能够提高银行在资金流动管理、电子支付、电子对账结算等业务的效率。

2. 电子数据交换在商业中的应用

使用电子数据交换技术进行货运订单的自动处理，在订单数据标准化及计算机自动识别和处理流程中，避免了纸面作业和重复劳动，提高了文件处理效率，缩短了公司把货物运输到销售地的时间。商业中利用电子数据交换技术能充分理解并满足客户的需要，制订供应计划，达到降低库存、加快资金流动的目的。

3. 电子数据交换在商检中的应用

商检单证作为外贸出口的一个重要环节，利用电子数据交换技术，可以提高商检单证的审核签发效率，加强统一管理，与国际惯例接轨，为各大外贸公司提供方便、快捷的服务。早在 1985 年，我国广东省就已将电子数据交换技术在商检中投入运行，提供商检原产地证和普惠制产地证两种单证的电子数据交换申请和签发，是我国较早应用电子数据交换系统一个实例。外贸公司可通过电子数据交换的方式与国家质量监督检验检疫总局进行产地证的电子单证传输，无须再为产地证的审核签发来回跑，既节省了时间和费用，也节约了纸张。对于国家质量监督检验检疫总局来说，应用了电子数据交换单证审批系统，不仅减轻了录入数据的负担，也减少了手工录入差错的发生，同时方便了面对大量单证进行统一管理，如图 2.4 所示。

4. 电子数据交换在物流领域的应用

物流电子数据交换是指货主、承运业主及其他相关单位之间，通过电子数据交换系统进行物流数据交换，并以此为基础实施物流活动的方法。物流电子数据交换参与单位的货主如生产厂家贸易商、批发商、零售商等；承运业主如独立的物流承运企业，实际运送货物的交通运输企业如铁路企业、水运企业、航空企业、公路运输企业等；物流电子数据交换协助单位主要有政府有关部门、金融企业等；其他的物流相关单位主要有仓库业者、专业报送业者等。物流领域采用电子数据交换技术能实现货运单证的电子数据传输，充分利用运输设备、仓位，为客户提供高层次和快捷的服务。对于物流的仓储可加速货物的提取及运转，缓解了仓储空间紧张的矛盾，从而提高了利用率。

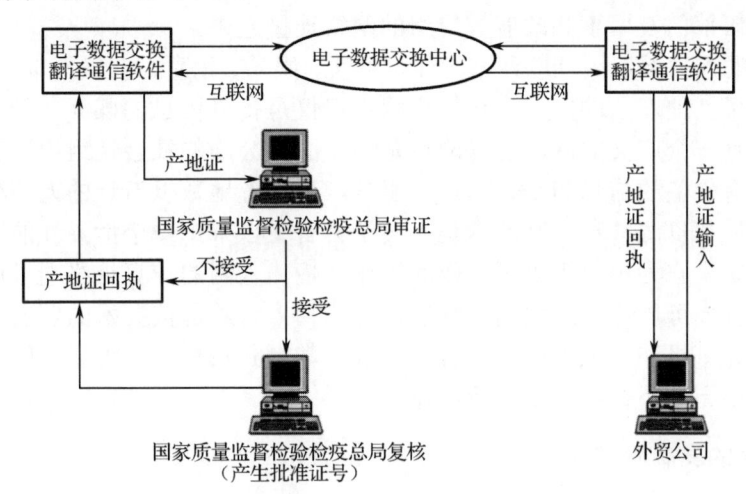

图 2.4　商检电子数据交换审签系统流程

5. 电子数据交换在国际贸易中的应用

电子数据交换在国际贸易中的应用，是以互联网为依托，通过电子数据交换中心把与国际贸易有关的工厂、海关运输公司、保险公司、银行联系起来，可以大大加速国际贸易的流程。

一个生产企业的电子数据交换系统，就是要把买卖双方在贸易过程中的所有纸面单证通过电子数据交换来传送，并由计算机自动完成处理过程。电子数据交换应用到国际贸易中，可提高企业的竞争力；用于通关和报关中可加速货物通关，提高对外服务能力，减轻海关部门的压力，防止人工操作失误的发生，实现货物通关自动化、国际贸易无纸化。

第二节　计算机网络技术和互联网技术

一、计算机网络技术

计算机网络简称网络，是指利用通信线路和通信设备将地理位置不同的、功能独立的多个计算机系统连接起来，最大的计算机网络就是互联网。互联网的产生，将全世界的计算机连在一起，实现了全球各地的人通过网络进行通信，空间的距离已不再是人们交流沟通的障碍。

1. 互联网的产生

互联网又称因特网（Internet），于 1969 年在美国产生，是全球性的网络，是一种公用信息的载体，是大众传媒的一种。互联网是由一些使用公用语言互相通信的计算机连接而成的网络，即广域网、局域网及单机按照一定的通信协议组成的国际计算机网络。组成互联网的计算机网络包括小规模的局域网、城市规模的城域网及大规模的广域网等。这些网络通过普通电话线、高速率专用线路、卫星、微波和光缆等线路把不同国家的大学、公司、科研部门及军事和政府等组织的网络连接起来。

各行各业的人需要运用互联网来工作、生活、娱乐、消费。互联网本身是一个产业，同时它也带动了其他产业的发展。计算机网络仅仅是传输信息的媒介，是一个狭义的硬件网。互联网是一个广义的网，互联网也是一个面向公众的社会性组织。它的优势是能够为用户提供有价值的信息和令人满意的服务，世界各地数以万计的人们可以利用互联网进行信息交流和资源共享。互联网是人类社会有史以来第一个世界性的图书馆和第一个全球性的论坛。它为用户提供了高效的工作环境，入网的计算机终端可以查询各种公用信息资料。人们可以通过互联网进行娱乐与购物。随着通信技术的发展，上网终端已经不限于台式计算机和笔记本电脑，智能手机、掌上游戏机甚至可联网的眼镜、手表都可以上网。网络无处不在，网络无所不能。

2. 互联网的发展阶段

互联网从产生到发展，总的来说可以分为以下 5 个阶段。

第一阶段是 20 世纪 60 年代末 70 年代初，这是计算机网络发展的萌芽阶段。其主要特征如下：为了增加系统的计算能力和资源共享能力，把小型计算机联成实验性的网络。

第二阶段是 20 世纪 70 年代中后期，这是局域网发展的重要阶段。其主要特征如下：局域网作为一种新型的计算机体系结构开始进入产业部门。

第三阶段是 20 世纪 80 年代，这是计算机局域网的发展时期。其主要特征如下：局域网完全从硬件上具备了 ISO 的开发系统互联通信模式协议的能力。综合业务数据通信网络和智能化网络的发展，标志着局域网的飞速发展。

第四阶段是 20 世纪 90 年代初至今，这是计算机网络飞速发展的阶段。其主要特征如下：计算机网络化，协同计算能力发展及全球互联网盛行。计算机的发展已经与网络融为一体。目前，计算机网络已经真正进入社会各行各业，为社会各行各业所使用。另外，虚拟网络的应用使网络技术蓬勃发展并迅速走向市场，走进平民百姓的生活中。

第五阶段是未来 10 年，这是云计算时代。其主要特征如下：数据的处理分布在云计算平台而非本地计算机或远程服务器。从最根本的意义上来说，云计算就是利用互联网上的软件和数据的能力。云计算意味着用户无须再购买单机应用软件，无须担心数据存储的安全，这一切都交给互联网上的"云"来完成。云计算将带来一种全新的发展理念，有着巨大的商业价值。

二、互联网技术

1. TCP/IP

TCP/IP（Transmission Control Protocol/ Internet Protocol，传输控制协议/网际协议）是互联网所使用的协议，也是事实上的工业标准。TCP/IP 规范了网络上的所有通信设备，尤其是一个主机与另一个主机之间的数据往来格式及传送方式，是互联网的基础协议，也是一种计算机数据打包和寻址的标准方法。TCP/IP 由 TCP 和 IP 组成。

TCP 是传输控制协议，规定一种可靠的数据信息传递服务。TCP 能够自动适应网络上的各种变化，即使在互联网暂时出现堵塞的情况下，也能保证通信的可靠性。TCP 规定了为防止传输过程中数据包丢失的检错方法，用以确保最终信息的正确性。接入互联网中的任何一台计算机必须有一个地址，而且地址不允许重复，以便区分网络上的各台计算机，在互联网上传送任何数据的开始部分都要附上发送方和接收方的地址。其基本工作流程如下：TCP 给要传送的每个字节的数据进行编号。接收端在收到数据后必须向发送端发送确认信息，若发送端在规定的时间内没有收到对方的确认信息，则重新传送这部分数据。当网络中的通信量过大时，TCP 会通知发送端放慢发送数据的速度，即进行流量控制。

IP 即网际协议，提供网间连接的完善功能。它能适应各种各样的网络硬件，对底层网络硬件几乎没有任何要求。任何一个网络只要可以从一个地点向另一个地点传送二进制数据，就可以使用 IP。

TCP 和 IP 是互补的，二者结合保证了互联网在复杂环境下也能够正常运行。TCP/IP 的运行效率很高，虽然计算机的速度比 TCP/IP 刚刚诞生时提高了几千倍，连接互联网的计算机数量大幅增加，数据传输量也飞速增长，但 TCP/IP 仍能满足互联网的需要。这两个协议分开使用也能够完成各自的功能，不过由于它们是在同一个时期为一个系统设计的，并且功能上也是相互配合、相互补充的，所以，计算机必须同时使用这两个协议，因此，常把这两个协议称为 TCP/IP。

2. TCP/IP 体系层次结构

TCP/IP 是一个 4 层协议体系结构，如图 2.5 所示。

应用层（Telnet、FTP、HTTP、DNS、SNMP 和 SMTP 等）
传输层（TCP 和 UDP）
网络层（IP、ICMP 和 IGMP）
链路层（以太网、令牌环网、FDDI、IEEE 802.3 等）

图 2.5　TCP/IP 的体系层次结构

1）应用层

应用层是指向使用网络的用户提供特定的、常用的应用程序，如使用最广泛的远程登录（Telnet）、文件传输协议（FTP）、超文本传输协议（HTTP）、域名系统（DNS）、简单网络管理协议（SNMP）和简单邮件传输协议（SMTP）等。需要注意，有些应用层协议是基于 TCP 的（如 FTP 和 HTTP 等），有些应用层协议是基于 UDP 的（如 SNMP 等）。

2）传输层

传输层是指两台主机之间的通信，其实是两台主机上对应应用程序之间的通信，提供的就是应用程序之间的通信，又称端到端的通信。在不同情况下，应用程序之间对通信质量的要求也是不一样的，因此，在 TCP/IP 中传输层包含两个不同的传输协议：一个是 TCP（传输控制协议），另一个是 UDP（用户数据报协议）。TCP 为两台主机提供高可靠性的数据通信；当有数据要发送时，它对应用程序送来的数据进行分片，以适合网络层进行传输；当接收到网络层传来的分组时，它对收到的分组要进行确认；它还要对丢失的分组设置超时重发指令等。由于 TCP 提供了高可靠性的端到端通信，所以，应用层可以忽略这些细节，以简化应用程序的设计。而 UDP 则为应用层提供一种非常简单的服务，它只是把称作数据报的分组从一台主机发送到另一台主机，但并不保证该数据报能正确到达目的端，通信的可靠性必须由应用程序来提供。用户在自己开发应用程序时可以根据实际情况使用系统提供的有关接口函数，方便地选择是使用 TCP 还是 UDP 进行数据传输。

3）网络层

网络层也称互联网层，由于该层的主要协议是 IP，所以也可简称为 IP 层。网络层是 TCP/IP 协议栈中最重要的一层，主要功能是把源主机上的分组发送到互联网中的任何两台目的主机上。可以想象，由于在源主机和目的主机之间可能有多条通路相连，所以，网络层就要在这些通路中作出选择，即进行路由选择。在 TCP/IP 协议族中，网络层协议包括 IP（网际协议）、ICMP（Internet 控制报文协议）及 IGMP（Internet 组管理协议）。

4）链路层

链路层也称数据链路层或网络接口层，是 TCP/IP 的底层，通常包括操作系统中的设备驱动程序和计算机中对应的网络接口卡。链路层主要负责接收和发送 IP 数据包。

三、网络互联技术

1. IP 地址

在互联网中，有成千上万台服务器和主机设备，用户之间能够通信的前提是必须知道对方的 IP 地址。互联网为接入网络的用户和网络上的所有设备（路由器、网关和服务器等）都分配了一个全球唯一的地址，这个地址就是 IP 地址。

IP 地址的作用是标识上网计算机、服务器或者网络中的其他设备，是互联网中的基础资源，只有获得 IP 地址（无论以何种形式存在），才能和互联网连接。

IP 地址是标识 TCP/IP 主机的唯一地址，因此，TCP/IP 网络上的每台计算机都必须被赋予一个 IP 地址。IP 地址由两部分组成：网络标识（Netwok ID）和主机标识（Host ID）。Newok ID 是网络标识符，每个网络区段都有一个网络标识符；Host ID 是主机标识符，每个网络区段中的每台计算机都被赋予了一个主机标识符。

1）IP 地址的表示

目前，互联网的 IP 地址使用的是 IPv4 版本。它规定对于互联网上的每台主机，都必须指定一个唯一的 32 位地址，用 32 位二进制数字表示，如 11001010011011001111100111001110。为了方便阅读和从键盘上输入，可把每 8 位二进制数字转换成一个十进制数字，并用小数点隔开，如 202.108.249.206 就是"点分十进制"记法。从键盘上输入点分十进制的 IP 地址，计算机就把它转换为 32 位的二进制数字。

为了扩大地址空间，IPv6 应运而生。IPv6 采用 128 位地址长度，几乎可以不受限制地提供地址。它不仅可以实现计算机之间的联网，还可以实现硬件设备与互联网的连接，如家用电器、传感器、照相机和汽车等的联网。目前，拥有 IPv6 地址数量居前 5 位的国家分别是美国、中国、英国、德国和法国。

> **知识拓展**
>
> **IPv6 普及的应用**
>
> IPv6 普及的重要应用是网络实名制下的互联网身份认证。IPv6 的出现，将从技术上一劳永逸地解决这个问题，由于 IP 资源将不再紧张，当运营商为用户办理入网申请时，可以直接为每个用户分配一个固定的 IP 地址，实现真实用户和 IP 地址的一一对应。而当一个上网用户的 IP 地址固定以后，其上网行为或记录都将在任何时间段内有据可查。

2）IP 地址的分类

为了充分利用 IP 地址空间，Internet 委员会定义了 5 种 IP 地址类型以适合不同容量的网络，即 A~E 类，其中 A、B、C 类在全球范围内统一分配，D、E 类为特殊地址。IP 地址的格式如图 2.6 所示。

```
 0 1       7 8                  31
┌───┬──────────────────┬────────────────────────┐
│ 0 │  网格地址ID（7bit）│   主机地址ID（24bit）   │
└───┴──────────────────┴────────────────────────┘
           (a) A类地址

 0  2      15 16                31
┌────┬────────────────┬────────────────────────┐
│ 10 │ 网格地址ID（14bit）│  主机地址ID（16bit）   │
└────┴────────────────┴────────────────────────┘
           (b) B类地址

 0   3           23 24           31
┌─────┬────────────────────┬───────────────────┐
│ 110 │ 网格地址ID（21bit）  │ 主机地址ID（8bit） │
└─────┴────────────────────┴───────────────────┘
           (c) C类地址

 0    4                         31
┌──────┬──────────────────────────────────────┐
│ 1110 │       广播地址ID（28bit）              │
└──────┴──────────────────────────────────────┘
           (d) D类地址

 0     5                        31
┌───────┬─────────────────────────────────────┐
│ 11110 │       保留，用于将来和实验使用         │
└───────┴─────────────────────────────────────┘
           (e) E类地址
```

图 2.6　IP 地址的格式

（1）A 类地址。从图 2.6（a）中可以看出，在 A 类地址中，用第一个字节来表示网络类型和网络标识号，后面 3 个字节用来表示主机号码，其中第一个字节的最高位设为 0，用来与其他 IP 地址类型相区分。第一个字节剩余的 7 位用来表示网络地址，最多可提供 $2^7-2=126$ 个网络标识号。这种 IP 地址的后 3 个字节用来表示主机号码，每个网络最多可提供大约 1678 万（$2^{24}-2$）个主机地址。这类地址网络支持的主机数量非常庞大，只有大型网络才需要 A 类地址，由于互联网发展的历史原因，A 类地址早已被分配完毕。

（2）B 类地址。从图 2.6（b）中可以看出，在 B 类地址中，前两个字节表示网络类型和网络标识号，后面两个字节标识主机号码，其中第一个字节的最高两位设为 10，用来与其他 IP 地址区分开，第一个字节剩余的 6 位和第二个字节（共 14 位）用来表示网络地址，最多可提供 $2^{14}-2=16\ 384$ 个网络标识号。这种 IP 地址的后两个字节用来表示主机号码，每个网络最多可提供大约 65 534（$2^{16}-2$）个主机地址。这类地址网络支持的主机数量较多，适用于中型网络，通常将此类地址分配给规模较大的单位。

（3）C 类地址。从图 2.6（c）中可以看出，在 C 类地址中，用前 3 个字节来表示网络类型和网络标识号，最后一个字节用来表示主机号码，其中第一个字节的最高位设为 110，用来与其他 IP 地址区分开，第一个字节剩余的 5 位和后面两个字节（共 21 位）用来表示网络地址，最多可提供约 200 万（$2^{21}-2$）个网络标识号。最后一个字节用来表示主机号码，每个网络最多可提供 254（$2^{8}-2$）个主机地址。这类地址网络支持的主机数量较少，适用于小型网络，通常将此类地址分配给规模较小的单位，如公司、学校等单位。由于我国接入互联网的时间较晚，所以，大多采用 C 类 IP 地址。

（4）D 类地址。D 类地址是广播地址，主要是留给互联网架构委员会（Internet Architecture Board，IAB）使用。

（5）E 类地址。E 类地址保留到今后使用。

目前使用的 IP 地址仅有 A、B、C 三类 IP 地址。A、B、C 三类 IP 地址各个字节的取值范围如表 2.1 所示。

表 2.1　A、B、C 三类 IP 地址各个字节的取值范围

类　型	第一个字节	第二个字节	第三个字节	第四个字节
A	1～126	0～255	0～255	1～254
B	128～191	0～255	0～255	1～254
C	192～223	0～255	0～255	1～254

2. 域名

IP 地址是一组数字型网络标识符，它对计算机网络来讲是最有效的，但是对于使用网络的人来说，既难记忆，又很难从键盘输入。为了解决这一问题，人们研究出一种字符型标识，即为每个接入互联网的主机起一个用字母表示的名字作为主机地址，这个名字就是域名。

综上所述，域名是互联网上标识和定位计算机的层次结构式的字符标识，与该计算机的互联网协议地址相对应。

1）域名的命名规则

域名是分层次的，互联网上的各级域名分别由不同的机构来管理，各个机构管理域名的方式及域名命名的规则也有所不同，但其中有一些相同的规则。

① 域名中只能包含的字符如下：26 个英文字母、数字 0～9、"_"（英文中的连接符）。

② 域名中字符的组合规则。在域名中，不区分英文字母的大小写；对于一个域名的长度是有限制的。

③ cn 顶级域名下三级域名的长度不能超过 20 个字符。

④ 域名在整个互联网中必须是唯一的，当高级域名相同时，低级域名不允许重复。

⑤ 不得使用被限制使用的名称，如 china、chinese 等公众知晓的国家或地区名称、

外国地名、国际组织的名称，行业名称或商品的通用名；他人已经在中国注册过的企业名称或者商标；对社会、国家或者公共利益有损害的名称等。

2）域名的表示方法

域名的表示方法有以下 4 类：站点服务类型名、公司或机构名、网络性质名、最高层域名。

站点服务类型名是四级域名，或称为计算机主机名，如万维网 www。公司或机构名是三级域名，表示的是公司的域名，如中央电视台为 cctv、清华大学为 tsinghua。网络性质名是二级域名，往往表示主机所属的网络性质，如商业机构的代码为 com。最高层域名又被称为顶级域名，往往是国家或地区代码，如中国的代码为 cn。

例如，中央电视台的域名是 www.cctv.com，该域名结构如图 2.7 所示。

清华大学的域名是 www.tsinghua.edu.cn，该域名结构如图 2.8 所示。

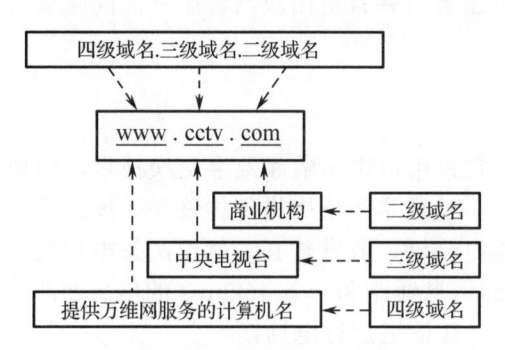

图 2.7 中央电视台的域名结构　　图 2.8 清华大学的域名结构

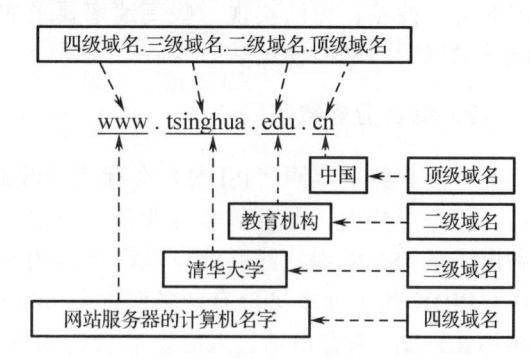

域名的使用虽然方便了人们，但是对于计算机而言，唯一能够识别的却是 IP 地址，因此，互联网中必须有一种能将 IP 地址与域名进行互换的系统，这一系统被称为域名系统（Domain Name System，DNS）。常见的国际性组织顶级域名如表 2.2 所示，常见的国家或地区顶级域名如表 2.3 所示。

表 2.2 常见的国际性组织顶级域名

域　名	意　义	域　名	意　义
com	商业组织	org	非营利性组织
edu	教育单位	int	国际组织
net	网络支持中心	mil	军事部门
gov	政府部门		

表 2.3 常见的国家或地区顶级域名

域　名	国家或地区	域　名	国家或地区	域　名	国家或地区
cn	中国	se	瑞典	jp	日本
au	澳大利亚	tw	中国台湾	us	美国
de	德国	ca	加拿大	th	泰国
lr	韩国	fr	法国	uk	英国
my	马来西亚	lt	意大利	kp	朝鲜
su	俄罗斯	sg	新加坡	hk	中国香港

四、互联网接入技术

互联网接入技术的目的在于将用户的局域网或计算机与公用网络连接在一起。目前，我国互联网用户接入互联网主要采用以下 7 种方式。

1. 电话线拨号方式

电话线拨号方式（PSTN + Modem）是通过普通电话线和一台接入的专用设备调制解调器，利用当地运营商提供的接入号码，拨号接入互联网，理论上的传输速率为 56kbit/s。它的特点是使用方便，只需有效的电话线及带有调制解调器的计算机就可以完成接入，主要运用在一些低速率的网络应用（如网页浏览、聊天、E-mail 等），适用于临时性接入或无其他宽带接入场所的使用。它的最大缺点是速率低、独占电话线、传输数据的可靠性差、无法实现一些高速率要求的网络服务，并且费用较高，用户需同时支付电话通信费和网络使用费。

2. 综合业务数字网

综合业务数字网（ISDN）俗称"一线通"。它采用数字传输和数字交换技术，将电话、传真、数据、图像等多种业务综合在一个统一的数字网络中进行传输和处理。用户利用一条 ISDN 用户线路就可以在上网的同时拨打电话、收发传真，就像两条电话线一样。ISDN 基本速率接口有两条：一条 64kbit/s 的信息通路和一条 16kbit/s 的信息通路，简称 2B+D。当有电话拨入时，它会自动释放一个 B 信道进行电话接听。

ISDN 的速度比普通调制解调器快很多，尤其是在下载大的文档时优势更加明显，另外，由于 ISDN 使用的是数码线路，所以，可以保证上传和下载都是同样的速度。

3. 数字用户线路

数字用户线路（xDSL）是当前性能比较高的一种接入技术，它是以铜质电话线为传输介质的传输技术的总称。ADSL 作为 xDSL 技术的一种，可直接利用现有的电话线路，通过 ADSL Modem 进行数字信息传输，理论速率可达到 8Mbit/s 的下行和 1Mbit/s 的上行，传输距离可达 4~5km。它的特点是速率稳定、带宽独享、语音数据不干扰等，适用于家庭、个人等用户的大多数网络应用需求，可满足一些宽带业务，包括 IPTV、视频点播、远程教学、可视电话、多媒体检索、局域网互联、互联网接入等。

4. 电缆调制解调器

电缆调制解调器（Cable Modem）是一种基于有线电视网络铜线资源的接入方式，具有专线上网的连接特点，允许用户通过有线电视网实现高速接入互联网。它适用于拥有有线电视网的个人、家庭或中小团体。其特点是速率较高，接入方式方便（通过有线电缆传输数据，不需要布线），可实现各类视频服务、高速下载等。其缺点在于基于有线电视网络的架构是属于网络资源分享型的，当用户激增时，速率就会下降且速度不稳定，扩展性不够。

5. 光纤宽带接入

光纤宽带接入（FTTH）是通过光纤接入小区节点或楼道，再由网线连接到各个共享点上（一般不超过 100m），提供一定区域的高速互联接入。它的特点是速率高、抗干扰能力强，适用于个人、家庭或各类企事业团体，可以实现各类高速率的互联网应用（视频服务、高速数据传输、远程交互等），缺点是一次性布线成本较高。

6. 无源光网络

无源光网络（PON）是一种点对多点的光纤传输和接入技术，局端到用户端的最大距离为 20km，接入系统总的传输容量为上行和下行分别都是 155Mbit/s、622Mbit/s、1Gbit/s 三个级别的容量。由各用户共享，每个用户使用的带宽可以以 64kbit/s 步进划分。其优点是接入速率高，可以实现各类高速率的互联网应用，如视频服务、高速数据传输、远程交互等，缺点是一次性投入成本较高。

7. 无线接入

无线接入（RAN）是有线接入的延伸技术，使用无线射频（RF）技术越空收发数据，可以减少使用电线连接，因此，无线网络系统既可达到建设计算机网络系统的目的，又可让设备自由安排和搬动。在公共开放的场所或者企业内部，无线网络一般会作为已存在有线网络的一个补充方式，装有无线网卡的计算机通过无线方式方便地接入互联网。目前，常用的无线接入技术包括微波接入技术、GSM 技术、CDMA 技术、GPRS 技术、蓝牙技术，以及 3G、4G、5G 通信技术等。

五、互联网的应用

互联网的主要功能是资源共享。根据共享的不同方式，互联网提供以下 4 种信息服务。

1. 电子邮件

电子邮件（E-mail）通过网络技术收发以电子文件格式编写的信件。在 ARPANET 的早期就可以编写发送和接收电子邮件了，现在电子邮件已成为互联网上使用较为广泛的服务之一。因此，电子邮件是互联网最基本的功能之一。在浏览器技术产生之前，互联网上用户之间的交流大多都是通过电子邮件进行的。随着互联网的发展和电子邮件系统的不断完善，再加上多媒体技术的发展和应用，发送电子邮件可以附加任意格式的文件，包括图片、音频、视频等。

2. 文件传输协议

所谓文件传输（FTP），是指将远程文件复制到本地计算机（下载），或将本地文件复制到远程计算机（上传）。远程文件一旦复制到本地计算机上，便属于本地文件，与远程系统无关，用户可以对这个文件进行读写、删除等操作。

3. 远程登录

远程登录（Telnet）可以使本地计算机连接到一个远程计算机上，执行远程计算机上的程序。登录以后的本地计算机就像远程计算机的终端，可以使用远程计算机允许使用的各项功能。远程登录通常需要一个合法的账号与密码。

4. 电子公告牌

电子公告牌（Bulletin Board System，BBS）通过在计算机上运行服务软件，允许用户使用终端程序通过互联网来进行连接，执行下载数据或程序、上传数据、阅读新闻、与其他用户发送消息等功能。BBS 提供的服务包括以下 8 个方面。

1）信件讨论

信件讨论是 BBS 最主要的功能，包括各类学术专题讨论区、疑难问题解答区和闲聊区等。在学术专题讨论区中，上网的用户可以留下自己想要与别人交流的信件，如各种软硬件的使用、天文、医学、体育、游戏等方面的心得与经验。

2）文件交流

文件交流也是 BBS 令用户感兴趣的功能，大多数 BBS 站点都设有文件交流功能，一般依照不同的主题分区存放了软件资料和电子图书等。

3）信息布告

BBS 站点中有很多都在自己的网站上安排很多信息，如怎样使用 BBS、国内 BBS 站点介绍、某些热门软件的介绍、布告。BBS 还可以安排在线游戏用户聊天等，以满足用户休闲娱乐的需求。

4）交流讨论

很多 BBS 提供了在线聊天的功能，从最初的文字交流到现在的声音、视频交流，如 ICQ、Chat 等。

5）WWW 服务

环球信息网（World Wide Web，WWW），又译为"万维网""环球网"等，常简称为 Web，可分为 Web 客户端和 Web 服务器程序。WWW 可以让 Web 客户端访问 Web 服务器上的页面。WWW 是一个由许多互相链接的超文本组成的系统，通过互联网访问。在这个系统中，每个有用的事物就是一种"资源"，并且由一个全局"统一资源标识符"（URL）标识。这些资源通过超文本传输协议（HTTP）传送给用户，用户通过单击链接来获得资源。

6）搜索引擎功能

搜索引擎是指根据一定的指令，运用特定的计算机程序从互联网上搜索信息，在对信息进行组织和处理后，为用户提供检索服务，将用户检索相关的信息展示给用户的系统。搜索引擎包括全文索引引擎、目录索引引擎、元搜索引擎、垂直搜索引擎、集合式搜索引擎、门户搜索引擎与免费链接列表等。

7）娱乐功能

网络的娱乐功能包括网络游戏、网络音乐、网络影视等，主要为用户提供网络休闲服务。

8）商业应用

目前，世界经济正趋于一体化、区域化和跨国经营的趋势，而信息技术与远程通信技术又进行了结合，成为连接世界经济贸易的重要纽带，它使各国的经济贸易可以完全摆脱时空、语言、文化的束缚，实现全球化的协作。因此，互联网所能提供的各种功能，犹如给商业发展注入了一剂兴奋剂，大家都看好互联网的商业潜力，都想用互联网来掘金，致使近年来互联网上的商业用户量猛增。在互联网上，相继出现了互联网接入服务业、软件服务业、咨询服务业、广告服务业、电子出版业、电子零售业等。

第三节 电子商务新兴技术

一、物联网

物联网等战略性新兴产业的发展已经越来越被世界各国高度关注。近年来，工业互联网发展推动了物联网的发展进程，产业规模快速增长，大规模个性化定制、智能制造、远程运行维护等基本涵盖了整个新兴产业体系。

1. 物联网的概念及特征

1）物联网的概念

物联网（Internet of Things，IoT）即"万物相连的互联网"，是在互联网基础上延伸和扩展的网络，将各种信息传感设备与网络结合起来而形成的一个巨大的网络，实现在任何时间、任何地点，人、机、物都能互联互通。

物联网是新一代信息技术的重要组成部分。"物联网就是物物相连的互联网"，这有两层意思：第一，物联网的核心和基础仍然是互联网，是在互联网基础上延伸和扩展的网络；第二，其用户端延伸和扩展到了任何物品与物品之间，进行信息交换和通信。

物联网是指通过感知设备，按照约定协议、连接物、人、系统和信息资源，实现对物理和虚拟世界的信息处理并作出反应的智能服务系统。

物联网的概念最早出现在比尔·盖茨于1995年出版的《未来之路》一书中。在《未来之路》中，比尔·盖茨已经提及物联网的概念，只是当时受限于无线网络、硬件及传感设备的发展，并未引起世人的重视。2005年11月17日，在突尼斯举行的信息社会世界峰会上，国际电信联盟（ITU）发布了《ITU 互联网报告 2005：物联网》，正式提出了"物联网"的概念。报告中指出，无所不在的"物联网"通信时代即将来临，世界上所有的物体从轮胎到牙刷，从房屋到纸巾，都可以通过互联网主动进行交换。射频识别技术、传感器技术、纳米技术、智能嵌入技术将得到更加广泛的应用和关注。2021年7月13日，中国互联网协会发布了《中国互联网发展报告 2021》，物联网市场规模达 1.7 万亿元，人工智能市场规模达 3031 亿元。2021 年 9 月，工信部等 8 个部门印发《物联网新型基础设施建设三年行动计划（2021—2023 年）》，明确了到 2023 年年底，在国内主要城市初步建成物联网新型基础设施，社会现代化治理、产业数字化转型和民生消费升级的基础更加稳固。

2）物联网的特征

（1）全面感知，即利用射频识别、传感器、二维码等随时随地获取物体的信息，射频识别、传感器是物联网的主要应用工具。

（2）可靠传递，通过各种电信网络与互联网的融合，将物体的信息实时准确地传递出去。

（3）智能处理，利用云计算、模糊识别等各种智能计算技术，对海量的数据和信息进行分析和处理，对物体实施智能化的控制。

2. 物联网的结构体系

物联网应用广泛，它将是继计算机、互联网与移动通信网之后世界信息产业的第三次浪潮。物联网的结构体系大致有感知层、网络层和应用层3个层次，如图2.9所示。

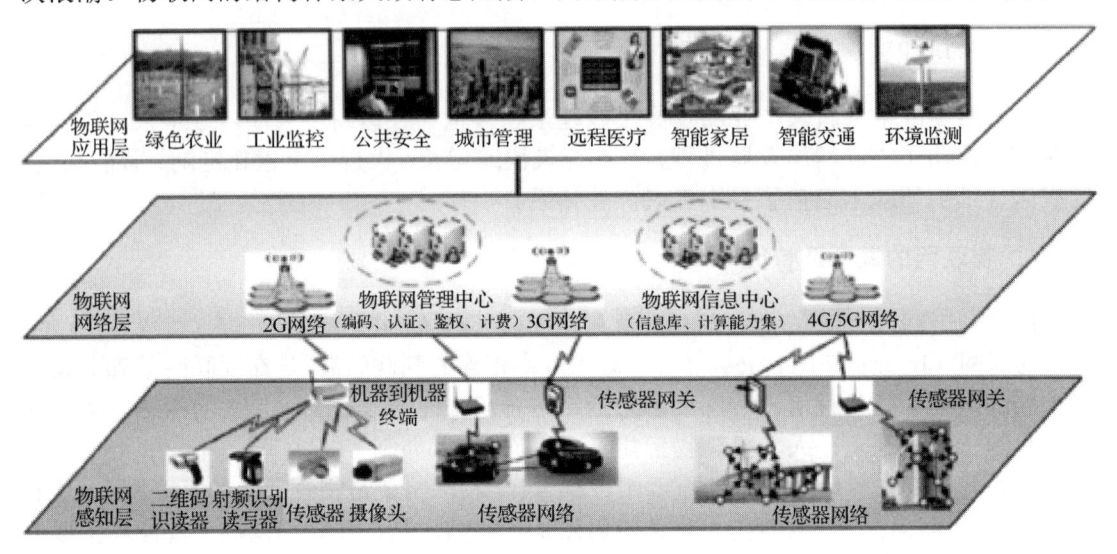

图 2.9 物联网的结构体系

1）感知层

感知层的主要功能是对信息进行感知与采集。感知层主要包括二维码标签和识读器、射频识别标签和读写器、摄像头、各种传感器等装置和设备，如温度感应器、声音感应器、震动感应器、压力感应器等。感知层可完成物联网应用数据的采集和设备控制。

2）网络层

网络层是在现有通信网和互联网的基础上建立起来的，综合使用了3G/4G/5G网络、有线宽带、公用电话交换网、无线通信技术，实现了有线与无线的结合、宽带与窄带的结合、感知层与通信网的结合。

3）应用层

应用层由各种应用服务器组成（包括数据库服务器），利用经过分析处理的感知数据为用户提供丰富的特定服务。应用层服务可分为监控型（物流监控、污染监控等）、查询型（智能检索、远程抄表等）、控制型（智能交通、智能家居、路灯控制等）、扫描型（手机钱包、高速公路不停车收费系统）等。

3. 物联网的要素

物联网可以实现物体之间的通信，除了考虑其三大结构层，还应该考虑的是物联网中的 3 个要素：信息的实时采集、信息的有效传递和信息的智能化处理。任何一个要素在处理过程中出现问题，都将导致网络终端不能收集到准确可靠的信息，从而不能实现物物通信。

1）信息的实时采集

物联网通信中的一个首要环节是对信息的实时采集。这就要求将传感器或射频识别等采集设备嵌入需要关注和采集信息的地点、物体及系统中，通过相应的技术和方法，实时高效地采集物体中信息的变化，并将所获取的信息进行处理和整合。

2）信息的有效传递

对采集到的信息进行安全加密，并采用有效的路由协议、通信协议和网络安全协议，以保证数据的高可靠性及准确性，并通过无处不在的无线通信网络，将采集到的信息传送出去，实现信息的有效传递。

3）信息的智能化处理

从被采集、被传输到被接收的整个过程，都需要对信息进行处理。信息通过网络通信层发送到终端，借助云计算等新的处理系统，对信息进行处理，以及作出相应的辅助决策。

4. 物联网的核心技术

物联网产业链可细分为物体标识、感知、处理和信息传送 4 个环节，关键技术包括射频识别技术、传感器技术、网络通信技术和定位技术。

1）射频识别技术

射频识别技术是物联网中非常重要的技术。射频识别技术是一种非接触式的自动识别技术，它通过射频信号自动识别目标对象并获取相关数据，识别工作无须人工干预，可工作于各种恶劣环境。射频识别技术可识别高速运动的物体并可同时识别多个标签，操作方便快捷。

2）传感器技术

传感器是一种检测装置，能检测到信息，并能将检测到的信息按一定规律转换成电信号或其他规定形式输出，以满足信息的传输、处理、存储、记录和控制等要求。目前，传感器技术已渗透到科学和经济等领域，在工农业生产、科学研究及改善人民生活等方面起着越来越重要的作用。

3）网络通信技术

传感器依托网络通信技术实现感知信息的传递。传感器的网络通信技术可分为两类——近距离通信技术和广域网络通信技术。在广域网络通信方面，互联网、3G 移动通信、4G 移动通信、5G 移动通信、卫星通信技术等实现了信息的远程传输。特别是以 IPv6 为核心的互联网的发展，使为每个传感器分配 IP 地址成为可能，也为物联网的发展创造了良好的网络基础条件。

4）定位技术

目前，定位技术主要有卫星定位、基站定位、Wi-Fi 定位和蓝牙定位。

（1）卫星定位。美国全球定位系统（GPS）是最早投入使用、在民间使用最广泛的卫星定位系统。我国的北斗卫星导航系统（BDS）的服务范围在 2018 年年底由区域扩展为全球。另外，比较成熟的卫星定位系统还有俄罗斯格洛纳斯卫星导航系统和欧洲伽利略卫星导航系统。卫星定位是最常见的定位技术，在生活中随处可见，如汽车车载导航、手机 App 导航都是使用了卫星定位技术。

（2）基站定位。基站定位一般应用于手机用户，手机基站定位服务又称移动位置服务，它通过移动网络运营商的网络获取移动终端用户的位置信息（经纬度坐标）。基站定位精度较低，其精度取决于基站分布密度。有资料显示，基站分布密集区域的定位精度可达 20～50m 甚至更精确，而在基站分布稀疏地区的定位误差可高达数千米。

（3）Wi-Fi 定位。Wi-Fi 定位系统的服务器有每个无线访问接入点的坐标数据，只要移动电子设备连接了 Wi-Fi 信号，Wi-Fi 定位系统便可根据一个或者多个无线访问接入点的坐标来确定该移动电子设备的位置。Wi-Fi 定位一般用于室内定位，比基站定位精度高很多。

（4）蓝牙定位。蓝牙定位和 Wi-Fi 定位原理有一定的相似性，区别不是很大。蓝牙定位技术最大的优点是设备体积小、距离短、功耗低，容易集成在手机等移动电子设备中。只要开启设备的蓝牙功能，就能对其进行定位。对于复杂的空间环境，蓝牙定位的稳定性稍差，受噪声信号干扰大，价格比较昂贵。

> **案例与思考 2.2**
>
> **传感器技术及卫星定位技术的应用**
>
> 天津百利种苗培育股份有限公司运用物联网技术开展种苗生产。该公司的物联网信息系统通过在温室中安装相关传感器，可实时收集温室中的温度、湿度、土地酸碱度等信息，并通过无线网络将这些信息传送到数据终端。这样，工人足不出户就可以第一时间了解种苗的生长情况。
>
> 育苗对温湿度有严格的要求，以前，工人要 24 小时不间断地在每个温室里来回巡查，凭借经验对温室的温湿度进行调整。现在，工人可以在计算机、手机等终端上观察种苗的长势。一旦哪个数值超出了正常值，工人就能马上收到警告信息，很方便。"通过使用这个物联网，大大减轻了技术人员和操作人员的劳动强度，使他们在办公室或宿舍里就能获得很多数据，不像原来还得跑到温室里看温湿度，一天看四五回。这样能保证及时开启温室风口，保证温室里边温湿度适宜，使种苗长得旺盛、健康。"该公司负责人说。
>
> 启发思考：（1）本案例中，种苗生产是如何运用物联网技术减轻工人劳动强度的？
> （2）谈谈你对引用新技术的看法。（课程思政）

5. 物联网的应用

物联网是互联网发展的高级产物，它利用互联网及互联网上的所有资源，继承了互联网上的所有应用，同时，物联网保留了自身资源和设备的个性化与私有化。

1) 物联网在工业中的应用

（1）制造业供应链管理。物联网应用于原材料采购、销售和库存领域，通过完善并优化供应链的管理体系，从而提高效率，降低成本。

（2）生产过程工艺优化。物联网技术能提高工业生产线上的过程检测、生产设备监控、材料消耗监测、实时参数采集的能力和水平，有助于生产过程中的智能监控、智能诊断、智能控制、智能维护、智能决策，从而达到改进生产过程、优化生产工艺、提高产品质量的目的。

（3）安全生产管理。把感应器或感知设备安装在矿工设备、矿山设备、油气管道等危险设备中，可以监测在危险环境中设备机器、工作人员等方面的安全信息，将现有单一、分散、独立的网络监管平台升级为多元、系统、开放的综合监管平台，以实现快捷响应、实时感知、准确辨识和有效控制等。

（4）环保检测及能源管理。环保设备融入物联网可以对工业生产过程中产生的各类污染源及污染治理关键指标进行实时监控。

案例与思考 2.3

华为云物联网

华为云物联网致力于提供极简接入、智能化、安全可信等全栈全场景服务和开发、集成、托管、运营等一站式工具服务，助力合作伙伴/客户轻松、快速地构建 5G、AI 万物互联的场景化物联网解决方案。

华为云物联网平台（IoT 设备接入云服务）提供海量设备的接入和管理能力，可以将 IoT 设备连接到华为云，支撑设备数据采集上云和云端下发命令给设备进行远程控制，配合华为云其他产品，帮助用户快速构建物联网解决方案。

使用物联网平台建造一个完整的物联网的解决方案主要包括三部分：物联网平台、设备和业务应用。

（1）物联网平台作为连接设备和业务应用的中间层，屏蔽了各种复杂的设备接口，实现设备的快速接入；同时提供强大的开放能力，支撑行业用户快速构建各种物联网业务应用。

（2）设备可以通过固网、2G/3G/4G/5G、NB-IoT、Wi-Fi 等多种网络接入物联网平台，并使用 LWM2M/CoAP 或 MQTT 协议将业务数据上报到平台，平台也可以将控制命令下发给设备。

（3）业务应用通过调用物联网平台提供的 API，实现设备数据采集、命令下发、设备管理等业务场景。

物联网平台支持终端设备直接连接，也可以通过工业网关或家庭网关连接；支持多网络接入、多协议接入、系列化代理连接，解决设备接入复杂、微小和碎片化难题；也提供了更丰富完备的设备管理能力，简化了海量设备管理复杂性，减少了人工操作，提升了管理效率。

启发思考：（1）简述华为云物联网的优势。

（2）以身边的制造业为例说明物联网在工业中的应用。（课程思政）

2）物联网在农业中的应用

（1）食品安全溯源系统。食品安全溯源系统加强了农副产品从生产到销售，最终到消费者整个流程的监管，降低了食品安全隐患。通过安装电子芯片，物联网技术可以追溯芯片的编码查询产地、生产日期及检验检疫情况。

（2）农业信息传送。现代农业的发展需要多种信息条件的支持。除天气预报这个首要条件外，农业信息还应该包括种子遴选、肥料选择、病虫害防治、幼苗培养及存储管理等。这些农业信息的传递不仅可以通过手机来实现，还可以使用物联网技术来实现。

（3）智能化培育控制。现代农业的核心特征之一便是智能化培育。通过物联网技术对生态环境进行监测，及时掌握环境的动态参数，适时调控智能生产系统，如保温、灌溉等，从而使农作物有良好的外部生长环境，既能提高产量又能保证质量。

案例与思考 2.4

中国食品（产品）安全追溯平台

中国食品（产品）安全追溯平台是国家发改委确定的重点食品质量安全追溯物联网应用示范工程，由原国家质量监督检验检疫总局（现国家市场监督管理总局）组织实施、中国物品编码中心建设。追溯平台基于全球统一标识系统（GS1）建设，采用模板技术对追溯单元、追溯事件进行自定义，实现对不同类别产品各个阶段的完整追溯，并依托云技术接收全国 31 个省级平台的追溯与监管数据，是我国产品追溯大数据系统。

启发思考：（1）简述中国食品（产品）安全追溯平台提供了哪些功能服务。

（2）徐珍玉是农业物联网的领航者，在创新创业方面有卓越成就，查阅资料，简述徐珍玉给了我们哪些启示。（课程思政）

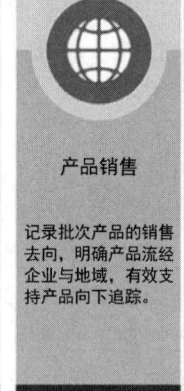

原料进货	生产加工	质量控制	产品检验	产品销售
记录产品原料来源、经手工作人员、检验结果等原料相关信息，为产品向上溯源建立基础。	确定产品基本情况、生产计划、加工批次，并为每批次产品记录用料情况。	为产品设置关键控制点，监控产品关键元素及变化，保证产品质量。	为批次产品建立检验项目，随时为产品追加检验结果信息，把好出厂产品品质关。	记录批次产品的销售去向，明确产品流经企业与地域，有效支持产品向下追踪。

3）物联网在教育行业中的应用

（1）一卡通。目前校园中普及率较高的物联网应用就是一卡通，主要是银行一卡通和手机一卡通，由银行或电信运营商主导。

（2）校园安全管理。通过监控系统、地理信息系统和物联网技术将校园中重点位置的实时图像呈现在安全指挥中心的屏幕上。通过视频的内容进行车辆和人员的及时调整和调度,促进校园安全管理水平的提升。

(3)图书管理。由物联网技术主导的图书馆无须人工服务,并极大地提高了图书分类、文献归档、文献分拣和文献上架的工作效率。

(4)教学管理。物联网技术便于建立完善的教学管理体系,从而对教学质量进行有效的评价和考核。对于学生来说,物联网技术可以促进自主学习,拓展学习空间。

4)物联网在生活中的应用

(1)智能交通。利用先进的通信技术、信息技术和传感技术等,集成运用到交通运输管理系统,可实现交通智能化。实时采集动态的交通信息,建立高效且准确的综合运输管理系统。

(2)智能路灯。利用物联网和云计算等先进的信息技术,可对城市的公共照明系统进行集中管控、智能照明和信息化维护。

(3)远程医疗。当病人与医务人员身处异地时,物联网和其他的信息技术可以实现"面对面"的诊疗或会诊,节省了时间和金钱。

物联网的应用涉及人们生活的方方面面,如环境保护、智能交通、公共安全、政府工作、智能消防、平安家居、环境监测、工业监测、个人健康、老人护理、水系监测、花卉栽培、情报搜集和敌情侦察等。

案例与思考 2.5

ETC

ETC 是我国首例在全国范围内得到大规模应用的智能交通系统,它能够在车辆以正常速度行驶通过收费站时自动收取费用,降低了收费站附近产生交通拥堵的概率。

在这种收费系统中,车辆需安装一个系统可唯一识别的被称为电子标签的设备,且在收费站的车道或公路上设置可读/写该电子标签的标签读/写器和相应的计算机收费系统。车辆通过收费站点时,驾驶员不必停车交费,只需要以系统允许的速度通过,车载电子标签便可自动与安装在路侧或门架上的标签读/写器进行信息交换,收费计算机收集通过车辆信息,并将收集到的信息上传给后台服务器,服务器根据车辆信息识别出道路使用者,然后自动从道路使用者的账户中扣除通行费。现在各大银行都支持 ETC 业务办理,方便快捷,例如,中国银行、中国工商银行、中国建设银行、华夏银行等均可办理 ETC 业务。

启发思考:(1)简述 ETC 收费流程。

(2)ETC 有助于减少在收费站的排队和等待时间,从而减少交通拥堵。谈一下在物联网技术应用方面你有哪些体验。(课程思政)

二、云计算

云计算是继互联网、计算机后在信息时代又一种新的革新。云计算是信息时代的一个大飞跃,未来可能是云计算的时代。

1. 云计算的含义及特征

1）云计算的含义

云计算（Cloud Computing）是由位于网络中央的一组服务器把其计算、存储、数据等资源以服务的形式提供给请求者，以完成信息处理任务的方法和过程。在此过程中，被服务者只需提出需求并获取服务结果，对于需求被服务的过程并不知情。

云计算早期就是简单的分布式计算，解决任务分发并进行计算结果的合并，因而，云计算又称网格计算。通过这项技术可以在很短的时间内完成对数以万计的数据的处理，从而达到强大的网络服务。

2）云计算的特征

（1）自助服务。用户不需要或很少需要云服务提供商的协助，就可以单方面按需获取云计算资源。

（2）广泛的网络访问。用户可以随时随地使用云终端设备接入网络并使用云计算资源。常见的云终端设备包括手机、平板、笔记本电脑、掌上电脑和台式机等。

（3）资源池化。云计算资源需要被池化，以便通过多租户形式共享给多个用户，也只有池化才能根据用户的需求动态分配或再分配各种物理的和虚拟的资源。

（4）快速弹性。用户能方便、快捷地按需获取和释放计算资源。也就是说，当需要时能快速获取资源从而扩展计算能力；当不需要时能迅速释放资源，以便降低计算能力，从而减少资源的使用费用。

（5）计费服务。用户使用云计算资源是要付费的，付费的计量方法有很多种，如根据某类资源（如存储、CPU、内存、网络带宽等）的使用量和时间长短计费，也可以按照每使用一次来计费。

2. 云计算的模式

云计算的模式有3种：公有云（Public Clouds）、私有云（Private Clouds）和混合云（Hybrid Clouds）。

（1）公有云是面向大众提供计算资源的服务。用户可以通过互联网来获取并使用这些资源。公有云服务提供商有Amazon、Google和微软，以及我国的阿里、腾讯等。

（2）私有云是企业传统数据中心的延伸和优化，能够针对各种功能提供存储容量和处理能力。"私有"更多的是指此类平台属于非共享资源，而不是指其安全优势。私有云是为了一个用户单独使用而构建的，因此，这些数据、安全和服务质量都比公有云有着更好的保障。

（3）混合云模式中云平台由两种不同模式（私有或公有）云平台组合而成。这些平台依然是独立实体，但是利用标准化或专有技术实现绑定，彼此之间能够进行数据和应用的移植（例如，在不同云平台之间的均衡）。

3. 云计算的应用

1）云存储

云存储是在云计算技术上发展起来的一种新的存储技术。云存储是以数据存储和管理为核心的云计算系统。用户可以将本地的资源上传至云端,可以在任何地方连入互联网来获取云上的资源。大家所熟知的谷歌、微软等大型网络公司均有云存储的服务,在国内,百度云和微云是市场占有量较大的存储云。存储云向用户提供了存储容器服务、备份服务、归档服务和记录管理服务等,大大方便了用户对资源的管理。

2)云医疗

云医疗是指在云计算、移动技术、多媒体、4G通信、大数据及物联网等新技术基础上,结合医疗技术使用云计算来创建医疗健康服务云平台,实现了医疗资源的共享和医疗范围的扩大。因为云计算技术的运用与结合,云医疗提高了医疗机构的效率,方便了居民就医。现在医院的预约挂号、电子病历、医保系统等都是云计算与医疗领域结合的产物。云医疗还具有数据安全、信息共享、动态扩展、布局全国的优势。

3)云金融

云金融是指利用云计算的模型,将信息、金融和服务等功能分散到庞大分支机构构成的互联网"云"中,旨在为银行、保险和基金等金融机构提供互联网处理和运行服务,同时共享互联网资源,从而解决了现有问题并且达到高效、低成本的目标。2013年11月27日,阿里云整合阿里巴巴集团旗下各方资源并推出阿里金融云服务,俗称"聚宝盆"。其实,这就是现在基本普及了的快捷支付,因为金融与云计算的结合,现在只需要在手机上简单操作,就可以完成银行存款、购买保险和基金买卖。现在,不仅阿里巴巴集团推出了云金融服务,腾讯、京东等企业均推出了自己的云金融服务。

案例与思考 2.6

阿里巴巴——蚂蚁金服

蚂蚁金融服务集团(以下称蚂蚁金服)起步于 2004 年成立的支付宝。2013 年 3 月,支付宝的母公司宣布将以其为主体筹建小微金融服务集团(以下称小微金服),小微金服成为蚂蚁金服的前身。2014 年 10 月,蚂蚁金服正式成立。蚂蚁金服以"让信用等于财富"为愿景,致力于打造开放的生态系统,通过"互联网推进器计划"助力金融机构和合作伙伴加速迈向"互联网+",为小微企业和个人消费者提供普惠金融服务;以移动互联、大数据、云计算为基础,是中国践行普惠金融的重要实践。

蚂蚁金服旗下有支付宝、余额宝、招财宝、蚂蚁聚宝、网商银行、蚂蚁花呗、芝麻信用等子业务板块。

启发思考:(1)简述蚂蚁金服互联网金融模式。
(2)作为当代大学生,如何在互联网新兴领域立足?(课程思政)

4)云教育

云教育是指基于云计算应用的教育服务平台。云教育融教学、管理、学习等为一体,搭建了一个可供教育主管部门、学校、教师、学生及家长分工协作的在线平台,从而共同达成教学目标和育人任务。近年来,云教育受到国内外众多教育界人士的关注。如何推进线上线下教育更好地融合,云教育如何继续发挥应有作用、扮演好恰当角色,云教育如何给大中小学各学段的教育注入新活力,云教育如何助力教育教学质量全面提升,是下一阶段需要继续探索的课题。随着教育改革创新的不断深入,云教育带给我们的有关未来教育的诸多绚丽想象有望逐步成为更加鲜活的现实。

三、大数据

大数据技术广泛应用在社会各个方面，对人们的生活、学习等方面都产生了很大的影响，特别是大数据可以存储的容量庞大，可以自动获取信息数据，可以对数据进行深度挖掘，在人们工作和生活中发挥了更大的作用。

> **知识拓展**
>
> 企业如何利用大数据的价值
> ● 向消费者提供产品或服务的企业，可以利用大数据进行精准营销。
> ● 做小而精模式的中小微企业，可以利用大数据做服务转型。
> ● 面对互联网压力之下必须转型的传统企业，需要与时俱进，充分利用大数据的价值。

1. 大数据的概念及特征

1）大数据的概念

大数据是指具有体量巨大、来源多样、生成极快且多变等特征，并且难以用传统数据体系结构有效处理的包含大量数据集的数据。

现今社会是一个高速发展的社会，科技发达，信息流通快，人们之间的交流越来越密切，生活也越来越方便，大数据就是高速发展之下的产物。

2）大数据的特征

（1）大量性。大数据的特征首先就体现为"大"，在 MP3 时代，一个小小的 MB 级别的 MP3 就可以满足很多人的需求，然而，随着时间的推移，存储单位从过去的 GB 到 TB，乃至现在的 PB、EB 级别。随着信息技术的高速发展，数据开始爆发性增长。社交网络（如微博、推特、脸书）、移动网络、各种智能工具、服务工具等，都成为数据的来源。例如，淘宝网近 4 亿会员每天产生的商品交易数据约为 20TB。这就迫切需要智能的算法、强大的数据处理平台和新的数据处理技术，来统计、分析、预测和实时处理如此大规模的数据。

（2）多样性。广泛的数据来源决定了大数据形式的多样性。任何形式的数据都可以产生作用，目前应用最广泛的就是推荐系统，如淘宝、网易云音乐、今日头条等，这些平台都是通过对用户的日志数据进行分析，从而进一步推荐用户喜欢的内容。日志数据是结构化明显的数据，还有一些数据结构化不明显，如图片、音频、视频等，这些数据因果关系弱，就需要人工对其进行标注。

（3）高速性。大数据的产生非常迅速，主要通过互联网传输。生活中几乎每个人都离不开互联网，也就是说，每个人每天都在向大数据提供大量的资料。这些数据是需要及时处理的，因为花费大量资本去存储作用较小的历史数据是非常不划算的。对于一个平台而言，也许保存的数据只有过去几天或者一个月之内，再远的数据就要及时清理，不然代价很大。基于这种情况，大数据对处理速度有着非常严格的要求，服务器中大量的资源都用于处理和计算数据，很多平台都需要做到实时分析。数据无时无刻不在产生，谁的速度更快，谁就更有优势。

（4）价值性。这也是大数据的核心特征。在现实世界所产生的数据中，有价值的数据所占比例很小。相比传统的小数据，大数据最大的价值在于通过从大量不相关的各种类型的数据中挖掘出对未来趋势与模式预测分析有价值的数据，并通过机器学习方法、人工智能方法或数据挖掘方法深度分析，发现新规律和新知识，并运用于农业、金融、医疗等各个领域，从而最终达到改善社会治理、提高生产效率、推进科学研究的效果。

2. 大数据的处理流程

1）数据收集

在数据收集的过程中，数据源会影响大数据质量的真实性、完整性、一致性、准确性和安全性。

2）数据预处理

大数据在采集过程中通常有一个或多个数据源，这些数据源包括同构或异构的数据库、文件系统、服务接口等，易受到噪声数据、数据值缺失、数据冲突等影响，因此，需要首先对收集到的大数据集合进行预处理，以保证大数据分析和预测结果的准确性与价值性。

3）数据分析

数据分析是大数据处理与应用的关键环节，它决定了大数据集合的价值性和可用性，以及分析预测结果的准确性。在数据分析环节，应根据大数据应用情境与决策需求，选择合适的数据分析技术，提高大数据分析结果的可用性、价值性和准确性。

4）数据可视化

数据可视化是指将大数据分析与预测结果以计算机图形或图像的直观方式展示给用户的过程，并可与用户进行交互式处理。数据可视化技术有利于发现大量业务数据中隐含的规律性信息，以支持管理决策。数据可视化环节可大大提高大数据分析结果的直观性，便于用户理解，因此，数据可视化是影响大数据可用性和易于理解性的关键因素。

3. 大数据的应用

大数据已被应用于各行各业，包括金融、汽车、餐饮、电信、能源、体能和娱乐等。表 2.4 所示为大数据在各行各业的具体应用。

表 2.4　大数据在各行各业的具体应用

行业	应用范围
制造业	利用工业大数据提升制造业水平，包括产品故障诊断与预测、工艺流程分析、生产工艺改进、生产过程能耗优化、工业供应链分析与优化、生产计划与排程
金融行业	大数据在高频交易、社交情绪分析和信贷风险分析三大金融创新领域发挥着重大作用
汽车行业	利用大数据和物联网技术的无人驾驶汽车，在不远的未来将走入人们的日常生活
互联网行业	借助大数据技术，可以分析客户行为，进行商品推荐和针对性广告投放
餐饮行业	利用大数据实现餐饮 O2O 模式，彻底改变传统餐饮的经营方式
电信行业	利用大数据技术实现客户离网分析，及时掌握客户离网倾向，出台客户挽留措施
能源行业	随着智能电网的发展，电力公司可以掌握海量用户的用电信息，利用大数据技术分析用户用电模式，可以改进电网运行，合理设计电力需求响应系统，确保电网安全运行
物流行业	利用大数据优化物流网络，提高物流效率，降低物流成本

续表

行　业	应 用 范 围
城市管理	可以利用大数据实现智能交通、环保监测、城市规划和智能安防
生物医学	大数据可以帮助人们实现流行病预测、智慧医疗、健康管理，同时还可以帮助人们解读DNA，了解更多的生命奥秘
体育娱乐	大数据可以帮助人们训练球队，决定投拍哪种题材的影视作品，以及预测比赛结果
安全领域	政府可以利用大数据技术构建起强大的国家安全保障体系，企业可以利用大数据抵御网络攻击，警察可以借助大数据预防犯罪
个人生活	大数据还可以应用到个人生活中，利用与每个人相关联的"个人大数据"，分析个人生活行为习惯，为其提供更加周到的个性化服务

四、人工智能

人工智能是一门极富挑战性的科学，从事这项工作的人必须懂得计算机知识及心理学和哲学相关知识。人工智能是十分广泛的科学，它由不同的领域组成，如机器学习、计算机视觉等。总的来说，人工智能研究的一个主要目标是使机器能够胜任一些通常需要人类智能才能完成的复杂工作。但不同的时代、不同的人，对这种"复杂工作"的理解是不同的。

1. 人工智能的概念及特征

1）人工智能的概念

人工智能是计算机科学的一个分支，它企图了解智能的实质，并生产出一种新的能以人类智能相似的方式作出反应的智能机器，该领域的研究包括语言识别、图像识别、自然语言处理和专家系统等。人工智能自诞生以来，理论和技术日益成熟，应用领域也不断扩大，可以设想，未来人工智能带来的科技产品，将会是人类智慧的"容器"。人工智能可以对人的意识、思维的信息过程进行模拟。人工智能不是人的智能，但能像人那样思考，也可能超过人的智能。

2）人工智能的特征

人工智能的特征具体表现在从人工知识表达到大数据驱动的知识学习技术；从分类型处理的多媒体数据转向跨媒体的认知、学习、推理，这里讲的"媒体"不是新闻媒体，而是界面或者环境；从追求智能机器到高水平的人机、脑机相互协同和融合；从聚焦个体智能到基于互联网和大数据的群体智能，它可以把很多人的智能集聚融合起来变成群体智能；从拟人化的机器人转向更加广阔的智能自主系统，如智能工厂、智能无人机系统等。

2. 人工智能应用领域

1）智能农业

农业中已经应用了很多人工智能技术，如无人机喷洒农药、农作物状态实时监控、物料采购、数据收集、灌溉、收获、销售等。通过应用人工智能设备终端等，可以提高农牧业的产量，减少许多人工成本和时间成本。

2）智能通信

智能通信是运用人工智能与呼叫中心技术，模拟真人与用户进行语音交互，提升企业呼叫中心的工作效率，降低成本，包括智能外呼系统、用户数据处理（订单管理系统）、通信故障排除、病毒拦截（360 等）、骚扰信息拦截等。

3）智能医疗

利用先进的物联网技术，可以实现患者与医务人员、医疗机构、医疗设备之间的互动，逐步达到信息化，如融健康监测（智能穿戴设备）、自动提示用药时间、服用禁忌、剩余药量等为一体的智能服药系统。

案例与思考 2.7

北京左医科技有限公司

北京左医科技有限公司成立于 2015 年，是一家专注于人工智能技术在医疗健康领域应用的高科技创新型企业。公司打造的核心产品——左手医生是国内领先的全科智能医生。左手医生将深度学习、大数据处理、语义理解、医疗交互式对话等最新的人工智能技术与医学相融合，致力于"打造主动式人工智能，让优质医疗触手可及"，用技术手段扩大优质医疗资源的供给，缓解优质医疗资源过度集中与患者需求过度分散的矛盾。

左手医生开放平台已覆盖医院 35 个科室中的 6000 多种常见病，提供智慧医院、诊室听译机器人、智能在线问诊、智能诊后管理、人工智能互联网医院等解决方案，通过与不同应用场景的结合，为各方提供优质的医疗服务，赋能医疗健康行业。该平台目前已服务超过 500 多家行业客户，与国内近百家三甲医院达成合作，每天服务人次近百万。

启发思考：（1）北京左医科技有限公司在智能医疗方面开展了哪些主要业务？
（2）通过学习案例，简述当代大学生要如何培养自己的创新思维和服务意识。（课程思政）

4）智能教育

智能教育通过图像识别可以进行机器批改试卷、识题答题等；通过语音识别可以纠正用户发音；人机交互可以进行在线答疑解惑等。人工智能和教育的结合可以从工具层面为学生提供更有效率的学习方式。

5）智能物流

物流业利用智能搜索、计算机视觉及智能机器人等技术在运输、仓储、配送、装卸等流程上已经进行了自动化改造，基本能够实现无人操作。目前，物流业大部分人才分布在"最后一千米"的配送环节，京东物流、苏宁物流、菜鸟网络争先研发无人车、无人机、无人仓等，都在力求抢占市场先机。

6）智能社会治安

智能社会治安包括安防监控（数据实时联网，公安系统可以实时进行数据调查分析）、电信诈骗数据锁定、犯罪分子抓捕、消防抢险（灭火、人员救助、特殊区域作业）等领域。

人工智能技术有着广阔的应用前景，能够极大地促进社会经济发展。近年来，人工智能与电子终端和垂直行业加速融合，已经涌现出智能家居、智能汽车、可穿戴设备、智能机器人等一批人工智能产品，而且人工智能正在全面进入家电、机器人、医疗、教育、金融等行业，将带来大量的经济效益。

思政案例

智能交通：大数据技术在交通领域的应用

随着信息科技的不断进步，每位交通参与者的每个行为都会以数据形式留下痕迹。通过大数据技术对这些交通数据进行有序化、有效化分析与处理，从而将交通运行体系智能化。大数据应用技术主要包括数据收集、数据整合、数据分析、数据处理等内容，通过大数据这一现代化技术来对交通数据进行处理和管理，提高对数据的利用价值。大数据技术在交通领域的应用体现在如下3个方面。

第一，在道路信息的智能监测与收集中的应用。在人工智能和大数据时代，数据是一切算法和智能的基石。大数据技术下的人工智能摄像机可实时监测和记录下道路上车辆的行驶速度、数量和道路状况，并通过高速信息传输网络送至综合管理平台进行分析和处理，帮助交通管理部门作出判断和决策。

第二，在城市道路信号灯智能调节系统中的应用。雷视融合全息道路感知系统能有效统计城市各道路的实时车流等信息，在大数据技术的支持下，对车辆来往数量、拥堵路段等通过智能系统进行有效控制，实现道路交通信号灯智慧配时，对道路信号灯等进行自动调节，避免造成道路拥堵。

第三，在交通事故的风险预警中的应用。利用大数据技术优势，实时通过对大量翔实的交通数据进行快速分析和反馈，可判断和预测道路可能存在的交通事件和事故风险，便可联动硬件产品进行预警提示，如此能有效防止交通事故，避免造成道路堵塞的情况。

随着大数据等高新技术在交通领域的深入应用，大数据技术在便捷、高效、经济、绿色的城市交通运输体系的建设，以及城市交通运输部门规划和制定科学、精准的决策上发挥出越来越大的价值。

课程思政

信息时代，新技术赋能智能交通

网络搭起沟通的桥梁

数据时代高新技术的应用，树立服务意识，全方位为用户服务

信息透明，沟通方便，民心稳定

技术使用、企业社会责任、诚信经营

本章小结

电子商务的运作离不开以互联网为代表的计算机网络，本章介绍了电子数据交换技术、互联网基础，对电子商务新兴技术进行了阐述。通过本章的学习，能够了解电子数据交换技术的基本知识及互联网的基础知识，了解物联网、大数据、人工智能和云计算等新兴技术的应用。

学习与思考

一、名词解释

互联网　　电子数据交换　　IP 地址　　域名　　物联网　　云计算　　大数据　　人工智能

二、单选题

1. 在网络环境中，（　　）提供超级文本服务。
   A．FTP　　　　　B．WWW　　　　　C．Telnet　　　　　D．电子邮件
2. 浏览 Web 网页，应使用（　　）软件。
   A．资源管理器　　B．浏览器　　　　C．电子邮件　　　　D．Office 2000
3. 以下协议中，（　　）是文件上传协议。
   A．FTP　　　　　B．HTTP　　　　　C．Telnet　　　　　D．BBS
4. 在 IPv4 地址中，IP 地址分为 4 段，每段使用十进制描述时其范围是（　　）。
   A．0~128　　　　B．0~255　　　　　C．-127~127　　　　D．1~256
5. 下面的 IP 地址，书写正确的是（　　）。
   A．168.1.155.2　　B．259.10.1.1　　C．10.255.255.255　　D．142.155.1.0

三、多选题

1. 电子数据交换（EDI）的 3 个要素包括（　　）。
   A．数据标准化　　B．EDI 软件　　　C．通信网络　　　　D．操作系统
2. TCP/IP 是一个 4 层协议体系结构，包括（　　）。
   A．链路层　　　　B．网络层　　　　C．传输层　　　　　D．应用层
3. 根据网络内数据的流向及处理方式，物联网可分为 3 个层次，有（　　）。
   A．网络感知层　　B．传输层　　　　C．应用网络层　　　D．传输网络层
4. 云计算的模式有（　　）。
   A．大数据　　　　B．公有云　　　　C．私有云　　　　　D．混合云
5. 搜索引擎包括（　　）等。
   A．全文索引　　　B．目录索引　　　C．元搜索引擎　　　D．垂直搜索引擎

四、思考题

1. 简述互联网的发展阶段。
2. Internet 提供哪些信息服务？
3. Internet 的接入技术有哪些？
4. 分析物联网、大数据、人工智能和云计算等新兴技术在电子商务中的应用及对电子商务产生了哪些影响。

> **技能训练**

亚马逊云科技

亚马逊公司（简称亚马逊）由杰夫·贝佐斯创建，是美国最大的网络电子商务公司。亚马逊以经营零售为主，目前已成为全球商品品种较多的网上零售商和全球第二大互联网公司。2006年3月，亚马逊推出弹性计算云服务，并逐步发展成为现在较完善的云计算服务系统，主要面向一些小的零售商家。目前亚马逊推出的云计算产品不仅服务分类灵活、收费方式多样，而且定价方式体现了零售企业的一贯做法。同时，亚马逊并不是服务器存储设备的制造商，也不是操作系统的开发商，而是应用者，因此它的平台是开放的，它能提供给客户的不仅是技术，还有自身的经验教训，这些都能够帮助企业用户更好地应用云技术。

思考题：（1）身为电子商务企业的亚马逊有哪些独特优势？
（2）亚马逊公司的服务理念有哪些？

第三章
电子商务模式

学习目标

（1）了解 B2C、C2C 及 B2B 电子商务模式和分类。
（2）掌握 B2C、C2C 及 B2B 电子商务交易流程。
（3）了解新零售的商业模式及特点。
（4）能够熟练分析常见交易平台的电子商务模式。

知识框架图

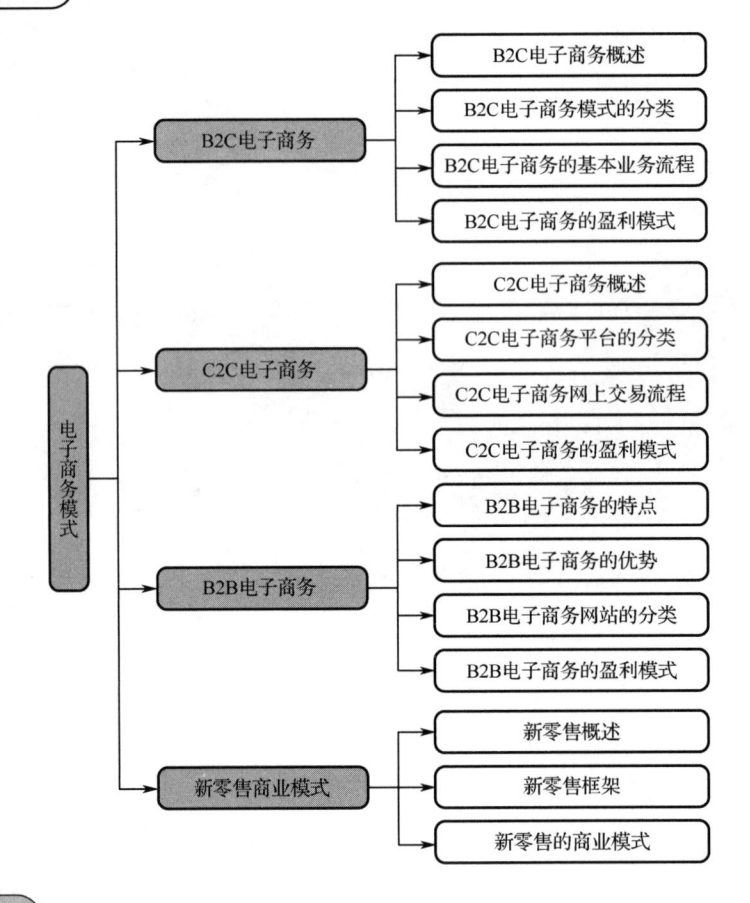

```
                        ┌─→ B2C电子商务概述
                        ├─→ B2C电子商务模式的分类
            ┌─ B2C电子商务 ┤
            │           ├─→ B2C电子商务的基本业务流程
            │           └─→ B2C电子商务的盈利模式
            │
            │           ┌─→ C2C电子商务概述
            │           ├─→ C2C电子商务平台的分类
            ├─ C2C电子商务 ┤
 电子         │           ├─→ C2C电子商务网上交易流程
 商务 ───────┤           └─→ C2C电子商务的盈利模式
 模式        │
            │           ┌─→ B2B电子商务的特点
            │           ├─→ B2B电子商务的优势
            ├─ B2B电子商务 ┤
            │           ├─→ B2B电子商务网站的分类
            │           └─→ B2B电子商务的盈利模式
            │
            │            ┌─→ 新零售概述
            └─ 新零售商业模式 ┼─→ 新零售框架
                         └─→ 新零售的商业模式
```

思政目标 ▶▶▶▶▶▶▶

（1）具备良好的商业道德和服务意识。

（2）培养创新创业精神。

（3）培养工匠精神。

（4）培养诚信经营观。

引导案例

品牌特卖——唯品会

唯品会信息科技有限公司（以下简称唯品会）是一家专门做品牌特卖的电子商务企业，主营业务为互联网在线销售品牌折扣商品，涵盖名品服饰鞋包、美妆、母婴、居家等各大品类。唯品会采取了3项措施保障正品销售：一是获取品牌或渠道授权。唯品会所销售的商品均从品牌方、代理商、品牌分支机构、国际品牌驻中国办事处等正规渠道采购，并与之签订战略正品采购协议。二是对供应商严格审查。唯品会与所有品牌商的合作，都必须经过至少3个月的严格审查评估，营业执照等五证、产品检验报告及品牌授权许可文件缺一不可。三是产品上线销售前检验。唯品会在上线前对供应商产品的样品进行检查,当发现样品不符合要求时,会要求供应商重新提供,若未在规定时间重新提供合格样品,唯品会将根据不同情况对供应商货品进行延迟上线、取消上线档期或不予上线等处理。

唯品会采用的是"精选品牌+深度折扣+限时抢购"的品牌特卖模式,通过限时销售有较大折扣的品牌商品来营造抢购的氛围,吸引消费者消费。唯品会的品牌特卖模式的一大关键就是商品品质的保证,基于对商品供货渠道的把控非常严格,售卖的商品均为唯品会从品牌官方渠道直接采购的,并且在商品入库后会进行抽检。

启发思考:(1)唯品会发展线上线下融合的特卖模式可能会遇到哪些困难?
（2）作为一家专门做品牌特卖产品的电子商务企业,唯品会能够在短时间内快速成长,主要原因有哪些?

第一节　B2C 电子商务

一、B2C 电子商务概述

1. B2C 电子商务的定义

B2C 即企业与消费者之间的电子商务。消费者只要通过与互联网相连的计算机,便可以在网上选购自己需要的商品,而不必亲自到商场去购买。B2C 模式可以分为两种:第一种是企业与个人消费者通过网络进行产品销售和购买,是有形商品的交易;第二种是企业与个人消费者通过网络提供服务和得到服务,是无形商品的交易。

2. B2C 电子商务的特点

B2C 电子商务以完备的双向信息沟通、灵活的交易手段、快捷的物流配送、低成本高效益的运作方式等在各行业产生了很大的影响。

B2C 电子商务的主要特点包括以下 9 个方面。

（1）可以没有实体商铺,降低了企业销售成本。

（2）用户数量巨大,所需要的身份认证、信息安全等方面的技术和管理办法成本低廉,易于大面积推广。

（3）支付或转账金额较低（小额支付）。

（4）网络上传输的信息可能涉及个人隐私,如账号和操作金额等。

（5）重视客户服务,较大的企业常设有呼叫中心,有较完善的客户服务体系。

（6）经常会出现"一次性客户",即不注册、不连续使用,只希望在方便的时候使用一下 B2C 服务的客户。

（7）网上商店所销售的商品多种多样,从大米、啤酒等生活日用品,到家电、汽车、住房,涵盖人们生活的方方面面。

（8）投放的广告大多是单品广告,只用一个页面即可将产品描述得十分详细,迎合消费者心理;且经常有线下推广资源的支持。

（9）大多数 B2C 电子商务企业依托成熟的第三方物流企业，达到物流配送效率高、速度快的目的。

二、B2C 电子商务模式的分类

1. 按企业和消费者的买卖关系分类

按企业和消费者的买卖关系分类，B2C 电子商务模式可分为卖方企业对买方个人的电子商务和买方企业对卖方个人的电子商务。

1）卖方企业对买方个人的电子商务

卖方企业对买方个人的电子商务是常见的 B2C 电子商务模式，就是卖方出售商品和服务给买方。这种网上购物方式可以使消费者获得更多的商品信息，足不出户就可以买到物美价廉的商品，节省了购物时间，典型代表有京东、当当网等。

2）买方企业对卖方个人的电子商务

这是企业在网上向个人求购商品或服务的电子商务模式。这种模式应用最多的就是企业在网上招聘人才，如智联招聘等。在这种模式下，企业首先在网上发布需求职务信息，然后由个人上网洽谈。这种方式在当今人才流动量大的社会中极为流行，因为它建立起了企业与个人之间的联系平台。

> **案例与思考 3.1**
>
> **智联招聘**
>
> 智联招聘是国内领先的企业人力资源整体解决方案服务商，提供招测培一站式人力资源服务，涉及网络招聘、校园招聘、海外招聘、智联猎头、智联测培及智联 BPO 六大产品体系，从撮合到促成，对结果负责，让企业及求职者获得实际效果。成立 30 年来，截至目前，智联招聘拥有超过 3.49 亿个职场人用户，累计合作 1341 万多家企业用户。智联招聘拥有 6000 余名员工，专业的顾问团队通过 35 家分公司提供属地化服务，业务遍及全国 200 多个城市。同时，智联招聘通过投资嫁接细分领域的优秀模式，先后投资测评及考试服务机构 ATS、领先的薪税保平台——51 社保、专注程序员评估的平台——猿圈、职场社交平台——脉脉、职业教育课程平台——职问，延伸业务版图，完善人才生态。
>
> 启发思考：（1）智联招聘提供了哪些服务？
> （2）通过了解智联招聘的案例，简述当代大学生要为将来的创业和就业做好哪些准备。（课程思政）

2. 按照交易的客体分类

按照交易的客体分类，B2C 电子商务模式可分为无形商品和服务的电子商务及有形商品和服务的电子商务。前者可直接通过网络进行传送，后者则需要借助传统的物流方式进行配送才能完成。

1）无形商品和服务的电子商务

计算机网络本身具有信息传输和信息处理功能，无形商品和服务一般可以通过网络直接提供给消费者。无形商品和服务的电子商务主要有网上订阅模式、广告支持模式、网上赠予模式和付费浏览模式。

（1）网上订阅模式。消费者通过网络订阅企业提供的无形商品和服务，并在网上直接浏览或者消费。这种模式主要被一些企业用来销售报刊、有线电视节目等。

网上订阅模式主要包括以下 3 种。

① 在线出版（Online Publications）。在线出版商通过互联网向消费者提供除传统印刷出版物之外的电子出版物。在线出版一般不提供互联网的接入服务，只在网上发布电子出版物，消费者通过订阅可下载有关的电子出版物。

② 在线服务（Online Services）。服务商通过每月向消费者收取固定的费用而向消费者提供各种形式的在线信息服务。服务商一般都有自己特定的客户群体。在线服务一般是向一定的社会群体提供的，以培养消费者的忠诚度。在美国，几乎每台出售的计算机都预装了免费试用软件。服务商的强大营销攻势使其用户数量稳步上升。

③ 在线娱乐（Online Entertainment）。服务商通过网站向消费者提供在线游戏，并收取一定的订阅费。这是无形商品和服务在线销售中令人关注的一个领域，也取得了一定的成功。

（2）广告支持模式。服务商免费向消费者提供在线信息服务，其营业收入完全靠在网站上投放广告来获取。广告支持模式虽然不直接向消费者收费，却是目前最成功的电子商务模式之一。例如，百度等在线搜索服务网站就是依靠广告收入来维持经营活动的。

（3）网上赠予模式。这种模式经常被软件公司用来赠送软件产品，以扩大其知名度和市场份额。一些软件公司将测试版软件通过互联网向用户免费发送，用户自行下载试用，也可以将意见或建议反馈给软件公司。用户对测试软件试用一段时间后，如果满意，则有可能购买正式版本的软件。

（4）付费浏览模式。付费浏览模式指的是企业通过网站向消费者提供按次收费的网上信息浏览和信息下载的电子商务模式。付费浏览模式让消费者根据自己的需要，在网站上有选择地购买一篇文章或一部分内容，在数据库中查询到的内容也可付费获取，如中国知网、百度文库等。

2）有形商品和服务的电子商务

有形商品是指传统的实物商品。采用这种模式，有形商品和服务的查询、订购、付款等活动在网上进行，但最终的交付不能通过网络实现，还需要通过传统的方法完成。这种电子商务模式也称在线销售。

B2C 电子商务企业实现在线销售主要有以下两种方式。

（1）在网上开设独立的虚拟商店。独立 B2C 电子商务网站主要是指企业自行搭建的网上交易平台。那些拥有较强资金和技术实力的 B2C 电子商务企业能够自行完成电子商务前台系统和后台系统的构建。此类 B2C 电子商务网站主要有以下 3 种模式。

① 虚拟电子商务。虚拟网店完全是互联网上的虚拟企业，线下没有实体店。其典型代表有京东、当当网、亚马逊等。

② 有实体店的电子商务。实体店因生存所迫纷纷上网经营，如苏宁电器（苏宁易购）和国美电器（国美在线）等。目前，已开设网店的传统零售企业多采用互补性的经营策略：一方面，通过建立门户网站，树立企业形象和推广企业产品，起到广告宣传和信息

发布的作用，从而扩大线下门店的销售量；另一方面，采用"错位经营"的方法，使网上业务与线下业务尽量不重合，并通过网络平台提供售后服务和技术支持。

③ 商品制造商。此类电子商务由生产制造商开设，生产商生产出产品后利用电子商务平台进行直销，电子商务平台使传统的销售方式发生了变化，为这些传统企业带来了更大的商机，此类典型的企业有戴尔、海尔和联想等。

（2）B2C 电子化交易市场。B2C 电子化交易市场也称 B2C 电子商务中介商，是指在互联网环境下，利用通信技术和网络技术等手段把参与交易的买卖双方集成在一起的虚拟交易环境。B2C 电子化交易市场的运营商一般不直接参与电子商务交易。B2C 电子化交易市场作为新型的电子商务中介商，其经营的重点是聚集入驻企业和消费者，扩大交易规模，形成一定的商业"马太效应"，提升电子化交易市场的人气。例如，天猫就属于 B2C 电子化交易市场。

三、B2C 电子商务的基本业务流程

1. B2C 前台购物流程

B2C 前台购物流程如下。
（1）客户在 B2C 电子商务平台上注册会员，并进行实名认证。
（2）客户在 B2C 电子商务平台中浏览商品。
（3）将选好的商品放入购物车，并下订单。
（4）选择送货方式并到支付页面进行网上支付货款。
（5）订单查询，等待收货，完成 B2C 的前台购物流程。
具体操作步骤如图 3.1 所示。

2. B2C 后台管理流程

B2C 后台管理流程如下。
（1）接收网上客户的订单，并对订单进行受理，查询商品库存情况。
（2）如果库存有货，则生成销售单；如果仓库无货，则进行商品采购（生成采购单、确认入库、生成销售单）。
（3）经过确认的销售单，商品确认出库、发货确认、结算。
（4）库存综合查询，完成 B2C 后台管理流程。
具体操作步骤如图 3.2 所示。

四、B2C 电子商务的盈利模式

B2C 电子商务的盈利模式包括产品销售模式、网络广告模式、会员模式和网站的间接收益模式。

1. 产品销售模式

B2C 网站的主要收益模式来自直接的产品销售。一般来说，B2C 网站又可分为两种：销售平台式网站和自主销售式网站。

图 3.1　B2C 前台购物流程　　　图 3.2　B2C 后台管理流程

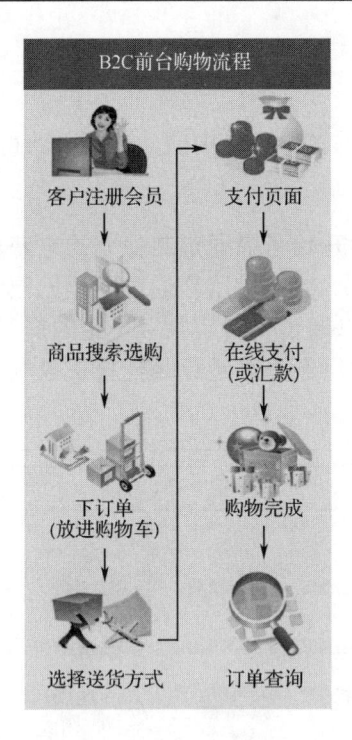

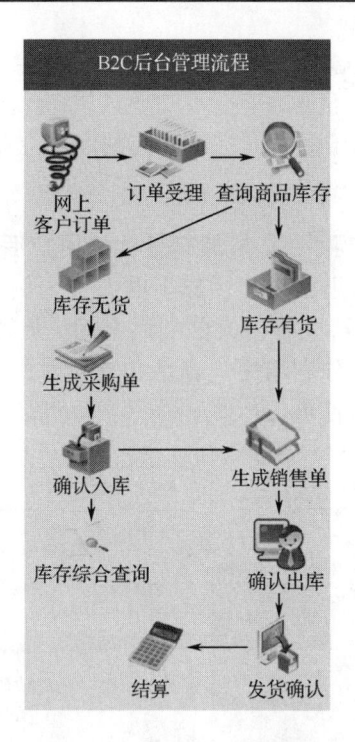

（1）销售平台式网站。销售平台式网站并不直接销售产品，而是为入驻商家提供一个平台，通过收取虚拟店铺出租费、交易手续费、加盟费等来实现盈利，如淘宝网。

（2）自主销售式网站。自主销售式网站直接面向用户销售自己平台上的产品，如天猫、京东。

2. 网络广告模式

网络广告收益是 B2C 网站收益的主要来源之一，B2C 网站通过免费向用户提供产品或服务吸引足够的"注意力"，从而吸引广告主投入广告，通过广告盈利。B2C 电子商务网站提供弹出广告、Banner 广告、浮动广告和文本广告。

网络广告是 B2C 电子商务网站主要的盈利模式。其主要作用是通过广告吸引客户的注意力并进入公司的 B2C 电子商务网站。与传统媒体相比，B2C 电子商务网站广告的独特优势有如下两个：一是投放效率高，资金投入与实际点击效果直接相关；二是 B2C 电子商务网站可以充分利用网站本身提供的产品或服务对销售团体进行分类，这对广告商也很有吸引力。

3. 会员模式

大多数电子商务网站实施会员制，收取会员费是 B2C 电子商务网站主要的收益模式之一。B2C 网站根据不同的运营方式及提供的服务制定会员价格，如京东、当当网等 B2C 平台会收取会员费，并根据提供服务级别的不同收取不同的服务费和保证金。B2C 网站提供的服务有在线注册程序、跟踪购买行为记录、在线销售统计和完善的信息保障等。会员数量在一定程度上决定了网站通过会员最终获得的收益。

4．网站的间接收益模式

除了电子商务网站产生的利润，企业还可以通过价值链中的其他环节获得利润。

1）网上支付收益

当 B2C 网上支付拥有足够的用户后，就可以开始考虑通过其他方式来获取收入的问题了。以阿里巴巴集团旗下的天猫为例，有近 90%的天猫用户通过阿里巴巴集团的支付宝支付，带给天猫巨大的利润空间。天猫不仅可以通过支付宝收取一定的交易服务费用，而且可以充分利用用户存款和支付时间差产生的巨额资金进行其他投资盈利。图 3.3 所示为天猫网首页。

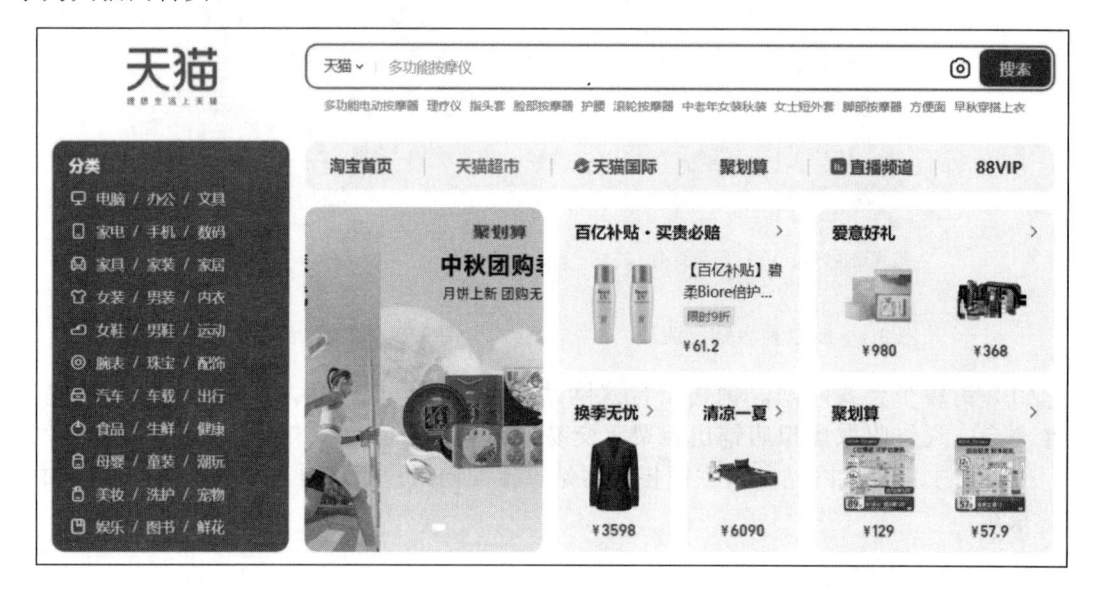

图 3.3　天猫网首页

2）网站物流收益

中国 B2C 电子商务的交易规模已达数百亿元，由此产生的物流市场也非常庞大。将货运物流融入自身的服务体系，网站不仅能够获得货运物流的利润，还能提升客户的使用体验。

第二节　C2C 电子商务

一、C2C 电子商务概述

1．C2C 电子商务的概念

C2C 即消费者与消费者之间的电子商务。C2C 交易平台是为买卖双方提供的在线交易的平台，在该平台的支持下，卖方可以自行提供商品上网展示销售，而买方可以自行选择商品拍下付款或以竞价方式在线完成交易支付。目前，国内比较大型的 C2C 交易平台主要有淘宝网、易趣网、拍拍网。

2. C2C 电子商务模式的特点

C2C 电子商务模式最能体现互联网的优势，对于数量巨大、地域不同的买方和卖方通过交易平台找到合适的对象进行交易，在传统商务领域要实现这样的交易几乎是不可想象的。

C2C 电子商务模式主要有如下特点。

（1）用户数量大且分散，往往身兼多种角色，可以是买方，也可以是卖方。

（2）买卖双方在第三方交易平台上进行交易，由第三方交易平台负责技术支持及相关的服务。

（3）没有自己的物流体系，依赖第三方物流体系。

（4）单笔交易的金额小，相当一部分交易采用货到付款的支付形式。

（5）交易中如果发生纠纷，解决比较困难。

淘宝网采取的是 C2C 模式，目前 C2C 电子商务企业采用的运作模式是通过为买卖双方搭建拍卖平台，按比例收取交易费用，或者提供平台方便个人在上面开店铺，以会员制的方式收费。图 3.4 所示为淘宝网首页。

图 3.4　淘宝网首页

二、C2C 电子商务平台的分类

按交易平台的运作模式，C2C 电子商务平台分为拍卖平台运作模式和店铺平台运作模式。

1. 拍卖平台运作模式

在拍卖平台运作模式下，电子商务企业为买卖双方搭建网络拍卖平台，按比例收取交易费用。在拍卖平台上，商品所有者或某些权益所有人可以独立开展竞价、议价，进行在线交易等。网络拍卖的销售方式保证了卖方的价格不会太低，他们可以打破地域限制,把商品卖给地球上任意一个角落出价最高的人;同理,买方也可以确保自己不会给出很高的价位。

2. 店铺平台运作模式

在店铺平台运作模式下,C2C 电子商务企业提供平台,以方便个人在其上面开设店铺,以会员制的方式收费,也可以通过广告或提供其他服务收取费用。

拍卖平台运作模式与店铺平台运作模式没有明显的界限,如淘宝网既可以是拍卖平台,也可以是店铺平台。

三、C2C 电子商务网上交易流程

闲鱼是典型的拍卖平台运作模式。闲鱼是阿里巴巴旗下闲置商品交易平台,有 iOS 版和安卓版两个版本,会员只要使用淘宝网或支付宝账户登录即可,无须经过复杂的开店流程,即可达成包括一键转卖个人淘宝账号中"已买到宝贝"、自主手机拍照上传二手闲置物品及在线交易等在内的诸多功能。闲鱼平台后端已无缝接入淘宝信用支付体系,从而最大限度地保障了交易安全。图 3.5 所示为 C2C 模式拍卖流程和 C2C 模式竞拍流程。

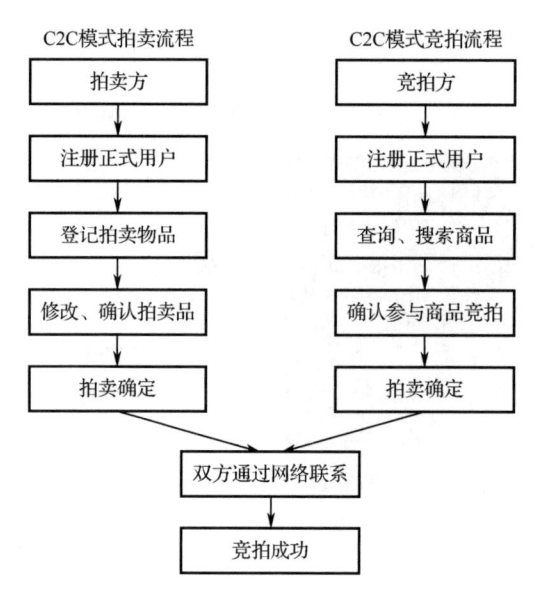

图 3.5　C2C 模式拍卖流程和 C2C 模式竞拍流程

四、C2C 电子商务的盈利模式

近年来,虽然 C2C 电子商务模式的交易量很大,但现阶段国内的 C2C 电子商务网站还没有清晰而明确的盈利模式。从 C2C 电子商务长远发展来看,如果没有盈利,即使再大的交易也无法保持健康持续的发展。这是因为买家、卖家和电子交易平台提供商之间相互依存,密不可分,共同构成了 C2C 电子商务模式的基本要素。对于 C2C 电子商务而言,买卖双方只要能够进行交易,就有盈利的可能,该模式也就可以继续存在和发展。但是,这个前提是必须保证 C2C 电子商务平台提供商实现盈利,否则,这个模式就

会失去存在和发展的基础。

目前，淘宝网是 C2C 网络拍卖市场中已经形成的比较成熟的电子商务交易平台，其盈利模式为广告收入+会员服务收入+增值服务收入，如表 3.1 所示。其中，广告收入针对品牌或企业广告主，会员服务收入主要针对买卖双方，增值服务收入面向的是用户中的高级细分用户群。

表 3.1　C2C 电子商务的盈利模式

盈利模式	收费内容	收入的具体形式
广告收入	广告费用	推荐位费用、竞价排名费用
	搜索费用	关键字搜索费用
会员服务收入	店铺费用	年租费/月租费
	交易服务费	按交易金额提取一定比例
	商品登录费	产品图片发布费、橱商展示费
增值服务收入	特别服务费	产品的特色展示费用
	服务收费	物流服务收费、支付交易费用

目前，就我国 C2C 电子商务模式发展现状而言，虽然仍以免费为主流，但是收费是必然趋势。因为收费至少可以产生两方面的效应：一方面，能提高网上经营的诚信度，由于标准提高了，随意开店、靠虚假交易骗取诚信积分等现象将有所好转；另一方面，网站一旦拥有费用来源，便可以很好地加强和稳定网站各方面的建设，包括企业文化建设、顾客关系管理、知识产权保护等。

案例与思考 3.2

eBay

eBay 是由皮埃尔·奥米迪亚创立于美国加利福尼亚州圣荷西市的一家互联网公司，是全球最大的网络交易市场，在网络上提供国际化的交易平台和各式服务。其灵活的交易方式立即吸引了大量用户，每天都有数以百万的家具、收藏品、计算机、车辆在 eBay 上刊登、贩售、卖出。

eBay 的平台建设模式使得它不专注于把店开得很大很全面，只是在网上提供了一处虚拟场所，吸引人气，使得购买者和出售者同时聚集，从而产生交易行为。人们聚集得越多，就越会让人们有更大的选择余地，才会产生海量的交易行为。eBay 正是通过从这种海量交易中赚取交易费来盈利的。

启发思考：（1）eBay 提供了哪些物品与服务？
　　　　　（2）eBay 的成功给了我们哪些启示？（课程思政）

第三节　B2B 电子商务

B2B 在电子商务领域的应用十分广泛，是企业十分重视的电子商务模式。B2B 电子商务模式能够为企业提供在互联网上找到最佳合作伙伴的机会，能够支持企业完成从订购到结算的全部交易行为。

一、B2B 电子商务的特点

1. 交易次数少且金额大

B2B 交易主体是企业，通常涉及大批量货物交易或大宗商品采购。B2C、C2C 的交易主体是普通个人消费者，多以日用、休闲、娱乐等消费品为主，往往是单笔交易，虽然交易次数多但交易金额较小。

2. 交易对象广泛

B2B 电子商务的交易对象可以是任何一种产品，可以是原材料，也可以是半成品或成品，如戴尔公司的芯片和主板等零配件的采购，而 B2C、C2C 电子商务交易一般集中在生活消费用品领域。

3. 交易过程复杂但规范

B2B 电子商务交易一般涉及的金额较大，不容有闪失，在交易过程中需要多方的参与和认证，过程十分复杂、严格和规范，同时注重法律的有效性。

二、B2B 电子商务的优势

传统的企业之间的交易往往要耗费企业的大量资源和时间，无论是销售还是采购，都要占用大量产品成本。通过 B2B 电子商务交易方式，买卖双方能够在网上完成整个业务流程，如建立最初印象、货比三家、讨价还价、签订合同、交货和售后服务等。B2B 电子商务使企业之间的交易减少了许多事务性的工作流程和管理费用，降低了企业经营成本。网络的便利及延伸性使企业扩大了活动范围，企业发展跨地区、跨国界经营更方便，成本更低。

与传统商务活动相比，B2B 电子商务具有如下 5 个竞争优势：①使买卖双方信息交流高效、快捷；②降低企业间的交易成本；③减少企业的库存；④缩短企业生产周期；⑤24 小时无间断运作，增加了商机。

三、B2B 电子商务网站的分类

B2B 电子商务网站可分为综合型 B2B 电子商务网站和垂直型 B2B 电子商务网站。

1. 综合型 B2B 电子商务网站

综合型 B2B 电子商务网站涵盖不同的行业和领域，可以为多个行业的企业提供在线交易服务，其信息和服务的综合程度高，这种交易模式是通过平行网站将各个行业中相近的交易过程集中到一个场所，为企业的采购方和供应方提供一个交易的机会，如 1688、环球资源网、慧聪网等。图 3.6 所示为 1688 网站首页。这一类型网站既不是拥有产品的企业，也不是经营商品的商家，它只是提供一个平台，在网上将销售商和采购商汇集到一起，采购商可以在其网上查到销售商的工商信息和商品信息。这类网站一般注重在广度上下功夫，在品牌知名度、用户数、跨行业、技术研发等方面具有行业垂直类 B2B 电子商务网站难以企及的优势，不足之处在于用户虽多但不一定是客户想要的用户，在用户精准度、行业服务深度等方面略有不足。

图 3.6　1688 网站首页

一般来说，综合型 B2B 电子商务网站可以产生很多利润流，如广告费、竞价排名费、分类目录费、交易费用、拍卖佣金、软件使用许可费、其他服务费等。通常，综合型 B2B 电子商务网站会举办网上拍卖会。这时，网站可以向成交的卖方收取一定比例的交易费。综合型 B2B 电子商务网站还可以通过出售网上店面来赚钱。除此之外，综合型 B2B 电子商务网站还可以自己开展电子商务活动，从而直接获取利润。

此外，综合型 B2B 电子商务模式较成熟、风险低，但模式单一、陈旧，包括以"供求商机信息服务"为主的、以"行业咨询服务"为主的、以"招商加盟服务"为主的、以"项目外包服务"为主的、以"在线服务"为主的、以"技术社区服务"为主的模式。买麦网、商格里拉、中企动力"一大把"、亿禧网等网站均处于踟蹰不前的状态。这一切都表明，B2B 电子商务需要商业模式的创新，依靠单一陈旧模式难以超越同行。

2. 垂直型 B2B 电子商务网站

垂直型 B2B 电子商务网站是依托传统行业将特定产业的上、下游厂商聚集到一起，现在几乎各行业都有自己专门的电子交易网站。它的出现使中国电子商务从大而全的模式转向专业细分的业务模式，如中国化工网、中国制造网、全球纺织网、全球五金网等。此类网站的优点是针对一个行业做深、做透，有着较强的专业性，其缺点是受众过窄，难以形成规模效应。

垂直型 B2B 电子商务可以分为两个方向，即上游和下游。生产商或商业零售商可以与上游的供应商之间形成供货关系，如戴尔与上游的芯片和主板制造商就是通过这种方式进行合作的。生产商与下游的经销商可以形成销货关系，如思科与其分销商之间进行的交易。简单来说，这种模式下的 B2B 电子商务网站类似于在线商店，这类网站其实就是企业网站，企业直接在网上开设虚拟商店，通过自己的网站可以大力宣传自己的产品，用更快捷、更全面的手段让更多的客户了解自己的产品，进而促进交易。也可以是商家开设的网站，这些商家在自己的网站上宣传自己经营的商品，目的也是用更加直观的方法促进交易、扩大交易范围。例如,能源一号网就是由中国石油天然气集团有限公司组建的行业联盟网站。

相比综合型 B2B 电子商务网站,垂直型 B2B 电子商务网站更适合中小企业。一方面,是因为它专注于某一行业,潜在客户集中,宣传花费少;另一方面,某些特色服务也对中小企业的发展十分有利。垂直型 B2B 电子商务网站成功的另一个因素是传统行业的低效率。传统行业的中间环节越多,环节链接效率越低,该行业的垂直型 B2B 电子商务网站就越有机会整合其中间环节,因此也就越容易成功。

案例与思考 3.3

中国化工网

中国化工网是国内第一家专业化工网站,也是国内客户量最大、数据最丰富、访问量最高的化工网站。自开通起,中国化工网就将服务对象定位为化工企业,为其提供网站建设和贸易信息服务等。

中国化工网对化工企业的原材料采购和商品销售提供信息与技术支持,对企业的经营决策提供行业信息和情报支持,对企业日常经营提供商务服务支持。中国化工网建有国内较大的化工专业数据库,目前包含了 40 多个国家和地区,超两万家化工企业的化工商品记录。中国化工网提供了专业的融化工商品、目录、网页为一体的化工搜索平台,在网站上,采购商可以从众多商品信息中搜索出自己的需求商品,这不仅提高了化工行业的信息获取效率,而且体现了网站的专业程度。另外,其相关网站——全球化工网也是在国际上享有盛名的化工网站。

中国化工网的主要收入来源包括广告费、会员费和竞价排名费等,其盈利模式主要为基本盈利模式。中国化工网的广告收入很可观,首页的部分广告位每年的广告费高达十几万元。若化工企业想开通会员,每年需要缴纳几千元或上万元的会员费,中国化工网仅会员费这一项收入每年就有数千万元。另外,中国化工网还提供有竞价排名的服务,可以对全球近 20 万个化工及与化工相关的网站进行搜索,搜录的网页总数达 5000 万,能够帮助企业提升知名度、提高成交率,主要采用"竞价排名、按天消费、限量发展、左右兼顾"模式。

启发思考:(1)简述中国化工网的电子商务运作模式。
(2)作为一名大学生,我们要如何培养自己的创新意识。(课程思政)

垂直型 B2B 电子商务网站的特点是专业性强,此类电子商务交易市场的创办者大多是该行业的从业者,他们拥有丰富的行业资源,谙熟行业的经验。垂直型 B2B 电子商务网站吸引的都是针对性较强的客户,因此,更容易集中行业资源,吸引行业内众多企业参与,同时也容易引起国际采购商的关注。因此,垂直型 B2B 电子商务网站成为企业间电子商务越来越受推崇的发展模式。

由于垂直型 B2B 电子化交易市场的专业性强,所面临的客户很多都是本行业中具有较强购买能力的企业,其广告的作用也比较大,因此,垂直型网站的广告费较综合型网站要高。除了广告,垂直型 B2B 电子商务网站还可以通过举办拍卖会、出售网上店面、收取客户的信息费及数据库使用费等来实现收益。

四、B2B 电子商务的盈利模式

1. 会员费

企业通过第三方电子商务平台参与电子商务交易活动,必须注册为 B2B 电子商务网站的会员,每年要缴纳一定的会员费,才能享受网站提供的各种服务。目前,会员费已成为 B2B 电子商务网站最主要的收入来源。例如,阿里巴巴 1688 网站收取中国供应商、诚信通两种会员费;中国化工网、全球五金网等网站也会根据不同的会员类型收取金额不等的会员费。

2. 广告费

网络广告费是门户网站的主要盈利来源,同时也是 B2B 电子商务网站的主要收入来源。阿里巴巴 1688 网站的广告根据其在首页的位置及广告类型来收费。中国化工网有弹出广告、漂浮广告、文字广告等多种广告表现形式可供用户选择。

3. 竞价排名

企业为了促进产品的销售,都希望在 B2B 电子商务网站的搜索中将自己的排名靠前,而网站在确保信息准确的基础上,会根据会员交费的不同对排名顺序进行相应的调整。阿里巴巴的竞价排名是诚信通会员专享的搜索排名服务。中国化工网的化工搜索是建立在全球最大的化工网站上的化工专业搜索平台,同时采用搜索竞价排名方式确定企业排名顺序。

4. 增值服务

B2B 电子商务网站除了为企业提供贸易供求信息,还会提供一些独特的增值服务,包括企业认证、独立域名、行业数据分析报告、搜索引擎优化等。例如,现货认证就是针对电子商务这个行业提供的一个特殊的增值服务,因为电子采购商比较重视库存这方面的信息。

5. 商务合作

商务合作主要包括广告联盟,政府、行业协会合作,传统媒体和新兴媒体的融合等。

1)广告联盟

广告联盟通常是网络广告联盟,亚马逊通过这种方式已经取得了不错的成效。在我国,联盟营销还处于萌芽阶段,大部分网站对于联盟营销还比较陌生。我国做得比较成熟的几家广告联盟有百度联盟、谷歌联盟等。

2)政府、行业协会合作

在市场经济的发展进程中,政府的角色逐渐从直接管理向服务和监管转变。行业协会可以促进行业发展和合作,能够更好地了解行业发展需求,并整合各方资源,促进行业的协调发展。政府与行业协会应建立定期沟通机制,共同制订合作计划和目标,并及时解决合作中的问题与矛盾。同时政府应积极支持行业协会的工作,包括提供资金、政策支持和协调服务等,促进行业协会更好地履行职能。

3）传统媒体和新兴媒体的融合

传统媒体和新兴媒体的融合将成为潮流。竞争越激烈，需要的资源就越多、市场规模就越大，媒体经营将越来越趋向于挖掘全方位受众价值的"范围经济"的盈利模式，也就是利用现有的人力、物力来增加媒体形态的种类，而使得媒体平均成本降低。要实现这种盈利模式，需要多渠道、多手段协同配合。

第四节　新零售商业模式

自新零售的概念被提出以来，已经有包括阿里巴巴、腾讯、百度、京东、小米、网易等在内的众多企业开始了新零售的探索之路。其中比较出名，并且从一开始就完全按照新零售模式操作的，有阿里巴巴的"盒马鲜生"、永辉超市的"超级物种"、小米的"小米之家"、网易的"网易严选"等。

一、新零售概述

1. 新零售的概念

新零售是指企业以互联网为依托，通过运用大数据、人工智能等先进技术手段，对商品的生产、流通与销售过程进行升级改造，进而重塑业态结构与生态圈，并对线上服务、线下体验及现代物流进行深度融合的模式。

新零售的核心要义在于推动线上与线下的一体化进程，其关键在于使线上的互联网力量和线下的实体店终端形成真正意义上的合力，从而完成电子商务平台和实体零售店面在商业维度上的优化升级。同时，促成价格消费时代向价值消费时代的全面转型。

新零售可总结为"线上+线下+物流"，其核心是以消费者为中心的会员、支付、库存、服务等方面数据的全面打通。未来电子商务平台会有新的发展，线上、线下和物流结合在一起，才会产生新零售。线上是指云平台，线下是指销售门店或生产商，新物流消灭库存，减少囤货量。

2. 新零售的特征

1）渠道一体化

现在消费者随时随地出现在实体门店、淘宝及京东电子商务平台、美团等外卖平台、微店及网红直播频道等各种零售渠道。零售商不仅要打造多种形态的销售场所，还必须实现多渠道销售场景的深度闭合，这样才能满足顾客想买就买的需求。

2）经营数字化

现在商业变革的目标就是一切在线，通过数字化把各种行为和场景搬到线上去，然后实现线上和线下融合。零售行业的数字化包括顾客数字化、商品数字化、营销数字化、交易数字化、管理数字化等。数字化是通过IT系统来实现的，所有数字化战略中，顾客数字化是基础和前提。

3）门店智能化

大数据时代，一切皆智能是必然。门店智能化可以提升顾客互动体验和购物效率，可以增加多维度的零售数据，可以很好地把大数据分析结果应用到实际零售场景中。在零售行业，商家数字化改造之后，门店的智能化进程会逐步加快，但以脱离数字化为基础去追求智能化，可能只会打造出"花瓶工程"。

4）商品社会化

人们去实体门店购物，会觉得店铺商品琳琅满目。当新零售把顾客数字化后，顾客通过线上店铺购物时，会觉得店铺东西少，品类缺乏。这就是新零售时代对品类管理的挑战，需要商家重构供应链才能解决。解决办法就是社会化供应链：卖自家货、他家货；自己卖、请别人卖；卖土货、洋货、农特货等。

5）物流智能化

传统零售只能到店消费，现取现买。在新零售模式下，顾客可以全天候、全渠道、全时段买到商品，并能实现到店自提、同城配送、快递配送等，这就需要对接第三方智能配送、物流体系，以此缩短配送周期、去库存化。

3. 新零售的本质

新零售的本质是对人、货、场的重构。人对应消费者画像、数据；货对应供应链组织关系和品牌关系；场对应商场表现形式。场是新零售前端表象，人、货是后端的实质变化。数字化是新零售的核心驱动力，生产、供应链、渠道、门店、用户、营销全链条的数字化是新零售区别于传统零售最突出的特点。图 3.7 所示为人、货、场的重构。

线上线下关联紧密，优势互补、合作共赢。消费者的购买行为呈现线上线下融合的明显

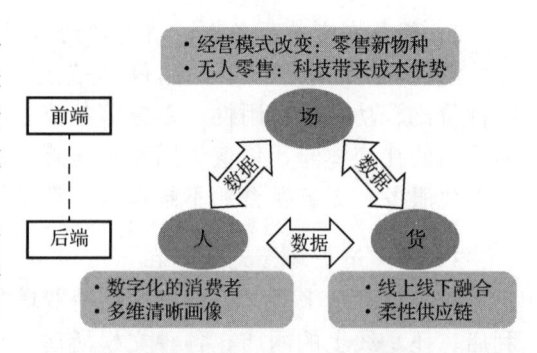

图 3.7 人、货、场的重构

趋势，线上了解线下购买、线下体验线上购买的行为十分常见。电子商务的优势在于数据，体验却是其软肋；而实体店的优势恰恰在于体验，数据却是弱项。在流量红利结束、消费升级的大背景下，线上企业比拼的不再是低价，而是服务和体验，因此，阿里巴巴集团等线上巨头纷纷拥抱线下企业，致力于打造线上线下消费闭环。线下实体店作为流量新入口，弥补了传统电子商务业务高端用户群体数据的缺失，助力线上企业描绘多维清晰的消费者画像。线下门店依托线上数据，提高了营销精准率和经营效率。

二、新零售框架

阿里研究院认为，新零售的框架可以从前台、中台、后台 3 个维度进行阐述，如表 3.2 所示。

表 3.2 新零售的框架

前台			人（消费者）、货（商品）、场（场景）
中台			营销、市场、流通链、生产模式
后台	基础环境	新兴技术	3D/4D 打印、AR/VR
			传感器、物联网、人工智能

1. 前台：重构"人、货、场"

1）人：消费者画像

传统零售条件下，对消费者画像是一件非常困难的事情，各种调研只能完成模糊的画像，而利用数据处理技术，商家可以对消费者进行更清晰的画像，对其性别、年龄、收入、特征都可以进行画像，直至完成全息清晰的画像。对品牌商而言，消费者的形象跃然纸上。图 3.8 所示为形成全息消费者清晰画像示意图。

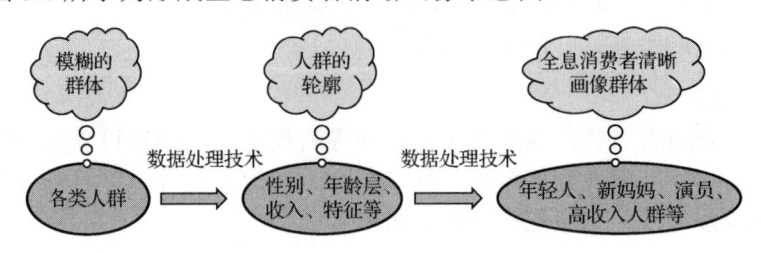

图 3.8 形成全息消费者清晰画像示意图

2）货：在交易商品上，消费者的需求过渡到"商品+服务+内容"

消费者的需求已从"商品+服务"过渡到"商品+服务+内容"，消费者不仅关心商品的性价比、功能、耐用性、零售服务等方面，还关心商品的个性化、专业功能，以及商品背后的社交体验、价值认同和参与感，甚至在服务方面，基于数字技术的定向折扣、个性化服务、无缝融合的不同场景，都将给消费者带来全新的体验。

3）场：消费场景无处不在

新零售将带来"无处不在"的消费场景，无论是百货公司、购物中心、大卖场、便利店，还是线上的网店、各种文娱活动、直播活动，都将成为消费的绝佳场所，其中各种移动设备、智能终端、VR 设备等将发挥出重要作用。

4）新零售人、货、场的重构

新零售将重构人、货、场这 3 个要素，从过去的货、场、人转变为人、货、场。

（1）在传统零售模式下，品牌商按照经验进行供货，线上线下割裂，对消费者的画像是模糊的。

（2）新零售模式下，消费者实现了数字化和网状互联，可以被清晰地辨识。最优供应链+智能制造，使企业实现了按需智能供货。无所不在的消费场景，实现了人、货、场的重构。

2. 中台：营销、市场、流通链、生产模式变革

1）新营销

新零售的营销模式是以消费者为核心的全域营销：数据打通消费者认知、兴趣、购买力、忠诚及分享反馈的全链路；数据可视、可追踪、可优化；为品牌运营提供全方位精细支撑。

2）新市场

新零售基于数字经济的统一市场，具有全球化、全渗透、全渠道等特征。

3）新流通链

新零售服务商重塑了高效流通链：新生产服务（数字化生产、数字化转型咨询、智能制造）—新金融服务（供应链新金融）—新供应链综合服务（智能物流、数字化供应链、电子商务服务商）—新门店经营服务（数字化服务培训、门店数字化陈列）。

4）新生产模式

新零售真正实现了消费方式逆向牵引生产方式，是一种由 C2B 催生的高效企业模式，是一种以消费者为中心、个性化的定制模式。通过线上店铺或线下店铺收集"消费者的声音"，企业甄别这些信息后反馈到生产链中的不同部门。由于数据的流动，产生了定向牵引的过程，真正实现由消费方式逆向牵引生产变革。图 3.9 所示为新零售的消费方式逆向牵引生产方式的过程。

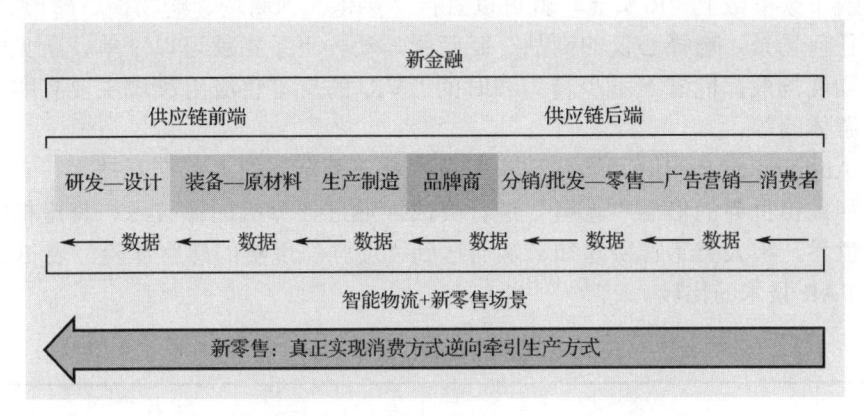

图 3.9 新零售的消费方式逆向牵引生产方式的过程

3. 后台：基础环境、新兴技术赋能发展

1）基础环境

新零售的基础环境主要包括流量、物流、支付、物业选址和技术等，它们共同促进了新零售的发展。

（1）流量：线上网店与线下门店结合，为双方均带来新的流量入口，促进线上线下零售结合。

（2）物流：模式的创新（如前置仓）可以有效降低物流成本，也给零售原有的物流模式带来冲击，为新零售提供更多想象空间。

（3）支付：移动支付迅速普及与移动支付习惯的养成促进了新零售的发展。

（4）物业选址：与对物业选址要求极高的传统零售业态相比，线上线下结合的新零售模式使得各门店物业选址的灵活度明显提高。

（5）技术：技术积累赋能零售业的发展，为零售业态演化提供了更多可能性。

新零售基础环境的提供者主要是以阿里巴巴、腾讯、京东、亚马逊为首的互联网巨头，它们为新零售的可持续发展提供了技术支持和平台建设保证。

新零售基础环境的变化会导致某些要素成本下降，许多原有的行业壁垒也不再是壁垒，在提升传统零售的运作效率和产品销售的基础上，也给新业态的孵化提供了新的机会。

2)新兴技术赋能发展

(1)3D/4D打印技术改变了产品生产方式。3D打印是以数字模型文件为基础,运用粉末状金属或塑料等可黏合材料,通过逐层打印的方式来构造物体的技术。3D打印具有可高度定制化的特点,越来越多的人能通过3D打印机来制作各种生活用具。4D打印是一种能够自动变形的材料,只需特定条件(如温度、湿度等),不需要连接任何复杂的机电设备,就能按照产品设计自动折叠成相应形状的技术。4D打印最关键的因素是"智能材料"。

(2)VR/AR技术虚实结合的消费体验。VR(Virtual Reality,虚拟现实)技术是通过计算机技术生成一种模拟环境,使用户沉浸到创建出的三维动态实景中,并同时通过多种传感器设备提供给用户关于视觉、听觉、触觉等感官的虚拟,让使用者仿佛身临其境。我们可以将其理解为一种对现实世界的仿真系统。

人们躺在家里戴上VR头显,就可以直接"穿越"到商场、购物街、超市、美食店、体验店等任何场景,选择心仪的商品,眨眨眼,动一下手指就可以下单,所见即所得,如亲临购物现场般,能省下不少精力和时间。VR的新零售应用领域主要有购物、汽车试驾、旅游体验等。

AR(Augmented Reality,增强现实)技术是一种全新的人机交互技术,它将真实世界的信息和虚拟世界的信息"无缝"进行集成。通过计算机图像技术,将虚拟的信息应用到真实世界,被人类感官所感知,从而达到"增强"现实的感官体验。表3.3所示为VR技术与AR技术的比较。

表3.3 VR技术与AR技术的比较

	VR技术	AR技术
组成方式	虚拟数字画面	虚拟数字画面和数字化现实
零售应用	购物、汽车试驾、旅游体验等	购物、AR游戏等

AR购物体验能让用户将商品的虚拟形象覆盖到真实世界的环境中,从而看到商品的真实效果。例如,在购买家具时,AR技术能让用户在购买商品前就感受到其安装到家中的实际效果。

(3)物联网提升门店消费体验。物联网是在互联网基础上延伸和扩展的网络,是将各种信息传感设备与网络结合起来而形成的一个巨大网络,可以实现任何时间、任何地点,人、机、物的互联互通。信息传感设备主要包括射频识别、红外感应器、定位系统、激光扫描器等。利用物联网和传感设备可以实现以下5个功能。

① 自动结账:消费者走出商店时自动结账。
② 布局优化:基于店内消费者数据全面分析,以便合理布局店内商品。
③ 消费者追踪:实时追踪店内消费者行为数据,以改善消费者体验。
④ 实施个性化促销:根据消费者特点、过往消费记录定向推送。
⑤ 库存优化:基于自动货架和库存监控补货。

(4)人工智能贯穿新零售全过程。人工智能是用计算机科学对人的意识、思维的信息过程进行模拟的技术。人工智能的三大基石是数据、计算和算法。人工智能能够帮助零售业预测需求,实现自动化操作。国内外大型电子商务平台均已开始应用人工智能,如在促销、商品分类、配货等环节减少手工操作,自动预测客户订单、设置价格、制定个性化促销手段等。

三、新零售的商业模式

新零售是一种以互联网、物联网、人工智能等新技术为基础的全新商业模式,其核心在于实现商品的智能化管理和智能化服务,提高零售业的效率和服务质量。新零售的商业模式主要包括O2O模式、社交电商模式、智能零售模式、跨境电商模式、共享经济模式等。

1. O2O模式

O2O(Online to Offline)模式指的是在线下单、线上支付,线下实体门店进行商品体验、提货等操作的消费模式。这种模式通过线上销售和线下实体门店体验相结合的方式,使消费者可以在家里通过线上平台选购商品,线下实体门店提供商品体验、试穿、试用、提货等服务。这种模式既能满足消费者线上购物的便利性,又能让消费者享受到线下实体门店提供的真实、直观的消费体验,实现了线上线下融合。

O2O模式的优势在于既能利用线上平台的便利性,又能提供线下实体门店的真实感受,同时也可以通过线下门店提供的服务来促进用户的忠诚度和复购率。阿里巴巴集团旗下的菜鸟网络,利用O2O模式开展了零售物流服务,通过线上平台提供物流服务,线下实体门店提供配送和自提服务,成为新零售的代表性企业。

> **案例与思考3.4**
>
> *银泰百货的新零售模式*
>
> 银泰百货由沈国军在杭州于1998年创立。在新零售时代,银泰百货结伴阿里巴巴,借助科技赋能,依托大数据、AI等技术,进行数字化转型,大力打造各类体验场景,引发消费者共鸣,给消费者提供不同以往的体验与感受;同时,通过数字化增强与消费者之间的多方位互动,利用大数据进行信息关联,消费者在银泰百货获得的是全方位的服务体验。至今,银泰百货已成为传统零售业与互联网融合的典范。
>
> (1)全面数字化,运用大数据为消费者提供场景数字化体验,主要包括3个方面:会员数字化、交易数字化、商品数字化。优化门店比例,多业态互补,打造强大体验空间。
>
> (2)银泰百货在各个渠道开拓了更多样化的新零售模式,其中包括银泰西选、"ONINE"零食馆、家时代、生活选集。
>
> (3)线上线下深度融合,支付方式便捷,创造全新购物体验。银泰百货创立了网上商城喵街App,消费者在喵街App上可以查询到银泰百货的商品信息和促销信息。银泰百货还在店内设置了触摸屏,可以进行网上订单查询和预订提货、送货服务。
>
> *启发思考:(1)新零售背景下银泰百货的体验营销策略有哪些?*
> *(2)通过分析银泰百货新零售模式的成功案例,简述当代大学生应当如何理解创新的重要性。(课程思政)*

2. 社交电商模式

社交电商模式是以社交平台为基础,将社交关系和购物结合起来的商业模式。社交电商模式以社交媒体为载体,利用社交关系和社交群体的力量,通过社交推广、社交裂变等方式，提高品牌的知名度和销售量。

在社交电商模式下，消费者不再是孤独地购物，而是通过社交平台参与到购物的过程中。在购物过程中，消费者可以和好友互动、分享商品、评价商品等。社交电商模式的核心优势在于社交网络的裂变效应，通过社交关系的传播，可以迅速提高品牌知名度和销售量。新零售下微信、QQ、微博、直播等社交工具成了零售信息能得到更广泛传播的载体。

3. 智能零售模式

智能零售模式是一种基于物联网技术、人工智能技术等高科技手段的零售模式。智能零售模式通过物联网技术和人工智能技术的应用，实现商品的智能化管理和智能化服务，从而提高零售业的效率和服务质量。

智能零售模式可以通过大数据分析和智能化的管理手段，了解消费者的需求和购物习惯，从而为消费者提供个性化、定制化的服务。例如，在智能零售店中，消费者可以通过人脸识别技术进行身份认证，并根据消费者的购买历史、喜好等信息进行个性化推荐，提高消费者的购物体验和满意度。

智能零售模式的优势在于提高了零售业的效率和服务质量，同时也为消费者提供了更好的购物体验和服务。例如，阿里巴巴集团旗下的"盒马鲜生"利用人工智能和物联网技术，实现了商品的智能化管理和智能化服务，消费者可以通过手机 App 进行在线购物、配送和自提服务。

案例与思考 3.5

生鲜电商新零售企业代表——盒马鲜生

盒马鲜生是一家支付宝会员生鲜体验店，是阿里巴巴集团投资的新零售项目，其采用"线上电商+线下门店"经营模式，门店承载的功能较传统零售进一步增加，融"生鲜超市+餐饮体验+物流配送"为一体。盒马鲜生作为线上线下深度融合的代表企业，采用 App "电商平台+盒马门店"的经营模式，并以盒马鲜生实体门店作为核心载体与引流入口，从而进行线上线下的融合打造。盒马店以其"生鲜商超+餐饮体验""生鲜配送+餐饮外卖"为特色，积极构建深度体验式的场景化营销体验场所，不断提升其商品品质，满足各类消费人群的多样化、个性化消费需求及消费体验。

这种商业模式完美诠释了马云对于新零售"线上+线下+物流"的最初构想，盒马鲜生利用大数据、移动互联、物联网等新兴技术，实现了"人、货、场"的最佳匹配。盒马鲜生一出现，不仅成了人们眼中的"网红店"，还为传统超市的转型升级提供了参考样本。

启发思考：（1）盒马鲜生是如何实现线下体验的？

（2）通过学习盒马鲜生的成功案例，简述当代大学生应如何树立创新创业意识。（课程思政）

---

4. 跨境电商模式

跨境电商模式是一种利用互联网和数字技术，将国内商品销售到国外的商业模式。跨境电商模式通过数字化的销售渠道和物流体系，可以让消费者在海外购买到更加优质、更加便宜的商品。

跨境电商模式的优势在于拓展了市场和消费群体，为国内企业提供了更多的发展机会。同时，跨境电商模式也可以带动国内商品的升级和优化，提高了国内产品的国际竞争力。

5. 共享经济模式

共享经济模式是一种基于互联网和数字技术，以共享为核心理念的经济模式。共享经济模式以共享资源、共享服务、共享消费等方式，实现资源的最大化利用和社会价值的最大化。

共享经济模式在零售业的应用主要体现在共享物流、共享仓储和共享店面等方面。例如，零售企业可以通过共享仓储和物流设施，降低仓储和物流成本；零售企业也可以通过共享店面，实现资源共享和业务合作。共享经济的优势在于提高了资源的利用效率，降低了企业的运营成本，同时为消费者提供了更加便捷、灵活的服务。

案例与思考 3.6

沃尔玛新零售模式

沃尔玛是一个非常大的线下门店零售商，随着新零售的到来，沃尔玛也开始改变营销模式。沃尔玛正式搭建新零售平台，将 4600 家门店全部投入电子商务，这或将掀起全球"新零售"大潮。在"互联网+"的背景下，线下消费如线上一样，只需动动手指即可下单，但比线上更方便的是可以实际触及商品本身，这也正是沃尔玛看中的一大实体店优势。而且，消费者也可以实体店为窗口及时反馈消费需求，再依靠大数据的分析模型，反馈最真实的市场消费需求，引导生产制造。

然而，"新零售"需要线上、线下与物流相结合，并以互联网为依托，通过运用大数据、人工智能等技术手段，对商品的生产、流通、销售过程进行升级改造，进而重塑业态结构与生态圈，并对线上服务、线下体验及现代物流进行深度融合。沃尔玛物流配送中心广泛采用沃尔玛的全球物流系统，在货物分拣过程中采用了声控技术，整个分货过程完全采用人机对话及无纸化的作业模式，在实现了科技、效率、准确率提升的同时，也有利于环保减排，并使得仓库内的货流更加顺畅、准确和快捷。

启发思考：（1）简述沃尔玛新零售模式的特点。
（2）通过分析沃尔玛新零售模式的成功案例，简述当代大学生应如何培养礼貌、友好、理解和尊重消费者的精神。（课程思政）

💡 思政案例

天猫小店大数据赋能	课程思政
零售新格局、新势力、新模式，聚焦新产品、新渠道、新生活方式，以互联网、大数据、云计算为代表的新技术推动零售蓬勃发展，方兴未艾。 发展消费新场景，将是零售业顺应消费升级趋势、创新发展的重要方向和领域。物联网及移动支付的普及，消费升级碰上懒人经济，人们的需求产生了变化。不费力地获得高质量商品成为年轻人的消费诉求，于是便利店顺理成章地成为这类需求的载体。	阿里巴巴的创新创业精神

与其说便利店是一个购物场所，不如说它更像一种文化现象。在寒冷的夜晚，便利店明亮的灯光可以带给人安全感，这里可以是深夜食堂，也可以是城市过客的收容所。	树立服务意识，全方位为用户服务
天猫小店源于品牌创始人对新零售文化追求而产生的灵感。新零售有一种特别的香味，闻起来特别舒服，口感有回味略有苦涩，就好像青春的味道，饱含着甜蜜、自由、奋斗和未来。	
天猫小店加盟将传统产品与休闲文化融为一体，让消费者在品尝优质产品的同时，得到更健康、更具有文化特色、更有活力的新零售体验。现在不仅可以送货上门，还可以采用网上订购的方式，让用户轻松品尝到新鲜的产品。	网络搭起沟通的桥梁
天猫小店作为新零售行业优质品牌，轻奢的小资情调、轻潮的风范，带给每位到店的顾客美味的产品和温馨的服务。其率先打出了新零售与甜点完美结合的经营方式，深受消费者的喜爱，一款美味的熟食再加一块美味的蛋糕，给客户带来全新的感觉，这里不仅提供美食，还提供舒适的消费环境，营造出一种轻松舒适的感觉。	新技术使用、企业社会责任、诚信经营
天猫小店加盟凭借自有的核心技术、专业的研发队伍、先进的新零售设备和标准的生产流水线，为满足消费者追求健康潮流，坚持对新零售不断研发和推陈出新，拥有核心配方产品300余款，30个大类产品线，上千个产品种类。	大数据时代高新技术的应用
思考讨论：（1）阐述天猫小店的新零售模式。 （2）作为新一代大学生，应如何培养自己的创新能力和团队合作能力，增强社会责任感。（课程思政）	

本章小结

本章介绍了 B2C、C2C、B2B 三种电子商务模式及新零售等相关内容。通过学习了解电子商务模式的概念、分类、基本的业务流程，熟悉不同电子商务模式中的典型企业或平台，掌握新零售的概念及主要特征、新零售的框架及商业模式等内容。

学习与思考

一、名词解释

B2C 电子商务　　B2B 电子商务　　C2C 电子商务　　新零售

二、单选题

1. B2C 电子商务模式可以分为两种，第一种是有形商品的交易，第二种是（　　）。
   A．拍卖和竞拍　　　B．无形商品的交易　　C．线下批发　　　D．实物交易
2. 网上订阅模式是（　　）。
   A．无形商品和服务的电子商务　　　　　B．有形商品和服务的电子商务
   C．跨境电子商务　　　　　　　　　　　D．移动电子商务

3．下面（　　）交易平台属于 C2C 电子商务模式。
A．当当网　　　　B．京东　　　　C．淘宝网　　　　D．亚马逊
4．新零售可总结为"线上+线下+物流，其核心是以消费者为中心的会员、（　　）、库存、服务等方面数据的全面打通"。
A．支付　　　　B．订单　　　　C．售后　　　　D．物流
5．下面（　　）交易平台属于综合型 B2B 电子商务网站。
A．易贝　　　　B．天猫　　　　C．阿里巴巴　　　　D．淘宝
6．新零售的本质是对人、货、（　　）三者关系的重构。
A．电子现金　　　　B．数据　　　　C．场　　　　D．流量

三、多选题

1．按企业和消费者之间的买卖关系分类，B2C 电子商务的模式可分为（　　）。
A．卖方企业—买方个人的电子商务　　B．双方都是买方企业的电子商务
C．双方都是卖方企业的电子商务　　　D．买方企业—卖方个人的电子商务
2．B2C 电子商务网站的盈利模式有（　　）。
A．产品销售模式　　　　　　　　B．网络广告模式
C．会员费　　　　　　　　　　　D．网站的间接收益模式
3．C2C 电子商务的盈利模式有（　　）。
A．广告收入　　B．会员服务收入　　C．增值服务收入　　D．平台维护收入
4．新零售的主要特征有（　　）。
A．渠道一体化　　B．经营数字化　　C．门店智能化　　D．商品社会化
E．物流智能化
5．新零售的商业模式有（　　）。
A．O2O 模式　　B．社交电商模式　　C．智能零售模式　　D．跨境电商模式

四、思考题

1．简述 B2C 电子商务模式的特点。
2．试分析综合型 B2B 电子商务网站的盈利模式。
3．简述新零售电子商务模式的逻辑框架。

技能训练

1．在当当网上购买一件商品，从查找商品、网上支付到商品物流跟踪查询、签收，写出操作流程（对关键步骤进行截图、拍照，整理在一个 Word 文档中，并对每张截图进行简单说明）。

2．在闲鱼网上拍卖一件商品，将会员注册、登记商品、发布商品等一系列操作流程，以文字、截图等形式整理在一个 Word 文档中，并对每张截图进行简单说明。

第四章
电子支付

学习目标

（1）了解电子支付的概念、类型及功能。
（2）了解电子支付的一般流程。
（3）会使用信用卡、电子现金、电子钱包、智能卡、电子支票。
（4）会使用电子支付工具及第三方支付平台。

知识框架图

- 电子支付
  - 电子支付概述
    - 电子支付的概念、发展阶段和特点
    - 电子支付的类型及功能
    - 电子支付系统
  - 电子支付工具
    - 信用卡
    - 电子现金
    - 电子钱包
    - 智能卡
    - 电子支票
  - 第三方支付
    - 第三方支付简介
    - 第三方支付平台的交易流程
    - 典型的第三方支付平台
  - 网上银行
    - 网上银行的概念
    - 网上银行的特点
    - 网上银行的业务

思政目标

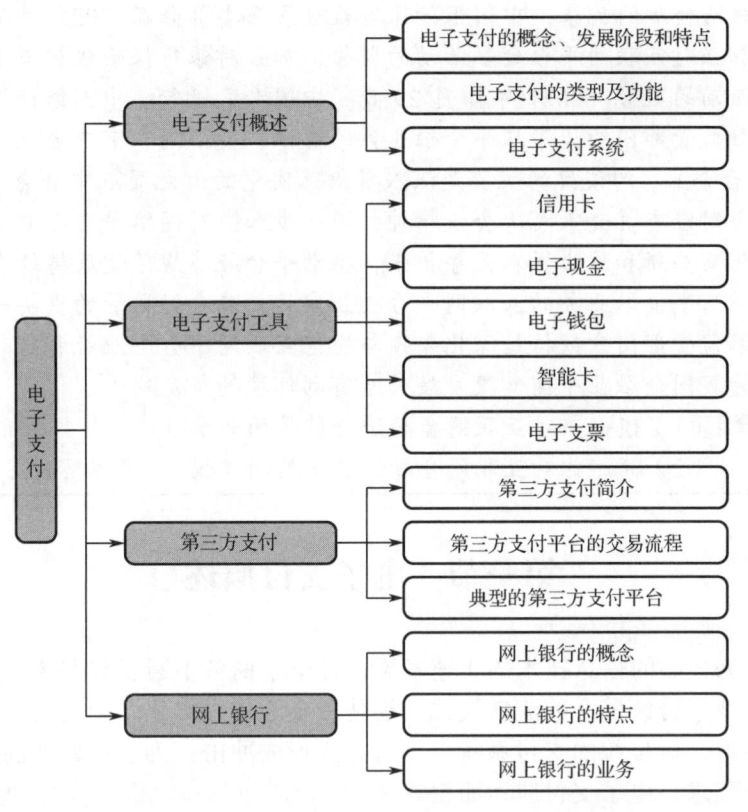

（1）具有实事求是的优良作风。
（2）增强民族自信心和创新意识。
（3）为服务业转型升级注入新动力。
（4）理性消费，拒绝网贷。

引导案例

互联网金融监管，要便捷也要安全

伴随着互联网技术的革新，互联网金融如火如荼地发展，极大地提高了人们日常生活中支付的效率。然而，部分互联网金融从业机构法律意识缺失，不法分子打着金融创新的幌子从事非法集资、传销、诈骗等违法犯罪活动，严重危害了我国民众的权益。

以互联网金融名义实施的各类违法犯罪活动，行踪更加隐蔽，吸收资金速度更快、金额更大，危害更严重。此前，有大量P2P网贷平台倒闭、"跑路"，导致参与者损失惨重。还有一些违法分子把传统投资理财模式装进互联网金融的"新瓶子"，短时间内非法集资涉案金额达到数百亿元，受害者人数数以十万计。2019年，央视"3·15"晚会曝光了"714高炮"网贷、高额"砍头息"和逾期费用及暴力催收方式等，互联网金融行业的乱象再次引起关注，相关非法金融活动导致风险快速聚集，严重扰乱经济金融和社会秩序。

针对互联网金融的乱象，中国银行保险监督管理委员会在 2021 年工作会议中强调，要切实加强对互联网平台金融活动的监管，加强对银行保险机构与互联网平台合作开展金融活动的监管。2021 年 4 月 29 日，中国人民银行、中国银行保险监督管理委员会等金融监管部门约谈了从事金融业务的腾讯、度小满、京东金融、字节跳动等 13 家网络平台企业，约谈目的主要是深入贯彻落实党的十九届五中全会、中央经济工作会议及中央财经委员会第九次会议精神，进一步加强对网络平台企业从事金融业务的监管，强化反垄断和防止资本无序扩张，推动平台经济规范健康持续发展。专家认为，此举是对从事金融业务的互联网平台企业实施精确金融监管的重要一环，充分表明了我国金融监管部门意欲持续深化整顿与规范互联网平台企业经营行为、防范化解金融风险、为我国金融业平衡健康发展营造有利环境的坚定决心。

启发思考：（1）谈一谈对互联网金融进行监管的必要性。
（2）简述你对互联网金融健康发展的建议。（课程思政）

第一节　电子支付概述

以互联网为核心的信息技术的飞速发展，使电子商务不断发展并渗透到经济活动的各个领域，改变了传统资金的流转模式，也使资金运作虚拟化、网络化，资金流转更加高效、成本更低，对传统的支付系统、支付方式形成冲击。为了更好地满足电子商务对支付与结算的需求，电子支付应运而生。

一、电子支付的概念、发展阶段和特点

1. 电子支付的概念

电子支付（Electronic Payment）是指从事电子商务交易的当事人，包括消费者、厂商和金融机构，通过信息网络，使用安全的信息传输手段和数字化方式进行货币支付或资金流转的行为。

1989 年，美国法律学会批准的《统一商业法规》对电子支付的定义如下：电子支付是指支付命令发送方把存放于商业银行的资金，通过一条线路划入收益方开户银行，以支付给收益方的一系列转移过程。

2. 电子支付的发展阶段

电子支付的发展包括如下 5 个阶段。

第一阶段是银行利用计算机处理银行之间的业务，办理结算，如工商银行实时电子汇兑系统。

第二阶段是银行计算机与其他机构计算机之间资金的结算，如代发工资、代缴费用等业务。

第三阶段是利用网络终端向客户提供各项银行服务，如自助银行。

第四阶段是利用银行销售终端向客户提供自动的扣款服务。这是现阶段电子支付的主要方式。

第五阶段是最新阶段,是基于互联网的电子支付,它将第四阶段的电子支付系统与互联网整合,实现随时随地可以通过互联网进行直接转账结算,形成电子商务交易支付平台。

3. 电子支付的特点

与传统的支付方式相比,电子支付具有以下4个特点。

1)数字传输的支付方式

电子支付采用先进的技术通过数字流转来完成支付信息传输;而传统的支付方式则通过现金的流转、票据的转让及银行的转账等实体形式完成支付信息的传输。

2)开放的系统平台作为工作环境

电子支付的工作环境基于一个开放的系统平台(互联网);而传统支付则是在较为封闭的系统中运作的。

3)现代化的计算机系统作为支付设备要求

电子支付使用的是最先进的通信手段,如互联网、外联网,而传统支付使用的则是传统的通信媒介;电子支付对软、硬件设施的要求很高,一般要求有联网的计算机、相关的软件及其他一些配套设施,而传统支付则没有这么高的要求。

4)超高的支付效率

电子支付具有方便、快捷、高效的优势。用户只要拥有一台能上网的计算机,便可足不出户,在很短的时间内完成整个支付过程。

在电子商务中,支付过程是整个电子商务活动中非常重要的一个环节,同时也是电子商务中准确性、安全性要求最高的业务过程。电子支付的资金流是一种业务过程,而非一种技术,但是在进行电子支付活动的过程中会涉及很多技术问题。

二、电子支付的类型及功能

1. 电子支付的类型

电子支付的类型按电子支付指令发起方式分为网上支付、电话支付、移动支付。

1)网上支付

网上支付是电子支付的一种形式。从广义上讲,网上支付是以互联网为基础,利用银行所支持的某种数字金融工具,发生在购买者和销售者之间的金融交换,而实现从购买者到金融机构、商家之间的在线货币支付、现金流转、资金清算、查询统计等过程,由此为电子商务服务和其他服务提供金融支持。

2)电话支付

电话支付是电子支付的一种线下实现形式,是指消费者使用电话(如固定电话、手机)或其他类似电话的终端设备,通过银行系统就能从个人银行账户中直接完成付款的方式。

3）移动支付

移动支付是使用移动设备通过无线方式完成支付行为的一种新型的支付方式。移动支付所使用的移动终端可以是手机、PDA等。

2. 电子支付的功能

1）认证交易双方、防止支付欺诈

电子支付能够使用数字签名和数字证书等实现对网上商务活动的各方认证，以防止支付欺诈；对参与网上商务活动的各方身份的有效性进行认证，通过认证机构或注册机构向参与各方发放数字证书，以证实其身份的合法性。

2）加密信息流

电子支付可以采用单密钥体制或双密钥体制进行信息的加密和解密，可以采用数字信封、数字签名等技术加强数据传输的保密性与完整性，防止未被授权的第三方获取信息的真正含义。

3）确认支付电子信息的真伪性

为了保护数据不被未授权者建立、嵌入、删除、篡改、重放等，完整无缺地到达接收者一方，电子支付可以采用数据摘要技术，防止伪造、假冒等欺骗行为。

4）保证交易行为和业务的不可抵赖性

当网上交易双方出现纠纷，特别是有关支付结算的纠纷时，系统能够保证对相关行为或业务的不可否认性。网络支付系统必须在交易的过程中生成或提供足够充分的证据来迅速辨别纠纷中的是非，可以用数字签名等技术来实现。

5）处理网络贸易业务的多边支付问题

支付结算牵涉客户、商家和银行等多方，传送的购货信息与支付指令信息必须连接在一起，因为商家只有确认了支付信息后才会继续交易，银行也只有确认支付指令后才会提供支付。为了保证安全，商家不能读取客户的支付指令，银行不能读取商家的购货信息，这种多边支付的关系能够借用系统提供的诸如双重数字签名等技术来实现。

6）提高支付效率

整个网络支付结算过程对网上贸易各方，特别是对客户来讲，应该是方便易用的，手续与过程不能太烦琐，应该让商家与客户感到快捷，这样才能体现电子商务的效率，发挥网络支付的优点。

三、电子支付系统

1. 电子支付系统的基本构成

电子支付几乎涉及电子商务活动的所有实体，它的实现需要一个由网络连接的所有实体组成的复杂体系的支持。图4.1所示为电子支付参与各方全视图。

归纳起来，电子支付系统的基本构成包括支付活动参与主体、支付工具及遵循的支付协议等几个部分，如图4.2所示。

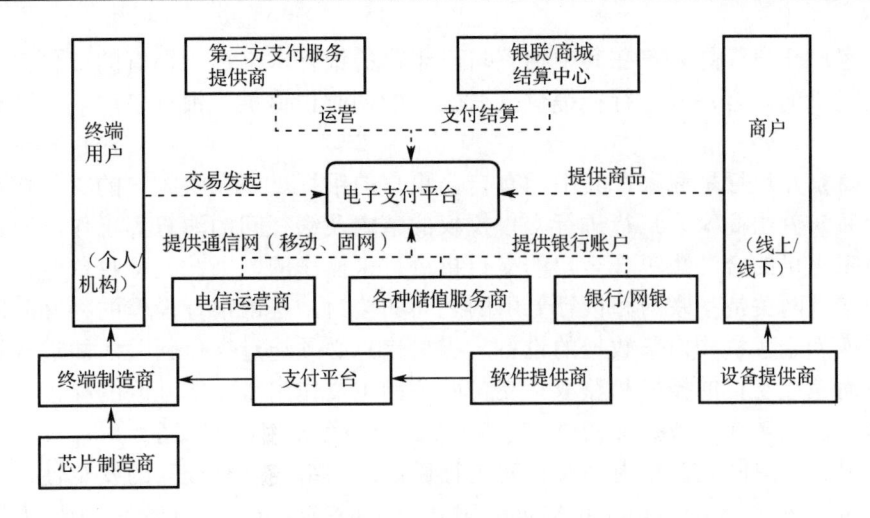

图 4.1　电子支付参与各方全视图

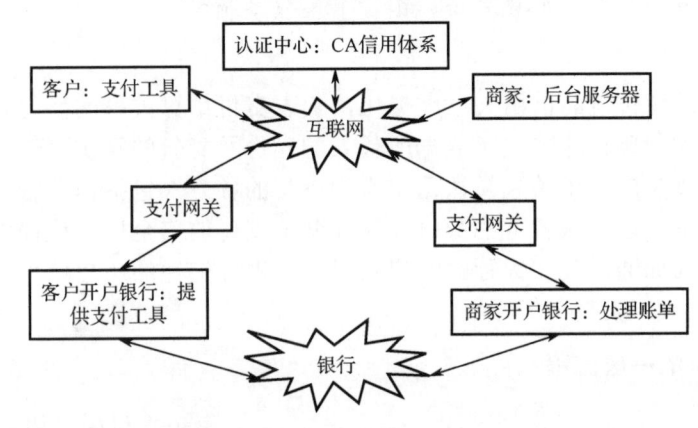

图 4.2　电子支付系统的基本构成

其中，支付活动的参与主体包括客户、商家、银行和认证中心（Certificate Authority，CA）。为了保障电子商务的安全性，一些公司和机构制定了电子商务安全协议来规范在互联网上从事商务活动的流程。电子支付中用到的协议主要有安全套接层（Secure Socket Layer，SSL）协议和安全电子交易（Secure Electronic Transaction，SET）协议。下面重点分析电子支付活动的参与主体。

1）客户

客户一般是指商品交易中负有债务的一方。客户使用支付工具进行网上支付，是支付系统运作的原因和起点。

2）商家

商家是商品交易中拥有债权的一方。商家可以根据客户发出的支付指令向金融体系请求资金入账。

3）银行

各种支付工具都要依托银行信用，没有信用便无法运行。作为参与方的银行方面会涉及客户开户行、商家开户行、支付网关和银行专用网等主体。

（1）客户开户行是客户在其中拥有自己账户的银行，客户所拥有的支付工具一般是由开户行提供的。客户开户行在提供支付工具的同时也提供了银行信用，保证支付工具的兑付。

（2）商家开户行是商家在其中拥有自己账户的银行。商家将客户的支付指令提交给其开户行后，就由商家开户行进行支付授权的请求及银行间的清算等工作。商家开户行是依据商家提供的合法账单（客户的支付指令）来操作的，因此又称收单行。

（3）支付网关是互联网和银行专用网之间的接口，是由银行操作的将互联网上的传输数据转换为金融机构内部数据的设备。支付信息必须通过支付网关才能进入银行支付系统，进而完成支付的授权和获取。支付网关的主要作用是完成互联网和银行专用网之间的通信、协议转换和数据加密/解密，以及保护银行专用网的安全。

（4）银行专用网是银行内部及行间进行通信的网络，具有较高的安全性，包括中国现代化支付系统（China National Advanced Payment System，CNAPS）、中国人民银行电子联行系统、工商银行电子汇兑系统、银行卡授权系统等。

4）认证中心

电子支付系统使传统的信用关系虚拟化，代表支付结算关系的参与者只不过是网络上的电子数据。如何确认这些电子数据所代表的身份及身份的真实可信性，就需要建立认证体系来确保真实的信用关系。认证中心为参与的各方（包括消费者、商家与支付网关）发放数字证书，以确认各方的身份，保证网上支付的安全性。认证中心必须确认参与者的资信状况（如通过其在银行的账户状况、与银行交往的历史信用记录等来判断），因此离不开银行的参与。

2．电子支付的一般流程

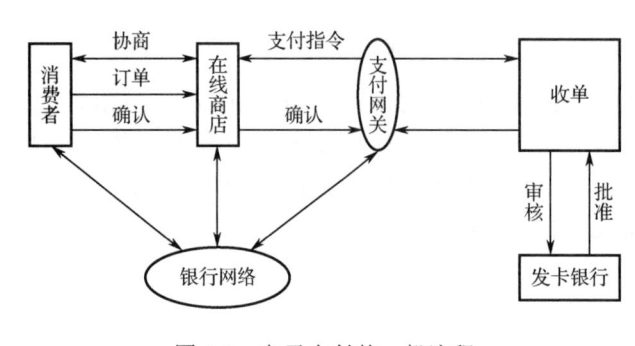

图 4.3　电子支付的一般流程

电子支付的一般流程如图 4.3 所示。消费者浏览在线商店的商品目录，通过与商家协商选定商品，然后，选择结算方式，填写订单，提交给商家。商家据此要求消费者的银行对支付指令进行审核和授权。得到授权后，商家向消费者发出装运和结算的确认。接着，商家按订单装运货物或提供所要求的服务。最后，商家要求消费者的支付账户银行进行结算。

总之，电子支付的流程主要包括支付的发起、支付指令的交换、支付的结算等环节。

3．电子支付系统的种类

虽然电子支付系统发展的方向是兼容多种支付工具，但事实上做到这一点是比较困难的。因为各种支付工具之间有着较大的差异，在支付流程上也各不相同。从目前开发出来的各种支付系统来看，一般也只是针对某一种支付工具设计的。例如，安全电子交易协议针对的是信用卡，美国金融服务技术联合会（Financial Services Technology Consortium，FSTC）研制的电子支票支付系统针对的是电子支票，英国国民西敏寺银行集团研制的电子钱包 Mondex 针对的是电子现金。根据系统中使用的支付工具不同，可以将电子支付系统大致分为 3 类：信用卡在线支付系统、电子转账支付系统和电子现金支付系统。

1）信用卡在线支付系统

信用卡在线支付系统是按照安全电子交易协议标准建立起来的一整套购物及支付系统。它的特点如下：每张卡对应着一个账户，资金的支付最终是通过转账实现的，由于在消费中实行"先消费，后付款"的办法，因此，对信用卡账户的处理是滞后于贷款支付的。也就是说，购物支付是通过银行提供消费信贷来完成的，对信用卡账户的处理还是事后的事情，因此属于"延迟付款"一类，与电子转账有实质上的不同。信用卡支付系统需要采用在线操作，可以透支。目前，国内多家银行都设立了这种用于在线支付的银行卡，具有安全、方便的特点，是目前国内网上购物实现在线支付的主要手段。

2）电子转账支付系统

电子转账支付系统的特点如下：支付过程中的操作直接针对账户，对账户的处理意味着支付的进行，是一种"即时付款"的支付办法。在支付过程中由于发起人不同，又可分为付款人启动的支付和接收人启动的支付。在此系统中，付款人对支付的确认意义十分重要，这就需要一些确认的手段（如支票）。于是这一系统又包括直接转账的支付系统和电子支票支付系统。由于涉及账户，因此，此系统也必须在线操作，但不允许透支。

3）电子现金支付系统

电子现金支付系统的特点如下：支付过程中不直接对应任何账户，持有者事先预付资金，便可获得相应货币值的电子现金（智能卡或硬盘文件）。因此，可以离线操作，是一种"预先付款"的支付系统。

第二节　电子支付工具

目前使用较多的电子支付工具有信用卡、电子现金、电子钱包、智能卡、电子支票等。这些支付工具的共同特点是将现金或货币无纸化、电子化和数字化，利用网络传输进行支付结算，这样利于实现电子支付和在线支付。

一、信用卡

信用卡于 1915 年起源于美国，至今已有 100 多年的历史，目前在发达国家及地区已成为一种普遍使用的支付工具和信贷工具。信用卡支付使人们的结算方式、消费模式和消费观念发生了根本性的改变。

1. 信用卡的概念

信用卡是金融服务的常见方式，也是目前应用较为广泛的电子结算方式。银行发行最多的是信用卡，它采用联网设备在线刷卡记账、电子收款机系统（POS）结账、自动柜员机（ATM）提取现金等方式进行支付。信用卡是市场经济与计算机通信技术相结合的产物，是一种特殊的金融商品和金融工具。

从广义上说，凡是能够为持卡人提供信用证明、持卡人可以凭卡购物消费或者享受特定服务的特制卡片均可称为信用卡。

从狭义上说，国外的信用卡主要是指由银行或其他财务机构发行的贷记卡，是先消费后还款的信用卡；国内的信用卡主要是指贷记卡或准贷记卡（先存款后消费，允许小额、善意透支的信用卡）。

信用卡是由附有信用证明和防伪标识的特殊塑料制成的卡片，国际统一标准为长 85.720mm、宽 53.975mm、厚 0.762mm。信用卡正面印有发卡银行（或机构）的名称、图案、简要说明、打制的卡号、有效期、持卡人姓名、性别、发卡银行名称缩写，背面附有磁条和签名条，还可印上持卡人的彩色照片和证件号码等。

招商银行信用卡和中国银行信用卡分别如图 4.4 和图 4.5 所示。

图 4.4　招商银行信用卡

图 4.5　中国银行信用卡

2. 信用卡的功能

1）直接消费功能

直接消费功能是信用卡的基本功能。持卡人在标有发卡银行的特约商家（包括商店、宾馆、机场、医院等场所）消费时，只需出示身份证件即可用卡代替现金消费结账，或者利用 POS 系统通过专线即时支付。随着互联网的普及，信用卡借助网络平台可实现在线支付而无须 POS 机等辅助设备。

2）通存通兑功能

凭信用卡可在工作时间到发卡银行指定的任何营业机构（如同城或异地储蓄所）存、取款，也可以在 24 小时 ATM、在线家庭银行等办理存、取款业务。用信用卡办理存、取款手续比使用存折方便，它不受存款地点和存款储蓄所的限制，可在所有开办信用卡业务的城市通存通取。信用卡账户内的保证金、备用金及其他各种存款视同储蓄存款，按规定利率计息。

3）转账与支付结算功能

持卡人凭卡可在发卡银行的营业机构从自己的账户转账付款，也可利用 ATM 或电话银行、网络银行等将信用卡账户的资金转至其他账户。

4）透支信贷功能

对于使用信用卡的用户，在其购物消费的过程中，所支付的费用超过其信用卡存款账户余额时，在规定的限额范围内，发卡银行允许持卡人进行短期的透支行为，即透支一定金额的款项，这是发行信用卡的银行向客户提供的消费信贷。当然，发行信用卡的银行对信用卡透支款项收取的利息一般比同期银行贷款利率高，在给信用卡持有者提供透支款项之便利的同时，发行银行也运用利率杠杆加以限制。

3. 信用卡网上支付流程

信用卡网上支付流程如下所述（以淘宝网为例）。

第一步：在淘宝网上找到支持信用卡支付的商品，然后找到信用卡支付的标志，如图 4.6 所示。

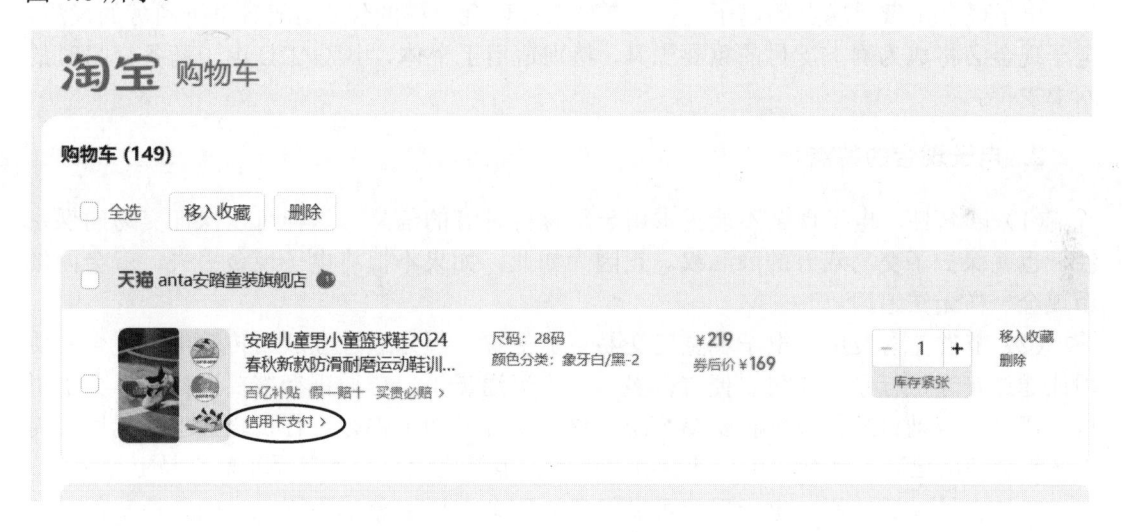

图 4.6　寻找支持信用卡支付的商品

第二步：单击"立刻购买"按钮，填写详细地址和购买信息后，选择"信用卡支付"。进入支付宝付款页面，如图 4.7 所示。

第三步：第一次使用信用卡付款时，单击"立即开通"按钮，用支付宝扫一扫，进入信息维护页面，填写真实姓名、身份证号码、银行卡卡号和手机号码等信息。

第四步：单击"同意协议并确定"按钮，完成支付宝绑定信用卡操作。

第五步：在支付货款时可以按正常的操作步骤完成货款支付流程。

第六步：如果用户已经使用过信用卡支付，那么接下来的操作与银行卡支付货款是相同的。

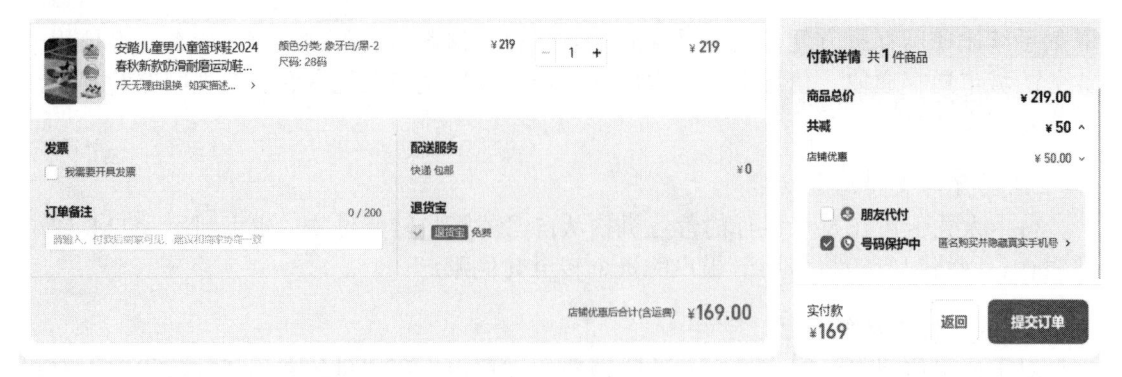

图 4.7　支付宝付款页面

二、电子现金

1. 电子现金的概念

用一定金额的现金或存款从发行者处兑换并获得代表相同金额的数据，通过使用某些电子化方法将该数据直接转换给支付对象，从而能够清偿债务，这就是电子现金的使用。电子现金模拟了现实世界中的货币功能，并采用数字签名等安全技术来保证电子现金的真实性和不可伪造性。从国家金融机构来看，电子现金比实际现金有更多的优点。

电子现金是纸币现金的电子化，具有与纸币现金一样的优点。随着电子商务的发展，电子现金必将成为网上支付的重要工具，特别适用于个体、小额 C2C 电子商务交易时的网上支付。

2. 电子现金的特点

（1）匿名性。电子现金不能提供用于跟踪持有者的信息，这样可以保证交易的保密性，也就保护了交易双方的隐私权。正因为如此，如果不慎将电子现金丢失，就会同纸币现金一样无法追回。

（2）节省交易费用。电子现金使交易更加便宜，因为通过互联网传输电子现金的费用比通过普通银行系统支付要便宜得多。为了流通货币，普通银行需要维持许多分支机构、职员、自动付款机及各种交易系统，这一切都增加了银行进行资金处理的费用。而电子现金利用已有的网络和用户计算机，因此，消耗比较小，尤其是小额交易更加划算。

（3）支付灵活方便。电子现金可以像普通现金一样细分成不同大小的货币单位，使得其在商品交易中，尤其是在小额交易中更具有方便性。

（4）存储安全。电子现金能够安全地存储在用户的计算机或 IC 卡中，并且可方便地在网上传输。

3. 电子现金网上支付流程

电子现金的支付流程包括 4 个步骤，如下所述。

第一步：购买电子现金。消费者在电子现金发行银行开立账户，通过在线或前往银行柜台向账户存入现金，购买电子现金。电子现金软件将现金分成若干成包的硬币，产生随机号码，随机号码加上银行使用私钥进行的电子签名，形成电子现金（数字货币）。

第二步：用电子现金购买商品或服务。消费者向同意接收电子现金的商家购买商品或服务，用卖方的公钥加密电子现金后，传送给卖方。

第三步：资金清算。接收电子现金的商家与电子现金发行银行之间进行清算，电子现金发行银行将消费者购买商品的钱支付给卖方。

第四步：确认订单。卖方获得付款后，向消费者发送订单确认信息。

三、电子钱包

1. 电子钱包简介

电子钱包是电子商务购物活动中常用的一种支付工具，其适用于小额购物。在电子钱包内存放的电子货币有电子现金、电子零钱、电子信用卡等。使用电子钱包购物，通常需要在电子钱包服务系统中进行。电子商务活动中的电子钱包软件通常都是免费提供的。目前有 VISA Cash 和 Mondex 两大在线电子钱包服务系统。

使用电子钱包的消费者通常要在有关银行开立账户。在使用电子钱包时，将与电子钱包有关的电子钱包应用软件安装到电子商务服务器上，利用电子钱包服务系统就可以把自己的各种电子货币或电子金融卡上的数据输入进去。在发生收付款时，如消费者需用电子信用卡付款，则只要单击相应项目（或相应图标）即可，这种电子支付方式被称为单击式或点击式支付方式。

在电子钱包内只能装入电子货币，即装入电子现金、电子零钱、安全零钱、电子信用卡、在线货币、数字货币等。这些电子支付工具都可以支持单击式支付方式。网银在线电子钱包支付网站如图 4.8 所示。

图 4.8　网银在线电子钱包支付网站

2. 电子钱包的支付流程

电子钱包支付流程的 5 个操作步骤如下所述。

第一步：消费者使用计算机通过互联网连接商家网站，查找购买的物品。

第二步：消费者检查且确认自己的购物清单后，利用电子钱包进行电子支付（实际选择对应的信用卡）。

第三步：如经发卡银行确认后被拒绝且不予授权，则说明此卡余额不足，可换卡再次付款。

第四步：发卡银行证实此卡有效且授权后，后台网络平台将资金转移到商家收单银行的资金账号内，完成结算，并回复商家和客户。

第五步：商家按订单发货，与此同时，商家或银行服务器端记录整个流程中发生的财务与物品数据，供消费者电子钱包管理软件查询。

案例与思考 4.1

管好"电子钱包"密码，谨防财产损失

随着移动支付的普及，"电子钱包"成功取代了钱包的地位，大家也因此逐渐放松了对小偷的警惕。近日，昭苏垦区法院审理了一起因手机支付密码被他人知晓而引发的盗窃案。

在该案中，被告人赛某与被害人布某系同事关系，一次被告人赛某在帮被害人布某充话费的过程中知晓了布某的支付密码。在接下来的一段时间，赛某多次通过布某的微信账号向自己转账，并"细心"地删除了转账记录。可是，常在河边走，哪能不湿鞋！终于，在赛某第八次通过布某的账号向自己转钱时露出了马脚，这次，她忘记了删除转账记录！后知后觉的布某这才前往银行调取了转账记录，并在得知真相后报警。最终，赛某因累计盗窃金额达到 3300 元，达到盗窃罪数额较大的标准，被判处拘役两个月，缓刑三个月，罚金两千元。

赛某认为每次只是悄悄转账几百元，不会构成犯罪，殊不知最终落得如此下场，这正印证了那句话"勿以恶小而为之"。

启发思考：（1）电子钱包的功能有哪些？
（2）通过对该案例的学习，深刻理解"勿以恶小而为之"的道理。（课程思政）

四、智能卡

1. 智能卡简介

智能卡（Smart Card）最早起源于法国，它是一种大小和信用卡相似的塑料卡片，内含一块直径为 1cm 左右的硅芯片，具有存储信息和进行复杂运算的功能。智能卡被广泛应用于电话卡、金融卡、身份识别卡及移动电话领域等。在智能卡上，拥有一整套性能极强的安全保密控制机制，安全控制程序被固化在只读存储器之中，因而具有无法复制和密码读写等可靠的安全保证。在智能卡的芯片上集成了微处理器、存储器及输入、输出单元等。

智能卡可分为存储卡、逻辑加密卡、CPU 卡、Java 卡等。由于 CPU 卡具有存储量大、计算复杂、算法加密等众多优点，所以，已成为金融 IC 卡的技术标准。

2. 智能卡的应用功能

目前，智能卡在专用网络平台（如金融专用平台）与公共网络平台（如互联网上）均能支持多种应用，其主要的应用范围涉及如下 4 个方面。

（1）传统的电子支付：在一些专用网络上的支付，如 IC 电话卡、IC 卡电表、IC 路费卡、IC 卡月票。

（2）互联网上的网络支付：充当硬式电子钱包，存放信用卡号、存折号、电子现金等电子货币及个人的相关信息，通过互联网完成支付。

（3）电子身份识别：能把相关授权信息存放在卡中，控制对门户、应用信息系统、计算机等入口访问。很多银行把网络银行业务中证实客户身份的数字证书等信息做成 IC 卡，这样就提高了密钥、密码的安全性。

（4）信息存储：实时存储和查询持卡人的相关信息，如存储和查询病历、目标跟踪信息或处理验证信息。IC 卡身份证、学生证和病历卡中就存储了大量此类信息。

3. 智能卡的特点

智能卡消除了某种应用系统可能对用户造成不利影响的各种情况，能"记忆"某些信息并以用户的名义提供这种信息。智能卡具有很好的安全性和保密性。使用智能卡，用户不需要携带现金，就可以实现像信用卡一样的功能，而保密性能优于信用卡，因此，智能卡在网上支付系统中应用较多。

4. 智能卡的支付流程

智能卡支付流程如下所述。

1）从银行获得智能卡

消费者首先到提供智能卡的银行开设账户，并将足够的现金存入自己的账户。消费者将智能卡插入刷卡器并输入密码，连接刷卡器的终端向银行发出请求。消费者可以用账户中的现金购买电子现金，并将电子现金下载到自己的智能卡中。

2）使用智能卡进行支付

消费者选择好要购买的商品，将卡插入商家的刷卡器进行支付。这时，商家的结算终端向银行发出结算请求，并将自己的数字签名发送给银行。如果银行验证商家的数字签名有效，则从卡中取出等于交易额的电子现金，并将它转到商家的电子现金账户中。

五、电子支票

1. 电子支票的定义

电子支票是纸质支票的电子替代物。电子支票将纸质支票变为带有数字签名的电子报文，或利用其他数字电文代替纸质支票的全部信息。电子支票与纸质支票一样，都是用于支付的一种合法方式，它使用数字签名和自动验证技术来确定其合法性。电子支票上除了必需的收款人姓名、账号、金额和日期，还隐含了加密信息。电子支票通过电子函件直接发送给收款人，收款人从电子邮箱中取出电子支票，并用电子签名签署收到的证实信息，再通过电子函件将电子支票送到银行，把款项存入自己的账户。电子支票是网络银行常用的一种电子支付工具，利用电子支票可以使支票的支付业务和支付过程电子化。

2. 电子支票的优势

（1）电子支票可为新型的在线服务提供便利。电子支票支持新的结算流；可以自动证实交易各方的数字签名；增强每个交易环节中的安全性；以与基于电子数据交换的电子订货集成来实现结算业务的自动化。

（2）电子支票的运作方式与传统支票相同，简化了客户的学习过程。电子支票保留了纸质支票的基本特征和灵活性，又加强了纸质支票的功能，因而易于理解，能得到迅速采用。

（3）电子支票非常适合小额结算。电子支票的加密技术使其比基于非对称的系统更容易处理。收款人和收款人银行、付款人银行能够用公钥证书证明支票的真实性。

（4）电子支票可为企业市场提供服务。企业运用电子支票在网上进行结算，比采用其他方法成本低；由于支票内容可附在贸易伙伴的汇款信息上，所以，电子支票还可以方便地与电子数据交换应用集成起来。

（5）电子支票要求建立准备金制度，而准备金是商务活动的一项重要要求。第三方账户服务器可以向消费者或商家收取交易费来盈利。

（6）电子支票要求把公共网络与金融结算网络连接起来，这就充分发挥了现有的金融结算基础设施和公共网络的作用。

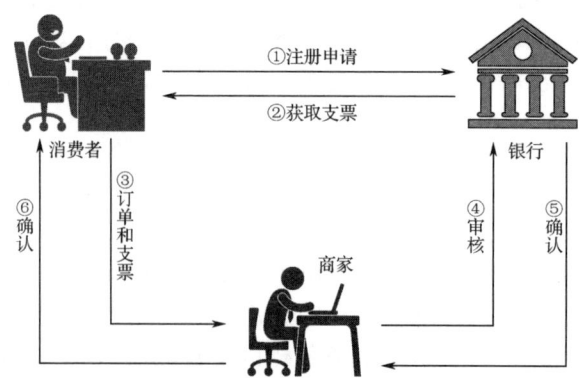

3. 电子支票的支付流程

电子支票的支付流程如下。

第一步：消费者通过网络向银行注册申请电子支票。

第二步：消费者获得银行批准的电子支票。

第三步：消费者购买商家的商品并申请以电子支票方式付款。

第四步：商家将消费者支付货款的电子支票提交给银行进行审核。

第五步：银行对商家发来的消费者的电子支票进行确认。

第六步：商家对消费者的电子支票进行确认，以支付货款。电子支票的支付流程如图 4.9 所示。

图 4.9 电子支票的支付流程

第三节　第三方支付

一、第三方支付简介

1. 第三方支付的含义与优势

第三方支付是指具备一定实力和信誉保障的独立机构，通过与银联或网联对接而促成交易双方进行交易的网络支付模式。

相比网上银行和传统的汇款方式，第三方支付有延期付款功能，消费者可在收到货物后才确认付费，规避了部分网购欺诈风险。商家开通第三方支付账户后，可对接消费者几乎所有的银行卡，免去了传统支付方式中消费者要办理多家银行卡的烦恼，同时也免去了传统支付方式（如去银行、邮局汇款等）烦琐的业务流程。

2. 第三方支付机构的分类

第三方支付机构可以分为中国银联、互联网公司推出的支付产品、独立第三方支付机构三大类别。

（1）中国银联。中国银联提供的第三方支付服务有银联商务 POS 机刷卡、银联在线支付、银联钱包、云闪付 App 等。中国银联成立于 2002 年 3 月，是经国务院同意、中国人民银行批准设立的银行卡联合组织，处于我国银行卡产业的核心地位。

（2）互联网公司推出的支付产品。支付宝、微信支付、QQ 钱包等都是互联网支付产品，它们依托互联网庞大的用户群体，交易形式多样。

（3）独立第三方支付机构。独立第三方支付机构是指不依托于金融机构或大型电子商务平台的独立第三方支付企业，如快钱、易宝支付和汇付天下等。

二、第三方支付平台的交易流程

在第三方支付模式下，商家看不到消费者的银行账户信息，避免了因为银行账户信息在网络上公开传输而导致的银行账户信息被盗的现象。假设商家和消费者均已拥有第三方支付平台账号，下面以 B2C 电子商务交易为例说明第三方支付模式的交易流程，如图 4.10 所示。

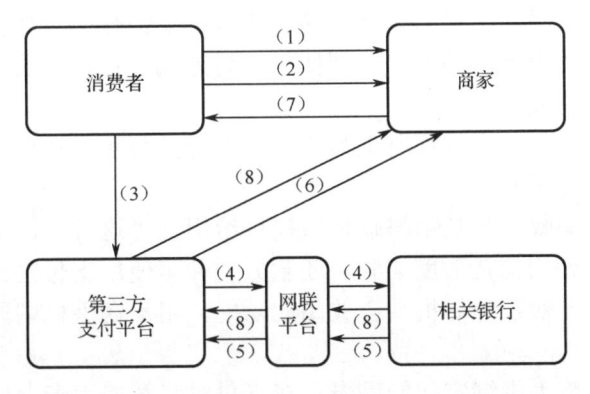

图 4.10　第三方支付模式的交易流程（以 B2C 电子商务交易为例）

(1)消费者浏览检索商家并选择商品。

(2)消费者在商家下订单。

(3)消费者选择第三方支付平台,直接连接到其支付平台上,在支付页面上选择自己需要的支付方式之后,在支付页面进行支付操作。

(4)第三方支付平台将消费者的支付信息按照网联平台支付网关的技术要求传递至网联平台,再由网联平台向银行发起支付请求。

(5)相关银行(银联)检查消费者的支付能力,进行冻结、扣账或划账,并将结果信息传至网联平台,再由网联平台传至第三方支付平台。

(6)第三方支付平台通知商家,消费者已经付款。

(7)商家向消费者发货或提供服务。

(8)各银行和第三方支付机构通过网联平台完成资金清算。

三、典型的第三方支付平台

1. 支付宝

支付宝是阿里巴巴集团旗下的我国第三方支付平台,致力于为企业和个人提供"简单、安全、快速、便捷"的支付解决方案。支付宝公司从2004年建立开始,始终将"信任"作为产品和服务的核心,旗下有支付宝与支付宝钱包两个独立品牌。截至目前,支付宝与国内外180多家银行及VISA、MasterCard国际组织等机构建立了战略合作关系,成为金融机构在电子支付领域最为信任的合作伙伴。

为解决网上支付的隐患和安全问题,支付宝一直在不断加强产品自身的安全性保障,提升安全系数,如启用安全控件、短信校验服务、数字证书、第三方证书、支付盾、宝令、安全保护问题、安全策略、手机安全设置、面部识别支付技术等,在很大程度上保障了用户的账户、交易、隐私等的安全。另外,支付宝的风险控制系统可以在很大程度上保障账户安全,该系统会根据策略对交易风险进行打分,当交易风险过大时,系统会直接拒绝交易。

支付宝的主要支付方式有如下8种。

(1)支付宝账户余额。当用户的支付宝账户中有余额时,用户输入支付密码后可用余额进行网上支付。

(2)网上银行。用户不用前往银行柜台就可以享受全天候、跨地域的银行服务。

(3)银行卡快捷支付。用户无须开通网银即可绑定银行卡,且支付时不受支付额度的限制,与手机绑定验证是一种安全、便捷的支付方式。银行卡快捷支付包括信用卡和借记卡(储蓄卡)快捷支付。

(4)余额宝。余额宝是余额理财工具,其中的资金可随时转出或用于消费,用户转入余额宝的资金可以获得收益。

(5)蚂蚁花呗。蚂蚁花呗是由蚂蚁金服提供给用户"这月买,下月还"的网购借款服务。用户可以免费使用消费额度购物,还款方便并可使用支付宝自动还款。

(6)指纹支付。一般在计算机端会关闭此功能,用户在手机端开启指纹支付后即可使用该功能。

(7)手表支付。将手机绑定智能手表,在支付时将智能手表上的付款码给收银员扫一扫即可完成付款。

（8）刷脸支付。刷脸支付无须使用手机，用户通过商家支付宝设备屏幕上的摄像头即可在 10 秒内完成刷脸支付。支付时用户只需要面对商家 POS 机屏幕上的摄像头，系统会自动将用户面部信息与个人支付宝账户相关联，整个交易过程十分便捷。

除了以上支付方式，支付宝还可以通过话费充值卡、支付宝卡、货到付款等方式完成支付。目前，支付宝已发展成为融合支付、生活服务、政务服务、社交、理财、保险、公益等多个场景与行业的开放性平台。

案例与思考 4.2

刷脸支付的应用

2018 年 12 月，支付宝推出刷脸支付产品——蜻蜓。2019 年 3 月，微信刷脸支付产品——青蛙正式上线，两者都在后期陆续推出了相关的系列产品。为了推广刷脸支付，支付宝和微信先后发布了补贴政策。

在支付宝和微信的全面布局和大力推广下，刷脸支付被广泛普及。相较于二维码支付，刷脸支付的支付场景更为有趣，且更加便捷，如在手提重物的情况下也可以轻松支付。同时，刷脸支付能更好地为商家开源节流。据支付宝统计，一台刷脸设备每天的工作量相当于 3 个收银员，假如 10 个消费者同时结账，传统模式用时约 60 秒，而刷脸支付只需大约 10 秒即可完成。

尽管刷脸支付拥有众多优势，但是目前也有很多消费者对刷脸支付持"观望"态度。这是因为，消费者使用刷脸支付首先要进行面部识别完成身份认证，然后在刷脸支付的应用场景中进行面部扫描确认身份完成支付。这就涉及消费者的隐私问题，如果刷脸支付技术存在较大的漏洞，造成隐私信息泄露，对消费者来说是巨大的安全隐患。

目前，药店、超市、便利店等众多线下零售场景已经开始向消费者提供刷脸支付服务。刷脸支付在全国覆盖的城市已经超过 100 个。随着刷脸收款设备技术的逐步完善，相信在未来，刷脸支付方式将逐渐流行。

启发思考：你使用过刷脸支付吗？通过对刷脸支付的学习，谈谈你对刷脸支付的安全性的认识。（课程思政）

---

2. 微信支付

微信支付是由深圳市腾讯计算机系统有限公司旗下的移动社交通信软件微信联合第三方支付平台财付通推出的移动支付产品。作为第三方支付平台，微信支付一直致力于为个人和企业提供安全、便捷、专业的在线支付服务。微信支付以"微信支付，不止支付"为核心理念，为个人用户创造了多种便民服务和应用场景，为各类企业及小微商户提供了专业的收款能力、运营能力、资金结算解决方案及安全保障。

为保障用户转账支付安全，微信支付设置了防盗机制，如用户在转账时会获得收款方带掩码的实名信息。微信支付对用户转账进行风险监测，在交易时会提醒用户核验收款方真实姓名或者补全收款方实名信息。当存在高风险交易时，微信支付会直接拦截用户的转账操作。为了进一步保障用户权益，微信还通过财付通与中国人民保险集团股份有限公司以联合承保的方式，为用户支付安全提供最高 100 万元的保额。

除了在用户转账环节设置保护机制，微信支付还在安全入口独创"微信支付加密"功能。用户在绑定银行卡时需要验证实名信息和银行预留手机号，绑定银行卡后设置支付密码用于交易验证、大额支付需要验证手机短信，这些操作都为微信支付的安全保驾护航。另外，腾讯大数据支撑微信支付后台，海量的用户数据和云计算能够及时判定用户的支付行为存在的风险（如异地支付、非常用设备支付、QQ号被盗等情况），使微信支付能自动分析和拦截异常支付行为。

微信的主要支付方式有如下4种。

（1）"扫一扫"支付方式。如果是向不认识的人使用微信付款（如商店、超市），那么可以点击微信界面中的"+"，再点击"扫一扫"选项，通过扫描对方的收款码进行付款。

（2）"收付款"支付方式。点击微信主界面中的"+"，再点击"收付款"选项，可以让对方扫描你的付款码来付款（这个付款方式一般大型超市、商场比较适用），这个付款方式是无须输入付款密码就可以付款成功的。

（3）在"收付款"界面中有"二维码收款"选项，点击进去，可以看到二维码，设置好金额让对方扫一下就可以了。这个是无须添加对方为好友就可以向你付款的方式，减少了没有网络却要添加对方成为好友的时间，付款方式更快捷了。

（4）还有一种不用添加对方为好友的收付款方式就是"面对面红包"，点击"包红包"，输入金额，塞钱进红包成功后，就会出现一个二维码，谁扫了这个二维码谁就能收到这个红包了。

3. 云闪付

云闪付是在中国人民银行的指导下推出的一种非现金收付款移动交易结算工具，由中国银联股份有限公司推出的手机移动支付App，可以方便银联用户进行手机支付活动。

作为各方联手打造的全新移动端统一支付入口，云闪付支持包括中国银行、平安银行、光大银行、兴业银行、华夏银行等在内的60多家银行。通过云闪付，用户可以使用多家银行的移动支付服务，包括二维码支付、转账、手机闪付、乘车码等。

云闪付在安全支付保障方面，采用支付标记、数字签名、数字加密技术，有效避免了用户的信息泄露问题，确保了交易的安全性。在风险控制方面，云闪付会综合用户的实体银联卡信息、移动设备信息和其他风险评级信息，确保用户在申请和使用过程中的安全性。云闪付还引入了风险赔付、先行垫付等机制，提供72小时失卡保障服务。

作为银行统一移动支付App，云闪付具有"卡管理、收付款、享优惠"三大核心功能。

（1）卡管理。云闪付拥有强大的跨行银行卡管理服务，用户可在云闪付App内完成。

（2）收付款。下载云闪付后，用户只要绑定银行卡，便可通过云闪付App首页的扫一扫、收款码、付款码实现日常的收付款活动。另外，如果用户绑定的银行开通了手机闪付，在使用时还可以直接将手机靠近POS机或自助终端，实现"一挥即付"。

（3）享优惠。用户可利用云闪付基于地理定位实时查看周边优惠，包括美食、购物、娱乐、旅行等方面的优惠。另外，持有银联白金信用卡、钻石信用卡等的用户使用云闪付的同时可以享受包括商旅出行、健康保障、人文娱乐等方面的多重权益，如机场停车礼遇、机场礼宾车接送权益等。

第四节　网上银行

一、网上银行的概念

网上银行诞生的时间不长,但它的发展速度以几何级数增长。新兴的网络银行无疑是对传统银行的挑战。

网上银行是指银行利用互联网技术,向客户提供的开户、销户、查询、对账、转账、信贷等银行传统服务项目。

二、网上银行的特点

与传统银行相比,网上银行具有如下特点。

(1) 网上银行实现交易无纸化、业务无纸化和办公无纸化。

(2) 所有传统银行使用的票据和单据全面电子化,使用电子支票、电子汇票和电子收据等。

(3) 不再使用纸币,全面使用电子钱包、电子信用卡、电子现金等电子货币。电子银行的高新技术将信用卡的信息输入计算机(主要是存款信息)中,保存在电子钱包内,成为电子信用卡。

(4) 一切银行业务文件和办公文件完全改为电子化文件、电子化票据和证据,签名也采用数字化签名。

(5) 不再以邮寄的方式进行银行与客户相互之间纸面票据和各种书面文件的传送,而是利用计算机和数据通信网传送,利用电子数据交换进行往来结算。

(6) 客户不必到银行,只要在家里点击鼠标就可以进入电子银行,获得电子银行令人满意的服务。

(7) 网上银行改变了传统的金融机构的结构和运行模式。突破了银行传统的操作模式,改变了传统银行的服务流程,把银行的业务直接在互联网上推出。金融机构不再需要大量的分支机构,营业机构将被网络和计算机取代。网上银行的出现改变了原来金融机构在时间、空间和形式上的限制,它可依托迅猛发展的计算机网络与通信技术,将银行服务渗透到全球每个角落。客户处理金融服务业务不会再受到地点和时间因素的限制。完善的网上银行将能够提供"3A 式服务",即在任何时间(Anytime,可以是任意一天的任何时间,没有上下班和节假日的限制)、任何地方(Anywhere,可以是家中、办公室或者旅途,不必再到银行营业厅排队等待)、以任何方式(Anyhow,可以通过计算机、手机、电视机顶盒连接上网进入网上银行),为客户提供安全、准确、快捷的金融服务。

(8) 网上银行将极大地降低银行服务的成本。在传统银行的运营中,营业点的租金和银行员工工资占最大的比重,而网上银行则通过计算机和网络处理客户业务,不需要依赖密集的分支行网点,节省建立营业网点的投资,同时通过网上交易,又可以大大节省交易费用。根据资料,网上银行经营网上业务的经营成本只相当于经营收入的15%~20%,而普通银行的经营成本却占经营收入的60%。正因为如此,网上银行才有可能在低成本下提供和传统银行一样甚至更优的服务。

(9) 实现了银行机构网络化。网上银行实际上就是一种无边界银行,它突破了营业网点约束对银行业务扩张的限制,使金融服务从有形的物理世界延伸到无形的数字世界。由于网上银行的兴起,银行发展将由注重扩大分支机构和营业网点变为注重扩展网络金融服务。

三、网上银行的业务

网上银行业务主要包括家庭银行、企业银行、信用卡业务、支付服务、特色服务、商务服务、信息发布。

1. 家庭银行

家庭银行为用户提供方便的个人理财渠道,包括网上开户、账户余额与利息查询、交易历史查询、个人账户挂失、电子转账、票据汇兑等。

2. 企业银行

企业银行为企业或团体提供综合账户业务,如查阅本企业或下属企业的账户余额和历史业务情况,在企业内部各单位之间划转资金,核对调节账户,进行账户管理,以电子支付方式支付职工工资,了解支票利益情况,支票挂失,将账户信息输出到空白表格软件或打印每日资产负债报告、详细业务记录表、银行明细表之类的各种金融报告或报表。

3. 信用卡业务

信用卡业务包括网上信用卡的申办、信用卡账户查询、收付清算等功能。与传统的信用卡系统相比,网上信用卡更便捷。用户可通过互联网在线办理信用卡申请手续;持卡人可通过网络查询用卡明细;银行可通过电子邮件定期向用户发送账单,进行信用卡业务授权、清算、传送黑名单及紧急支付名单等。

4. 支付服务

网上银行提供数字现金、电子支票、智能卡、代付或代收费等网上支付服务,以及企业之间的转账或个人转账,如同一个客户不同账号之间的转账。

5. 特色服务

网上银行特色服务主要是指通过互联网向客户提供各种特色的金融服务,如网上证券、期货、外汇交易、电子现金、电子钱包及各种金融管理软件下载等。

6. 商务服务

网上银行商务服务主要提供资本市场、投资理财和网上购物等子功能。在资本市场方面,除人员直接参与的现金交易之外的任何交易,均可通过网上银行进行。在投资理财方面,客户可主动进入银行的网站进行金融账户等信息的查询,以及处理自己的财务账目。在网上购物方面,网上银行可以以网上商店的形式向供求双方提供交易平台。

7. 信息发布

目前网上银行所发布的信息主要有国际市场外汇行情、对公利率、汇率、证券行情等金融信息，以及行史、业务范围、服务项目、经营理念等银行信息，客户可随时通过Web网站了解这些信息。

思政案例

蚂蚁金服：以互联网金融，助力实体经济发展	课程思政
2013年，余额宝的出现让人们关注到互联网金融这个新业态，它开始改变大众对消费和投资的固有认知，随后各种互联网金融业务模式的创新层出不穷，推进着各行业（如制造业、服务业、房地产、医药健康等）的创新发展。阿里金融是众多互联网金融企业最早的开拓者，在金融领域最先布局，为后续互联网金融的发展起到推动作用。	为服务业转型升级注入新动力
一、阿里金融的战略布局 阿里巴巴集团旗下有多项业务，包括淘宝网、天猫、蚂蚁金服、菜鸟网络等。阿里巴巴提出以"共生、创生、互生"为理念的"双创"中心，以金融服务贯穿整个创新创业系统，使系统中的每部分互相依赖，共生共存，而金融服务在整个系统中能够充分发挥链接作用，为科创项目提供金融支撑，构造出一个良好的科技金融与创新创业生态圈。 阿里金融隶属阿里巴巴集团旗下，为小微企业及个人提供小额贷款业务，业务发展迅速，在互联网金融业中占据领导地位。阿里金融的蚂蚁金融平台在支付宝的基础上增加了部分功能，丰富了理财和消费场景，成功地将淘宝网用户转化为余额宝用户，牢牢把握住了娱乐休闲、信用借还等的忠实客户。	增强民族自信心和创新意识
二、阿里金融的金融创新 1. 支付宝改变消费模式 支付宝通过手机、计算机进行消费支付，利用大数据掌握着用户的消费需求，操作简单，界面友好，拥有庞大的用户群。依托阿里巴巴电子商务平台，支付宝快速发展为中国最大的第三方支付平台。支付宝的担保交易模式，解决了买卖双方的信任问题，以及资金流转问题，为消费者提供方便，使买卖双方能轻松实现即时交易。 此外，支付宝针对电子商务收取的支付费率约为0.6%，相较于国外第三方支付机构征收的3%的支付费率，大大降低了电子商务在交易时的成本，这源于阿里金融在大数据和云计算方面的成就，才能将节约下的成本返利给商户。	新技术使用、企业社会责任、诚信经营
除了满足交易需求，支付宝还拥有许多个性化的服务，极大地提升了用户体验和用户黏性。蚂蚁花呗、蚂蚁借呗也广受用户欢迎，还款日期可以由用户自由调整，更是吸引了年轻人。阿里小额贷款也依附于支付宝发放，用户的综合信息在申请贷款时就能通过后台进行计算评估，保证了贷款发放的速度。 2. 余额宝的理财创新 余额宝是阿里金融的一个开创性产品，打开了互联网金融的新世	理性消费拒绝网贷

界，使互联网金融走进大众的生活，成为人们议论的话题。首先，余额宝具有基本的类似于银行的储蓄功能，资金可免去复杂手续，随时转入转出，流动性高，也可以随时用来进行交易支付。

其次，余额宝与天弘基金合作，本质上是一种货币基金产品，其投资回报率高于银行活期存款利率，甚至比一些定期存款利率还高，在保证了低风险又有合理收益的前提下，还不影响用户资金的流动性。用户可以将手中的小额闲散资金随时转入余额宝，赚取利息保持增值，同时它支持T+0实时赎回，满足了即时支付、资金转移等需求。

3. 蚂蚁金服小额贷款

蚂蚁金服于2015年控股设立了浙江网商银行股份有限公司，主要针对中小微企业及个人开展信用贷款业务。在我国有很多小微企业还处在成长期，迫切需要资金的支持，但是传统金融机构对企业征信的门槛及成本较高，这些企业并不符合金融机构的获取利润的资源配置原则，所以，不愿意在它们身上投入太多成本和精力，导致小微企业的融资渠道很少，成长受限。

> 小额贷款适用于小微企业，我们当代大学生应远离小额贷款

蚂蚁金服本着"为世界带来微小而美好的改变"的核心文化，推出"蚂蚁森林"模块，通过一系列环保活动，如绿色办公、绿色外卖、低碳出行等，使用户积极参与到种植树木、关爱自然保护地等公益项目中去。

通过与好友互动，使其公益活动发挥出乘数效应，在短短两年内注册用户达到了3.5亿人。蚂蚁金服在环保方面积极与专业组织合作，建立起良好的品牌公益形象，从长远来看，必将引起积极的社会效益，使更多企业投身到公益事业中。

启发思考：（1）蚂蚁金服的服务模式有哪些？

（2）作为一名大学生，如何增强民族自豪感和学习紧迫感？（课程思政）

本章小结

本章介绍了电子支付、电子支付工具、第三方支付及网上银行的相关内容。通过本章的学习，能够掌握电子支付的相关知识，对电子支付工具的信用卡、电子现金、电子钱包及智能卡有进一步的认识，了解第三方支付平台的交易流程及网上银行的概念，对网上银行的业务有初步的认识。

学习与思考

一、名词解释

电子支付　　网上银行　　电子现金　　第三方支付

二、单选题

1. 电子支付是指电子交易当事人，包括消费者、商家和（　　　），通过信息网络，

使用安全的信息传输手段，采用数字化方式进行的货币支付或资金流转。
  A．企业　　　　　B．物流　　　　　C．认证中心　　　D．金融机构
2．以下（　　）不是电子支付的类型。
  A．网上支付　　　B．电话支付　　　C．现金支付　　　D．移动支付
3．电子支付系统的基本构成包括支付活动参与主体、（　　），以及遵循的支付协议等几个部分。
  A．支付工具　　　B．物流　　　　　C．企业　　　　　D．认证中心
4．电子支付活动的参与主体有客户、商家和（　　）。
  A．支付系统　　　B．银行　　　　　C．企业　　　　　D．认证中心
5．电子钱包是电子商务活动中常用的一种支付工具，其适于（　　）。
  A．大额购物　　　B．企业　　　　　C．小额购物　　　D．电子合同

三、多选题

1．电子支付的特征有（　　）。
  A．支付方式　　　B．工作环境　　　C．支付设备要求　D．支付效率
2．电子支付工具有信用卡、（　　）等。
  A．电子现金　　　B．电子支票　　　C．智能卡　　　　D．电子钱包
3．智能卡的应用功能有（　　）。
  A．传统的电子支付　　　　　　　　B．互联网上的网络支付
  C．电子身份识别　　　　　　　　　D．信息存储
4．目前，第三方支付平台有（　　）。
  A．传统银行　　　　　　　　　　　B．中国银联
  C．互联网公司推出的支付产品　　　D．独立第三方支付机构

四、思考题

1．常用的电子支付工具有哪些？各有什么特点？
2．结合当前实际，试述电子支票的发展趋势和前景。
3．分析网上银行提供服务的优点和缺点。

技能训练

登录招商银行、中国银行、中国工商银行和中国建设银行的网站，查看各商业银行提供的网上金融服务，并通过文字进行总结和分析。

1．完成表 4.1 的填写。

表 4.1　网上银行金融服务对比

项　　目	招商银行	中国银行	中国工商银行	中国建设银行
个人金融服务				
公司金融服务				

2．查看银行开展的网上个人业务和企业业务（以个人银行为例，有账务查询、网上

支付、转账汇款、自助缴费、外汇买卖、国债投资、证券服务、功能申请等);比较和分析各银行网上业务的特点,以文字进行分析和总结,并完成表 4.2 和表 4.3。

表 4.2　网上银行个人业务的比较

项　　目	招商银行	中国银行	中国工商银行	中国建设银行
账务查询				
网上支付				
转账汇款				
自助缴费				

表 4.3　网上银行企业业务的比较

项　　目	招商银行	中国银行	中国工商银行	中国建设银行
账务查询				
资金划转				
资金管理				
财务内控管理				

第五章
电子商务物流

学习目标

（1）了解电子商务物流的特点与模式。
（2）了解电子商务与物流的关系。
（3）了解电子商务物流的新技术。
（4）能够熟练地选择电子商务物流模式。

知识框架图

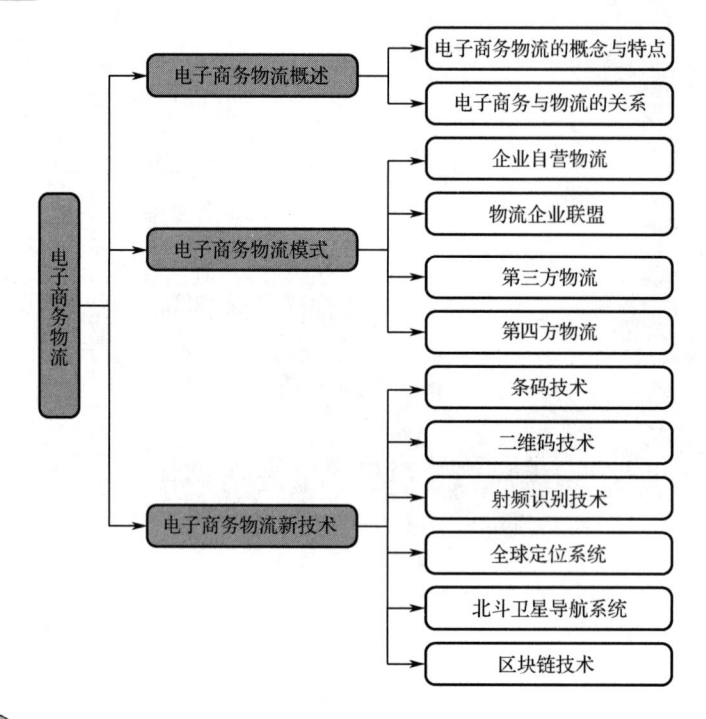

```
                          ┌─ 电子商务物流概述 ─┬─ 电子商务物流的概念与特点
                          │                    └─ 电子商务与物流的关系
                          │
                          │                    ┌─ 企业自营物流
              电子商务物流 ─┼─ 电子商务物流模式 ─┼─ 物流企业联盟
                          │                    ├─ 第三方物流
                          │                    └─ 第四方物流
                          │
                          │                      ┌─ 条码技术
                          │                      ├─ 二维码技术
                          └─ 电子商务物流新技术 ─┼─ 射频识别技术
                                                 ├─ 全球定位系统
                                                 ├─ 北斗卫星导航系统
                                                 └─ 区块链技术
```

思政目标

（1）要有大胆探索、敢于创新的精神。
（2）要有人民至上、诚信友爱的时代精神。
（3）具有企业社会责任感。
（4）具有为人民服务的精神。

引导案例

顺丰无人机布局

2020年8月21日上午8点，一架顺丰大型无人机FH-98从宁夏起飞，近1小时后在内蒙古自治区的目的地机场降落。这是顺丰大型无人机首次在业务场景下进行载货飞行。这次飞行的圆满成功标志着我国首次将大型无人机应用到物流领域。

FH-98是当前我国最大的无人机之一，是顺丰与航天时代电子技术股份有限公司共同研发的，FH-98最大起飞质量可以达到5.25吨，配备有适合货运的大业载和大货舱。FH-98最大业载为1.5吨，最大容积量可达15立方米，飞行高度4500米，最大航程1200千米，最短的起飞与着陆距离仅为150米，巡航速度高达180千米/小时，因而能高效率地完成运输任务。FH-98的运送范围可以覆盖周边区域枢纽城市，大大提高了支线物流的效率。同时，与传统飞机相比，FH-98不仅保留了速度上的优势，还大幅度降低了机型设计和机队运营方面的成本，甚至达到了卡车量级。对于顺丰此次试飞，业内人士表示，这全面地验证了FH-98无人机系统能够很好地适用于支线物流场景,也初步证明了FH-98无人机系统可以达到部分适航标准,为后续FH-98全面进入商业运行打下了坚实的基础。

作为我国较早自建航空物流的企业之一,顺丰一直将航空货运视为承载自己整个空中物流梦想的基础,也是顺丰保证核心竞争力的关键。其实早在2008年,顺丰就开始着手自建航空公司,并于2009年成立了航空部门。5年后,顺丰开始购买货运机,增强空运实力。截至2020年8月,顺丰已经拥有60架货运机,成功刷新了国内物流公司的机队纪录,使自己的空运实力在国内诸多物流企业中居于领先地位。2020年2月,民航局正式受理了顺丰旗下的丰鸟航空科技有限公司(以下简称丰鸟航空)提交的关于开展一系列支线物流无人机试运行的申请,此后,作为顺丰大型无人机主力机型的FH-98便立即在宁夏开展了一系列飞行测试。此次大型无人机的场景试飞,既是顺丰对航空货运的进一步布局,也是一次对大型无人机货运的尝试,同时也开创了国内大型无人机在物流行业场景应用的先河。实际上,此次大型无人机试飞,更深层次的用意是探求大型无人机的商业化。

广州顺丰速运有限公司相关负责人刘栋说:"未来,大型无人机在物流场景下的应用,有望打通国内干线与支线的航空物流新通道,有效解决偏远地区物流运输不便、运输效能低下等问题。"同时,刘栋介绍说,目前生鲜农副产品、医疗用品等高附加值货物的物流运输需求正在不断增长,顺丰布局支线航空领域,大力建设以"大型有人运输机+大型支线无人机+末端投送无人机"为主要模式的航空网络,致力于提供效率高、便捷性强和覆盖面广的运输服务。

启发思考:(1)顺丰为什么要大力布局无人机?
　　　　　(2)无人机可以应用到哪些物流场景中?

第一节　电子商务物流概述

电子商务作为一种新的数字化商务方式,代表未来的贸易、消费和服务方式,因此,要完善整体商务环境,就需要打破原有工业的传统体系,发展建立以商品代理和配送为主要特征,物流、商流、信息流有机结合的社会化物流配送体系。电子商务物流的概念是伴随电子商务技术和社会需求的发展而出现的,它是实现电子商务经济价值不可或缺的重要组成部分。电子商务物流的发展以技术创新和商业模式创新驱动,实现电子商务与物流的双赢。

一、电子商务物流的概念与特点

1. 物流与电子商务物流的概念

关于"物流"的概念,不同国家、地区及行业机构在不同时期有不一样的认识和理解。20世纪80年代初我国从日本引进了"物流"的概念。随着物流实践和理论研究的深入,人们从不同层面和

> **知识拓展**
>
> **物流一词的起源**
>
> 物流(Physical Distribution)一词源于美国,1915年阿奇·萧在《市场流通中的若干问题》一书中就提到"物流"一词。那时,西方一些国家正处于经济危机,企业界为了扩大销售,提出了销售和物流的问题,着重研究在销售过程中的物流。

角度对物流的概念进行了界定。

2021年，国家标准《物流术语》（GB/T 18354—2021）中对物流的定义如下：根据实际需要，将运输、存储、装卸、搬运、包装、流通加工、配送、信息处理等基本功能实施有机结合，使物品从供应地向接收地进行实体流动的过程。把这些基本功能进行有效的组合便能合理地实现物流系统的总目标。

物流的内涵主要体现在以下3个方面。

（1）物流的研究对象是物。"物流"中的"物"是指一切具有经济意义的物质实体，既包括生产过程中的物资，又包括流通过程中的商品，还包括消费过程中的废弃物品。

（2）物流是"物"的物理性运动。物流是指物品从供应地向接收地的实体运动，在运动过程中创造了空间价值。它不同于其他形式的运动，如化学的、机械的、生物的、社会的运动等。

（3）物流是一种经济活动。物流是一种为满足消费者需求而进行的对原材料、中间库存、最终产品及相关资讯从起始地到消费地的有效流动与存储的计划、实施与控制的过程。

2. 电子商务物流的概念

在电子商务模式下，信息流、商流和资金流的处理都可以通过计算机和网络通信设备实现。物流作为"四流"中最为特殊的一种，涵盖了商品或服务的流动过程，包括运输、存储、配送、装卸和保管等各种活动。对于少数商品和服务来说，可以直接通过计算机网络传输的方式进行配送，如某种电子出版物、信息咨询服务、有价信息软件等。但对于大多数实体商品和服务来说，其配送仍需经过物理方式传输。

电子商务物流是指基于信息流、商流、资金流网络化的物资或服务的配送活动，包括软体商品（或服务）的网络传送和实体商品（或服务）的物理传送。

3. 电子商务物流的特点

电子商务时代的来临，给全球物流带来了新的发展，电子商务物流具备了一系列新特点。

1）信息化

在电子商务时代，物流信息化是电子商务的必然要求。现代物流高度依赖对大量数据信息的采集、分析、处理和及时更新。在信息技术、网络技术高度发达的现代社会，从客户资料取得和订单处理的数据库化、代码化、物流信息处理的电子化和计算机化，到信息传递的实时化和标准化、物流信息存储的数字化等，信息技术及计算机技术在物流中的应用彻底改变了世界物流业的面貌。

2）自动化

物流自动化的设施非常多，如条码/语音/射频自动识别系统、自动分拣系统、自动存取系统、自动导向车、货物自动跟踪系统等。

3）网络化

物流领域网络化的基础也是信息化，是电子商务模式下物流活动的主要特征之一。

这里指的网络化有两层含义：一是物流配送系统的计算机通信网络；二是组织的网络化。例如，中国台湾地区的计算机行业在20世纪90年代创造出了"全球运筹式产销模式"。这种模式的基本特点是按照客户订单组织生产，生产采取分散形式，即将全世界的计算机资源都利用起来，采取外包的形式将一台计算机的所有零部件、元器件、芯片外包给世界各地的制造商生产，然后通过全球的物流网络将这些零部件、元器件和芯片发往同一个物流配送中心进行组装，由该物流配送中心将组装的计算机迅速发给客户。这一过程需要有高效的物流网络支持，物流网络的基础是信息技术和计算机网络。

4）智能化

智能化是物流自动化、信息化的一种高层次应用，物流作业过程大量的运筹和决策，如库存水平的确定、运输和搬运路径的选择、自动导向车的运行轨迹和作业控制、自动分拣机的运行、物流配送中心经营管理的决策支持等问题，都需要借助大量的知识才能解决。为了提高物流现代化的水平，物流的智能化已成为电子商务模式下物流发展的一个新趋势。

5）柔性化

柔性化本来是为实现"以顾客为中心"理念而在生产领域提出的，但要真正做到柔性化，即真正能根据消费者需求的变化来灵活调节生产工艺，没有配套的柔性化的物流系统是不可能达到目的的。20世纪90年代，国际生产领域纷纷推出弹性制造系统（Flexible Manufacturing System，FMS）、计算机集成制造系统（Computer Integrated Manufacturing System，CIMS）、制造资源系统（Manufacturing Requirement Planning，MRP）、企业资源计划（Enterprise Resource Planning，ERP），以及供应链管理的概念和技术，这些概念和技术的实质是要将生产、流通进行集成，根据需求端的需求组织生产、安排物流活动。物流设施、商品包装的标准化，物流的社会化、共同化也都是电子商务模式下物流的新特点。

6）集成化

电子商务模式下的物流系统，在物流基础设施、信息基础设施、商品包装的标准化和物流运作模式等各个方面都日益社会化和一体化，在数据与功能、技术与设备、人员和组织等各个层次上都在向集成化的方向发展。

二、电子商务与物流的关系

电子商务是在网络环境下进行商务活动的运作，在这一运作过程中，物流是很重要的一个环节。电子商务与传统商务的本质区别在于，它以网络为基础进行商品的买卖和服务的提供，它能对传统的物流活动产生深刻的冲击和影响，表现在以下5个方面。

1. 电子商务改变传统的物流观念

电子商务作为新兴的商务活动，为物流创造了一个虚拟的运动空间。在电子商务模式下进行物流活动时，物流的各种职能及功能可以通过虚拟的方式表现出来，在这种虚拟的过程中，可以通过各种组合方式，寻求物流的合理化，使商品实体在实际的运动过程中达到效率最高、费用最省、距离最短、时间最少的目标。

2. 电子商务改变物流的运作方式

电子商务可使物流实现网络的实时控制。传统的物流活动在运作过程中,不管是以生产为中心,还是以成本或利润为中心,其实质都是以商流为中心,从属于商流活动,因而物流的运作方式是紧紧伴随着商流来运作的。在电子商务模式下,物流的运作是以信息为中心的,信息不仅决定了物流的运作方向,而且决定着物流的运作方式。在实际运作过程中,通过网络上的信息传递,可以有效地实现对物流的实时控制,实现物流的合理化。

网络对物流的实时控制是以整体物流来进行的。在传统物流活动中,虽然也依据计算机对物流实时控制,但这种控制都是以单个的运作方式来进行的。例如,在实施计算机管理的物流中心或仓储企业中,所实施的计算机管理信息系统大都是以企业自身为中心来管理物流的。在电子商务模式下,网络的全球化可使物流在全球范围内实施整体的实时控制。

3. 电子商务改变物流企业的经营模式

电子商务改变物流企业对物流的组织和管理模式。在传统经济条件下,物流往往是从某一企业来进行组织和管理的,而电子商务则要求物流从社会的角度来实行系统的组织和管理,以打破传统物流的分散状态。这就要求企业在组织物流运作的过程中,不仅要考虑本企业的物流组织和管理,更重要的是要考虑全社会的整体系统。

4. 电子商务改变物流企业的竞争状态

在传统经济活动中,物流企业之间存在激烈的竞争,这种竞争往往是依靠本企业提供优质服务、降低物流费用等方面来进行的。在电子商务模式下,虽然这些竞争内容依然存在,但有效性大大降低了。原因在于电子商务需要一个全球性的物流系统来保证商品实体的合理流动。对一个企业来说,即使它的规模再大,也是难以达到这一要求的。这就要求物流企业应联合起来,形成一种协同竞争的状态,在相互协同实现物流高效化、合理化、系统化的前提下,进行良性竞争。

5. 物流是实现电子商务的保证

首先,物流保障生产。无论是在传统的贸易模式下,还是在电子商务模式下,生产都是商品流通之本,而生产的顺利进行需要各类物流活动的支持。生产的全过程从原材料的采购开始便要求有相应的供应物流活动,将所采购的材料运送到位,否则生产就难以进行;在生产的各工艺流程之间,也需要原材料、半成品的物流过程,即所谓的生产物流,以实现生产的流动性;部分余料、可重复利用的物资的回收,就需要所谓的回收物流;废弃物的处理则需要废弃物物流。可见,整个生产过程实际上就是系列化的物流活动。

其次,物流服务于商流。在商流活动中,商品所有权从购销合同签订的那一刻起,便由供方转移到需方,而商品实体并没有因此而移动。在传统的交易过程中,除了非实物交割的期货交易,一般的商流都必须伴随相应的物流活动,即按照需方(购方)的需求将商品实体由供方(卖方)以适当的方式、途径向需方(购方)转移。在电子商务模式下，消费者通过网络购物，完成了商品所有权的交割过程，即商流过程。但电子商务的活动并未结束，只有商品和服务真正转移到买方手中，商务活动才得以终结。在整个电子商务的交易过程中，物流实际上是以商流的后续者和服务者的姿态出现的。没有现代化的物流，无论多么轻松的商流活动都仍会退化为一纸空文。

最后，物流是实现"以顾客为中心"理念的根本保证。电子商务的出现，最大限度地方便了消费者。消费者不必再跑到拥挤的商业街，一家又一家地挑选自己所需的商品，只要坐在家里，在网上搜索、查看、挑选、购买，就可以完成购物过程。

6. 电子商务促进物流基础设施的改善和物流技术与物流管理水平的提高

（1）电子商务促进物流基础设施的改善。电子商务高效率和全球性的特点，要求物流也必须达到这一目标。物流要达到这一目标，良好的交通运输网络、通信网络等基础设施是最基本的保证。

（2）电子商务促进物流技术的提高。物流技术主要包括物流硬技术和软技术。物流硬技术是指在组织物流过程中所需的各种材料、机械和设施等；物流软技术是指组织高效率的物流所需的计划、管理、评价等方面的技术和管理方法。从物流环节来看，物流技术包括运输技术、保管技术、装卸技术、包装技术等。物流技术水平的高低是物流效率高低的一个重要决定因素，要建立一个适应电子商务运作的高效率的物流系统，加快提高物流的技术水平则起着重要作用。

（3）电子商务促进物流管理水平的提高。物流管理水平的高低直接决定和影响着物流效率的高低，也影响着电子商务高效率优势的实现问题。只有提高物流的管理水平，建立科学合理的管理制度，将科学的管理方式应用到物流管理中，才能确保物流的畅通进行，实现物流的合理化和高效化，促进电子商务的发展。

第二节　电子商务物流模式

随着市场经济的发展和电子信息技术的进步，生产和流通之间的界限逐渐被打破。生产和消费，以及将两者紧密联系起来的流通等经济活动的各个方面将被"物流"综合在了一起，形成了电子商务模式下新的物流模式。目前，电子商务环境下的物流模式主要包括企业自营物流、物流企业联盟、第三方物流和第四方物流。

一、企业自营物流

企业自营物流就是电子商务企业借助自身物质条件，包括物流设施、设备和管理机构等，建设全资或控股的物流子公司，自行组织完成企业的物流活动。自建物流系统最大的好处是拥有对物流系统过程的有效控制权，借此提升该系统对企业服务顾客的专用性。

采用这种物流模式，企业可以掌握交易的最后环节，有利于控制交易时间。然而，并非所有企业都有必要、有能力自己完成物流全过程，具备以下特征的电子商务企业才可以采用此种方式。

第一，业务集中在企业所在城市，送货方式比较单一。由于业务范围不广，企业独立组织配送所耗费的人力资本不高,所涉及的配送设备仅限于汽车及人力,如果交由其他企业处理,反而浪费时间、增加成本。

第二,拥有覆盖面较广的代理、分销、连锁店,且企业业务又集中在其覆盖范围内。这样的企业一般是从传统产业转型或者依然拥有传统产业经营业务的企业,如计算机生产商、家电企业等。

第三,对于一些规模较大、资金雄厚、货物配送量巨大的企业来说,投入资金建立自己的配送系统、掌握物流配送的主动权也是一种战略选择。例如,亚马逊网站斥巨资建立了遍布美国重要城市的配送中心。

案例与思考 5.1

京东物流

京东物流是目前我国最大的自营物流电商企业。京东集团的主要业务涉及电子商务、金融和物流等几大板块。京东集团自 2007 年开始自建物流,于 2017 年 4 月 25 日宣布成立京东物流。京东物流通过智能化布局的仓配物流网络,为商家提供包括仓储、运输、配送、客服、售后在内的双身一体化供应链解决方案。京东物流提供快递、冷链、跨境、客服、售后等全方位的物流服务,以及物流云、物流科技、物流数据、云仓等物流科技产品。京东物流已成为拥有中小件、大件、冷链、B2B、跨境和众包(达达)六大物流网络的企业。

京东物流的业务有仓配一体、冷链物流、大件物流、国际供应链、供应链金融,提供的时效服务有"211 限时达""京准达""夜间配"。京东物流自建了京东亚洲一号。京东立志将亚洲一号自动化运营中心打造成亚洲范围内 B2C 行业内建筑规模最大、自动化程度最高的现代化运营中心。

启发思考:(1)京东物流开展了哪些主要业务?
(2)谈一谈你对京东用心服务、诚信为本等价值观的认识。(课程思政)

二、物流企业联盟

物流企业联盟是制造业、销售业、物流业基于正式的相互协议而建立的一种物流合作关系,参加联盟的企业汇集、交换或统一物流资源以达到共同利益;同时,合作企业仍保持各自的独立性。物流联盟为了达到比单独从事物流活动取得更好的效果,在企业间形成了相互信任、共担风险、共享收益的物流伙伴关系。

一般来说,组成物流联盟的企业之间具有很强的依赖性,物流联盟的各个组成企业明确自身在整个物流联盟中的优势及担当的角色,内部对抗和冲突减少,分工明确,使供应商把注意力集中在提供客户指定的服务上,最终提高企业的竞争能力和竞争效率,满足企业跨地区、全方位物流服务的要求。物流企业联盟是物流企业之间为实现整体配送合理化,以互惠互利为原则,互相提供便利的物流配送服务的协作型配送模式,包括配送的共同化、物流资源利用的共同化、物流设施设备利用的共同化及物流管理的共同化。物流企业联盟模式是合理化配送的有效措施之一,是企业的横向联合、集约协调、求同存异和效益共享,有利于发挥集团型竞争优势的一种现代管理方法。

> **案例与思考 5.2**
>
> **菜鸟网络——典型的物流企业联盟模式**
>
> "菜鸟网络科技有限公司"是阿里巴巴集团、银泰集团联合复星集团、富春集团、"三通一达"（申通、圆通、中通、韵达），以及相关金融机构共同合作组建的"中国智能物流骨干网"项目。
>
> 菜鸟网络专注打造的中国智能物流骨干网将通过自建、共建、合作、改造等多种模式，在全中国范围内形成一套开放的社会化仓储设施网络。同时利用先进的互联网技术，建立开放、透明、共享的数据应用平台，为电子商务企业、物流公司、仓储企业、第三方物流服务商、供应链服务商等各类企业提供优质服务，支持物流行业向高附加值领域发展和升级。最终促使建立社会化资源高效协同机制，形成物流联盟模式，提升中国社会化物流服务水平。菜鸟网络通过打造中国智能物流骨干网，对生产流通的数据进行整合运作，实现信息的高速流转，而生产资料、货物则尽量减少流动，以提升效率。有人认为这种运作模式将颠覆传统物流模式。
>
> *启发思考：*（1）分析菜鸟网络的商业模式。
>
> （2）菜鸟网络有哪些创新点？（课程思政）

物流企业联盟的组建可以是企业之间联合发展，如中小型零售联合投资兴建，实行配送共同化；也可以是系统或地区规划建设，达到本系统或本地区内企业的共同配送；或是多个企业、系统、地区联合共建，形成辐射全社会的配送网络。另外，还可以对原有不规范、无规模、无效率的配送中心进行联合重组，向规模化发展，赋予其新的生命力。这种模式具有相互依赖、分工明确、强调合作等特征。

三、第三方物流

第三方物流（The Third Party Logistics，3PL）是指独立于供需双方，为客户提供专项或全面的物流系统设计或系统运营的物流服务模式。第三方物流企业一般指具有一定规模的物流设施设备（库房、站台、车辆等）、专业经验和技能的批发、储运或其他物流业务经营企业。

"第三方物流"一词于20世纪80年代中期被提出，是物流专业化的重要形式。西方国家物流业的实证分析证明，当独立的第三方物流至少占社会的50%时，物流产业才能形成。因此，在电子商务时代，第三方物流的发展程度体现了一个国家物流产业发展的整体水平。

第三方物流作为物流专业化和社会化发展的产物，具有如下3个特点。

1. 集中核心竞争力

随着社会化分工的加快和社会专业化程度的提高，企业纷纷将非核心业务外包出去，而将核心能力集中于专业业务上，这样可以充分发挥专业化分工的优势，提高核心竞争力。外包物流可以使非物流企业集中于核心业务，将有限的资源用于核心业务，企业资源得到了有效的利用，同时也可以获益于第三方物流提供者的核心经营能力，使企业拥有核心竞争优势。

2. 降低经营成本

长期以来，企业为了应对供应链下游需求的变化，必须备有一定量的存货，这必将增加存货成本和仓储投资。如果由第三方物流企业利用其物流设施和管理技能提供增值服务，就能减少企业库存，在降低成本的同时提高对市场的反应能力。

3. 提高服务灵活性

企业对运输和物流的需求具有多样性，第三方物流企业以个性化物流服务为目标的物流运作模式，能够根据客户的特殊要求进行客户化定制，提供个性化的解决方案。服务的灵活性也能够通过第三方物流来实现，并且将物流交给第三方管理，从而增强企业对市场变化的应变能力。当需求变化和技术进步时，第三方物流企业能不断地更新设施、信息与管理技术，根据环境变化进行相应调整，提高灵活性，非物流企业往往是无法与其相比的。

将物流业务外包给第三方物流企业，存在以下风险和弊端。

（1）外包可靠性风险。这种风险往往使企业付出高额成本，甚至失去订单和客户，同时，也会对整个供应链产生影响。

（2）可能影响企业的核心业务。如果企业对第三方物流企业过于依赖，将无法控制或影响它们，这种失控可能阻碍企业核心业务的发展。第三方物流企业的服务质量也会影响客户对企业的印象。

（3）对第三方物流企业依赖程度太大。一旦第三方物流企业出现问题，可能会导致全盘业务的瘫痪。

案例与思考 5.3

顺丰

1993 年，顺丰（股票代码：002352）诞生于广东顺德。经过多年的发展，顺丰已成为国内领先的快递物流综合服务商、全球第四大快递公司。顺丰秉承"以用户为中心，以需求为导向，以体验为根本"的产品设计思维，聚集行业特性，从客户应用场景出发，深挖不同场景下客户端到端全流程接触点需求及其他个性化需求，设计适合客户的产品、服务及解决方案，持续优化产品体系与服务质量。同时顺丰利用科技赋能产品创新，形成行业解决方案，为客户提供涵盖多行业、多场景、智能化、一体化的智能供应链解决方案。

顺丰围绕物流生态圈，横向拓展多元业务领域，纵深完善产品分层，满足不同细分市场需求，覆盖客户完整供应链条。经过多年的发展，顺丰依托公司拥有的覆盖全国和全球主要国家及地区的高渗透率的快递网络，为客户提供贯穿采购、生产、流通、销售、售后的一体化供应链解决方案。同时，顺丰作为具有"天网+地网+信息网"网络规模优势的智能物流运营商，拥有对全网络强有力管控的经营模式。

启发思考：（1）顺丰公司提供了哪些物流服务？

（2）谈一谈你对顺丰的"客户至上、诚信敬业、团队合作、追求卓越"企业价值观的认识。（课程思政）

四、第四方物流

第四方物流（The Fourth Party Logistics，4PL）是一个供应链集成商，它调集和管理组织自己的及具有互补性的服务提供商的资源、能力和技术，以提供一个综合的供应链解决方案。

从本质上讲，"第四方物流供应商"是一个供应链的集成商，它充分利用第三方物流、信息技术供应商、合同物流供应商、呼叫中心、电信增值服务商、客户及自身等多方面的能力，对公司内部和具有互补性的服务供应商所拥有的不同资源、能力和技术进行整合和管理，提供一整套供应链解决方案。在实际运作过程中，第四方物流以探索发挥集体竞争优势的最佳机遇为目标，采用虚拟企业管理模式，根据特定的需要构建特定的组合。

案例与思考5.4

亚洲物流（天津）有限公司

亚洲物流（天津）有限公司（以下简称亚物天津）是中国第一家网络物流服务商。在充分分析中国物流现状的基础上，亚物天津创造性地以网上信息联网和网下业务联网的结合为核心，通过全国87个城市的分公司和加盟用户的联网运作，提供客户所需的整套物流服务，从而创立了一套卓有成效的现代网络物流方案。

亚物天津最大的核心优势是不断扩张的运营网络，其通过设立在87个城市中的150家分公司及办事处，形成了基于互联网的中国覆盖面最广的省际公路物流网络，全面提升了物流服务的竞争力。亚物天津定位于第四方物流服务商，原因是公司没有自己的仓库及车队，而是通过长租或控股的方式使用1000台各类车辆来适合不同的货运要求。仓储也是通过长租或控股的方式来提供服务的。由于车是车主的，仓库是仓主的，亚物天津可以节省不少车辆或仓库维修及保养的费用。亚物天津拥有的只是一张覆盖全国的物流运营网络，一个信息交流、搭配、交易的网络平台及一班有物流行业经验的专家队伍。

启发思考：（1）亚物天津作为第四方物流服务商有哪些优势？
（2）通过学习以上案例，谈一谈如何培养社会责任感和公益意识。
（课程思政）

电子商务中的第三方物流是对传统物流的继承和突破，而第四方物流则完全是电子商务环境下的新兴产物，包含更多的管理创新和意识。由于其强调协同合作，对第三方物流并不构成威胁。相反，二者相互补充，可进一步扩大物流范围、增强物流服务能力、提高物流管理水平。

第四方物流有如下两个显著特点：一是提供一整套完善的供应链解决方案。它能更加有效地适应客户的多样化和复杂化的需求，集成所有资源为客户提供完美的解决方案，同时进行供应链再建、功能转化、业务流程再造等。二是通过影响整个供应链来获得价值。这主要包括利润增长、运营成本降低、工作成本降低和资产利用率提高，相比"第三方物流"仅能提供低成本的专业服务，"第四方物流"能控制和管理整个物流过程，对整个过程提出策划方案，再把这个过程集合起来，提供快速、高质、低成本的物流服务。

第三节　电子商务物流新技术

电子商务物流新技术是指在电子商务活动中广泛用于物流各环节的信息技术。根据物流的功能及特点，电子商务物流信息技术包括条码技术、二维码技术、射频识别技术、全球定位系统、北斗卫星导航系统、区块链技术。

一、条码技术

我国国家标准《物流术语》对条码（Bar Code）的定义如下：由一组规则排列的条、空及其对应字符组成，用以表示一定的信息，包括一维条码和二维条码。

物品的条码技术是一种先进的物品编码技术，类似于摩尔斯电报码的点线组合，在物品外表面借助不同宽度的亮、暗条组合来表示物品的编码。条码可以由专门的阅读设备自动识别，并将条码所代表的相应编码值传递给计算机。条码的暗条，简称条（Bar），是条码中反射率较低的部分，通常为黑色的线条；亮条，又称空（Space），是条码中反射率较高的部分，一般指条码中的空白处。条码符号就是由条和空这两种基本符号组成的，以不同的宽度代表不同的基本数字或字符。条码以不同的图形代表不同的商品编码数据。

条码技术是实现物流信息管理的重要手段。条码作为物品信息的载体，可以提供有关物品的一切详细信息。条码识读设备将物品的条码读入计算机，该物品的品名、单价、规格等信息均可以相应地自动反映出来。

我国于1988年成立了中国物品编码中心，专门负责全国物品的编码管理工作，并且于1991年加入国际编码组织（GSI）。国际编码组织分配给我国的系统代码是690～699，也就是说，我国的商品条码前3位是690～699。

我国EAN（商品条码）码的构成如下：前3位代表中国，其后4位代表厂商，再其后5位代表商品代码，最后1位是校验码，如图5.1所示，盒装伊利金典纯牛奶的商品条码为6907992507095，其中"690"代表我国EAN码，"7992"代表内蒙古伊利实业集团股份有限公司，"50709"代表盒装伊利金典纯牛奶的商品代码，最后一位"5"是校验码，这样的编码方式保证了在全球范围内唯一对应的一种商品。表5.1为2020年世界部分国家和地区/应用领域的前缀码。

表5.1　2020年世界部分国家和地区/应用领域的前缀码

前缀码	编码组织所在国家和地区/应用领域	前缀码	编码组织所在国家和地区/应用领域	前缀码	编码组织所在国家和地区/应用领域	前缀码	编码组织所在国家和地区/应用领域
000～019 030～039 060～139	美国	520～521	希腊	628	沙特阿拉伯	858	斯洛伐克
020～029 040～049 200～299	店内码	528	黎巴嫩	629	阿拉伯联合酋长国	859	捷克

续表

前缀码	编码组织所在国家和地区/应用领域	前缀码	编码组织所在国家和地区/应用领域	前缀码	编码组织所在国家和地区/应用领域	前缀码	编码组织所在国家和地区/应用领域
050~059	优惠券	529	塞浦路斯	640~649	芬兰	865	蒙古国
300~379	法国	530	阿尔巴尼亚	690~699	中国	867	朝鲜
380	保加利亚	531	马其顿	700~709	挪威	868~869	土耳其
383	斯洛文尼亚	535	马耳他	729	以色列	870~879	荷兰
385	克罗地亚	539	爱尔兰	730~739	瑞典	880	韩国
387	波黑	540~549	比利时和卢森堡	740	危地马拉	884	柬埔寨
389	黑山共和国	560	葡萄牙	741	萨尔瓦多	885	泰国
400~440	德国	569	冰岛	742	洪都拉斯	888	新加坡
450~459 490~499	日本	570~579	丹麦	743	尼加拉瓜	890	印度
460~469	俄罗斯	590	波兰	744	哥斯达黎加	893	越南
470	吉尔吉斯斯坦	594	罗马尼亚	745	巴拿马	896	巴基斯坦
471	中国台湾	599	匈牙利	746	多米尼加	899	印度尼西亚
474	爱沙尼亚	600~601	南非	750	墨西哥	900~919	奥地利
475	拉脱维亚	603	加纳	754~755	加拿大	930~939	澳大利亚
476	阿塞拜疆	604	塞内加尔	759	委内瑞拉	940~949	新西兰
477	立陶宛	608	巴林	760~769	瑞士	950	GS1总部
478	乌兹别克斯坦	609	毛里求斯	770~771	哥伦比亚	951	GS1总部
479	斯里兰卡	611	摩洛哥	773	乌拉圭	960~969	GS1总部
480	菲律宾	613	阿尔及利亚	775	秘鲁	955	马来西亚
481	白俄罗斯	615	尼日利亚	777	玻利维亚	958	中国澳门特别行政区
482	乌克兰	616	肯尼亚	778~779	阿根廷	977	连续出版物
484	摩尔多瓦	618	科特迪瓦	780	智利	978~979	图书
485	亚美尼亚	619	突尼斯	784	巴拉圭	980	应收票据
486	格鲁吉亚	621	叙利亚	786	厄瓜多尔	981~983	普通流通券
487	哈萨克斯坦	622	埃及	789~790	巴西	990~999	优惠券
488	塔吉克斯坦	624	利比亚	800~839	意大利		
489	中国香港特别行政区	625	约旦	840~849	西班牙		
500~509	英国	627	科威特	850	古巴		

另外，图书和期刊作为特殊的商品，也采用了 EAN13 码表示 ISBN 和 ISSN。前缀码 977 被用于期刊号 ISSN，图书号 ISBN 用 978 作为前缀码，我国被分配使用 7 开头的 ISBN 号，因此，我国出版社出版的图书上的条码都是以 978 开头的，如图 5.2 所示。

图 5.1　盒装伊利金典纯牛奶的商品代码　　　　图 5.2　图书类商品代码

二、二维码技术

我国国家标准《物流术语》中对二维码的定义如下：在二维方向上都表示信息的条码，即在水平方向和垂直方向均带有信息的条码。

一维码携带的信息量有限，如 EAN13 码仅能容纳 13 位阿拉伯数字，更多的信息只能依赖物品数据库的支持，脱离了预先建立的数据库，这种条码就没有意义了，因此在一定程度上限制了条码的应用范围。基于这个原因，20 世纪 90 年代，二维码应运而生。

二维码作为一种新的信息存储和传递技术，从诞生之时就受到了国际社会的广泛关注，经过几年的发展，现已应用到国防、公共安全、交通运输、医疗保健、工业、商业、金融、海关及政府管理等多个领域。

二维码依靠庞大的信息携带量，能够把过去使用一维码时存储于后台数据库中的信息包含在条码中，可以直接通过阅读条码得到相应的信息，并且二维码还有错误修正技术及防伪功能，提高了数据的安全性。

二维码可把照片、指纹编制其中，可有效地解决证件的可机读和防伪问题，因此，可广泛应用于护照、身份证、行车证、军人证、健康证、保险卡等。

二维码信息量大，在物流领域有着广泛的应用。用二维码可以表示物品装箱清单。例如，一个集装箱中装有报刊 150 本、纸巾 135 包、文具用品 120 份、果汁饮料 752 包。上述物品的条形码经扫描后产生二维码，并贴于集装箱上，当货物运抵对方地点后，接收方只需扫描集装箱上的二维码并输入计算机，就能得到集装箱内的全部物品的信息。常见的二维码有线性堆叠式二维码、矩阵式二维码及彩色二维码等，如图 5.3 所示。

（a）线性堆叠式二维码　　　　（b）矩阵式二维码　　　　（c）彩色二维码

图 5.3　不同类型的二维码

三、射频识别技术

射频识别（Radio Frequency Identification，RFID）又称电子标签、无线射频识别，是一种通信技术。由于射频是指可发射传播的电磁波，所以，它是一种非接触式的自动识别技术，通过射频信号自动识别目标对象并获取相关数据，识别工作无须人工干预，可工作于各种恶劣环境。射频识别技术可识别高速运动的物体并可同时识别多个标签，操作快捷、方便。短距离射频识别产品不怕油渍、灰尘污染等恶劣的环境，可在这样的环境中替代条码，如用于在工厂的流水线上跟踪物体。长距离射频识别产品多用于交通领域，识别距离可达几米，如自动收费或识别车辆身份等。

电子标签中一般保存有约定格式的电子数据，在实际应用中，电子标签附着在待识别物体的表面。阅读器可无接触地读取并识别电子标签中所保存的电子数据，从而达到自动识别物体的目的。通常阅读器与计算机相连，所读取的标签信息被传送到计算机上进行下一步处理。射频识别技术利用无线射频方式在阅读器和射频卡之间进行非接触双向数据传输，以达到目标识别和数据交换的目的。射频识别工作原理如图 5.4 所示。与传统的条码、磁卡及 IC 卡相比，射频卡具有非接触、阅读速度快、无磨损、不受环境影响、寿命长、便于使用的特点并具有防冲突功能，能同时处理多张卡片。在国外，射频识别技术已被广泛应用于工业自动化、物流、交通运输控制管理等领域。

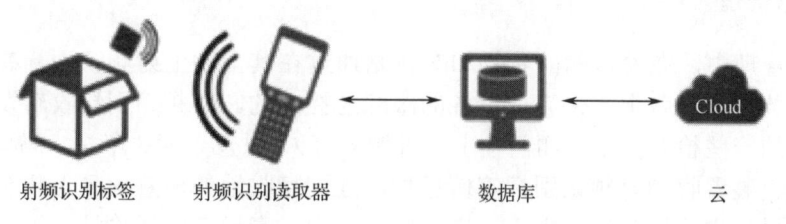

图 5.4 射频识别工作原理

生产、包装、入库、盘点、发货、出库、运输等都是物流活动的重要环节，它们之间是相辅相成又相互制约的。图 5.5 所示为射频识别在仓储中的应用。在物流运作时，企业必须实时、精确地掌握商流、物流、信息流和资金流的流向和变化，使这 4 种流及各个环节、各个流程都协调一致、相互配合，以发挥其最大的经济效益和社会效益。然而，由于实际物体的移动过程中各个环节都是处于运动和松散的状态，所以，信息和方向常常随实际活动在空间和时间上移动和变化，结果影响了信息的可获得性和共享性。射频识别技术恰好有效地解决了物流各项业务运作数据的输入/输出、业务过程的控制与跟踪等问题。

图 5.5 射频识别在仓储中的应用

射频识别技术适用于物料跟踪，运载工具、仓库货架及其他目标的识别等要求非接触数据采集和交换的场合，以及用于生产装配线上的作业控制。由于射频识别标签具有可读/写能力，因此对于需要频繁改变数据内容的场合尤为适用，它发挥的作用是数据采集和系统指令的传达。射频识别技术被广泛用于供应链上的仓储管理、运输管理、配送管理、生产管理、物料跟踪、运载工具和货架识别，以下仅是部分例子。

1. 仓储管理

在仓库里，射频识别技术广泛应用于存取货物与库存盘点，它能用来实现自动化的存货和取货等操作。在整个仓库管理中，通过将供应链计划系统制订的收货计划、取货计划、装运计划等与射频识别技术相结合，能够高效率地完成各种业务操作，如指定堆放区域、上架、取货与补货等。这提高了作业的准确性和快捷性，提高了服务质量，降低了成本，节省了劳动力和库存空间，同时减少了整个物流中由于商品误置、送错、偷窃、损害和库存、出货错误等造成的损耗。

射频识别技术的另一个好处是在库存盘点时节省人力。射频识别的设计就是要让商品的登记自动化，盘点时不需要人工检查或扫描条码，更加快速、准确，并且减少了损耗。射频识别解决方案可提供有关库存情况的准确信息，管理人员可由此快速识别并纠正低效率运作情况，从而实现快速供货并最大限度地减少存储成本。

2. 运输管理

在运输管理中，在途运输的货物和车辆是通过在其上贴上射频识别标签（例如，将标签贴在集装箱和装备上）来完成设备的跟踪与控制的。射频识别接收转发装置通常安装在运输线的一些检查点上（如门柱上、桥墩旁等），以及仓库、车站、码头、机场等关键地点。接收装置收到射频识别标签信息后，连同接收地的位置信息上传至通信卫星，再由通信卫星传送给运输调度中心，送入数据库中。春运期间运输站车流人流大、调度难的问题一直困扰着很多城市。电子标签可以实现道路运输管理信息化。这一系统目前已用于浙江省交通厅的道路运输管理工作。在车辆前窗上粘贴一枚透明的射频识别标签和运输场站内架设射频识别识读设备，就可以实现信息化管理，道路上车辆的进场、出场、停靠地点、时间等信息可以即时、自动地获取，这样道路管理单位就可以对进出运输场站的车辆进行实时调度管理，从根本上解决了因车辆晚点、提前发车、乱停靠等原因造成的调度信息混乱、滞后及不准确等问题。使用射频识别技术的电子标签与纸质的道路运输证同等有效。这就为道路管理信息化的实现提供了条件。图 5.6 所示为射频识别技术在运输管理中的应用。

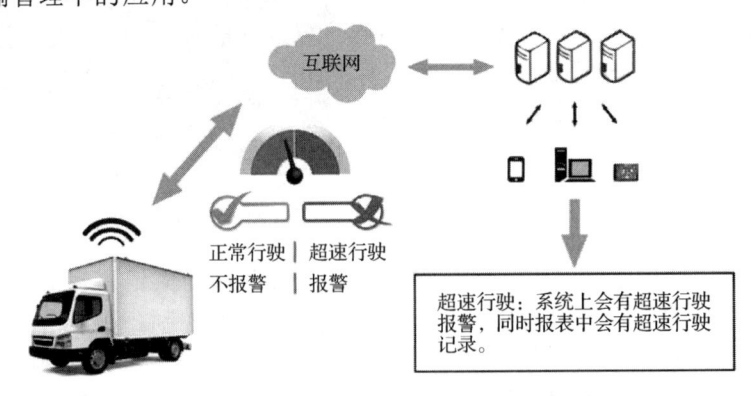

图 5.6 射频识别技术在运输管理中的应用

3. 配送管理

在配送环节，采用射频识别技术能大大加快配送速度和提高拣选与分发过程的效率与准确率,并能减少人工、降低配送成本。每一辆装有配送商品的车辆都会贴有 RFID 标签,当车辆通过 RFID 读/写器天线时,读/写器会自动识别车辆 RFID 标签上的信息,识别货箱上的标签内容,根据标签内容,自动道闸控制器自动开启相应的分流区域,如图 5.7 所示。

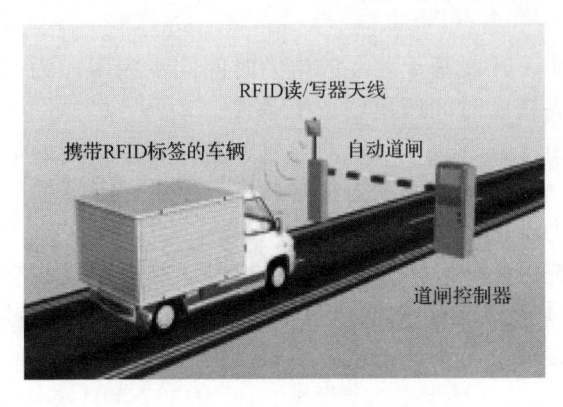

图 5.7 射频识别在配送中的应用

四、全球定位系统

全球定位系统(Global Positioning System,GPS),是美国研制发射的一种以人造地球卫星为基础的高精度无线电导航的定位系统。全球定位系统(GPS)在全球任何地方以及近地空间都能够提供准确的地理位置、车行速度及精确的时间信息。

在物流中,信息流占据着主导地位,GPS 在物流中的应用更确切地说是 GPS 在物流信息中的应用。GPS 的应用领域主要有以下几个方面。

(1)在汽车自动定位、跟踪调度方面的应用。利用 GPS 的计算机管理信息系统,可以通过 GPS 和计算机网络实时收集全路汽车所运货物的动态信息,实现汽车、货物追踪管理,并及时进行汽车的调度管理。

(2)在铁路运输方面的管理。利用 GPS 的计算机管理信息系统,可以通过 GPS 和计算机网络实时收集全路列车、机车、车辆、集装箱及所运货物的动态信息,实现列车及货物的追踪管理。铁路部门运用这项技术可大大提高其路网及运营的透明度,为货主提供更高质量的服务。

(3)在军事物流中的应用。GPS 首先是因为军事目的而建立的,在军事物流中应用相当普遍,如后勤装备的保障等方面。通过 GPS 可以准确地掌握和了解各地驻军的数量和要求,无论在战时还是在平时都能及时进行准确的后勤补给。

五、北斗卫星导航系统

北斗卫星导航系统(BeiDou Navigation Satellite System,BDS)是中国自行研制开发的全球卫星导航系统,是除美国的 GPS、俄罗斯的格洛纳斯之后第三个成熟的卫星导航系统。北斗卫星导航系统致力于向全球用户提供高质量的定位、导航和授时服务,其建设与发展则遵循开放性、自主性、兼容性、渐进性这 4 项原则。

北斗卫星导航系统的应用领域有以下 5 个方面。

(1)水文监测方面,成功应用于多山地域水文测报信息的实时传输,提高灾情预报

（2）气象测报方面，研制一系列气象测报型北斗终端设备，形成系统应用解决方案，提高了国内高空气象探空系统的观测精度、自动化水平和应急观测能力。

（3）通信时统方面，突破光纤拉远等关键技术，研制出一体化卫星授时系统，开展北斗双向授时应用。

（4）电力调度方面，开展基于北斗的电力时间同步应用，为电力事故分析、电力预警系统、保护系统等高精度时间应用创造了条件。

（5）救灾减灾方面，基于北斗系统的导航、定位、短报文通信功能，提供实时救灾指挥调度、应急通信、灾情信息快速上报与共享等服务，显著提高了灾害应急救援的快速反应能力和决策能力。

北斗卫星导航系统由空间段、地面段和用户段3部分组成。空间段包括5颗静止轨道卫星和30颗非静止轨道卫星；地面段包括主控站、注入站和监测站等若干个地面站；用户段包括北斗用户终端及与基地卫星导航系统兼容的终端。

六、区块链技术

2019年1月10日，国家互联网信息办公室发布《区块链信息服务管理规定》。2019年10月24日，在中央政治局第十八次集体学习时，习近平总书记强调，"把区块链作为核心技术自主创新重要突破口""加快推动区块链技术和产业创新发展"。"区块链"已走进大众视野，成为社会的关注焦点。

区块链（Blockchain）是分布式数据存储、点对点传输、共识机制、加密算法等计算机技术的新型应用模式。区块链是比特币的一个重要概念，它本质上是一个去中心化的数据库，同时作为比特币的底层技术，是一串使用密码学方法相关联产生的数据块，每个数据块中包含了一批次比特币网络交易的信息，用于验证其信息的有效性（防伪）和生成下一个区块。

供应链和物流被认为是区块链最有助于改善的商业领域。区块链对物流业的改变体现在以下3个方面。

1. 保证货物安全，避免快递爆仓丢包

对于物流业而言，尽管我国传统物流行业在近几年来成长迅速，但依然存在一些问题没有得到解决，例如，效率低、经常出现爆仓丢包现象、错领误领、信息泄露、物流业务链条长导致资源没有充分利用等问题。

依靠区块链技术，企业能够真实可靠地记录和传递资金流、物流、信息流。物流行业利用区块链基础平台，可优化资源利用率、压缩中间环节、提升行业整体效率。

区块链技术可以达到信息的交互，决定了物流的规模与效益，系统中的每个人都可进行记账，这样不但使整个系统获得了极大的安全性，而且保障了账本记录的公开透明，去除人工信息、纸质信息的流程，大大降低成本，提高效率，保证货物安全，避免快递爆仓丢包。

对于货物的运输流程也可清晰地记录到区块链上，从装载、运输到取件，整个流程清晰可见。通过区块链记录货物从发出到接收过程中的所有步骤，确保了信息的可追溯性，从而避免丢包、错误认领事件的发生。对于快件签收情况，只需查一下区块链即可，

这样就杜绝了快递员通过伪造签名来冒领包裹等问题的发生，也可促进物流实名制的落实。企业也可以通过区块链掌握产品的物流方向，防止窜货，利于打假，保证线下各级经销商的利益。

2. 可以优化货物运输路线和日程安排

区块链在国外已有了一定规模的应用。例如，北欧将区块链用于集装箱的智能化运输，这是将区块链技术用于大型物流运输领域的实例。

把集装箱信息存储在数据库中，区块链的存储解决方案会自主决定集装箱的运输路线和日程安排。这些智能集装箱还可对过往的运输经验进行分析，不断更新自己的路线和日程设计技能，使效率不断提高。对于收货人来说，不仅能全程跟踪货物物流消息，还能随时修改和优化货物运输的日程安排。

3. 解决物流中小微企业融资难问题

区块链技术还可以帮助解决物流供应链上的中小微企业的融资难问题。近年来，我国物流供应链行业处于持续、快速的发展阶段，一批具备较强供应链管理能力的物流企业迅速崛起。然而，物流供应链上的企业大多是中小微企业，企业的信用等级评级普遍较低，很多企业没有得到信用评级，难以获得银行或金融机构的融资贷款服务。

区块链技术在物流行业的应用，使得物流商品具备了资产化的特征，有助于解决上述问题。区块链技术可以将信息化的商品价值化、资产化，主要是因为区块链技术所记载的资产不可更改、不可伪造，固定了商品的唯一所有权，可以使得所有物流链条中的商品可追溯、可证伪、不可篡改，实现物流商品的资产化。利用区块链基础平台，可使资金有效、快速地接入物流行业，从而改善中小企业的营商环境。

思政案例

物流行业的发展前景	
物流是指为了满足客户的需求，以最低的成本，通过运输、保管、配送等方式，实现原材料、半成品、成品或相关信息进行由商品的产地到商品的消费地的计划、实施和管理的全过程。物流是一个控制原材料、制成品、产成品和信息的系统，从供应开始经各种中间环节的转让及拥有而到达最终消费者手中的实物运动，以此实现组织的明确目标。现代物流是经济全球化的产物，也是推动经济全球化的重要服务业。世界现代物流业呈稳步增长态势，欧洲、美国、日本成为当前全球范围内的重要物流基地。	← 课程思政 拓展海外业务，开展国际合作
物流作为现代商业活动的生命线，随着我国经济的崛起，物流行业在我国也得到了巨大的发展。 我国是全球物流大国，经过 30 多年的发展，物流业已经发展成为重要的现代服务业，是国民经济的支柱产业。特别是近年来，我国物流行业保持快速发展，全社会物流总额呈不断上涨趋势。业内人士指出，在结构调整、产业优化、降本增效的背景下，物流业也将伴随着	增强民族自信心和创新意识

信息技术、智慧物流、市场升级等带来的发展机遇。 　　物流业属于生产性服务业，是国家重点鼓励发展的行业。现代物流业作为国民经济基础产业，融合了道路运输业、仓储业和信息业等多个产业，涉及领域广，吸纳就业人数多，现代物流业的发展可以推动产业结构调整升级，其发展程度成为衡量综合国力的重要标志之一。物流行业规模与经济增长速度具有直接关系，近十几年的物流行业快速发展主要得益于国内经济的增长，但是与发达国家物流发展水平相比，我国物流业尚处于发展期向成熟期过渡的阶段。 　　物流行业的发展趋势是从基础物流、综合物流逐渐向供应链管理发展。供应链的概念是传统物流理念的升级，将物流划为供应链的一部分，综合考虑整体供应链的效率和成本。供应链是生产及流通过程中，由将产品或服务提供给最终用户活动的上游与下游企业所形成的网链结构。供应链管理渗透至物流活动和制造活动，涉及从原材料到产品交付最终用户的整个物流增值过程。供应链管理属于物流发展的高级阶段，供应链管理的出现标志着物流企业与客户之间从物流合作上升到战略合作高度。物流企业从基础服务的提供逐渐转变为供应链方案的整合与优化，在利用较少资源的情况下，为客户创造更大的价值。 　　网络信息技术升级带动行业新技术、新业态不断涌现。信息技术和供应链管理不断发展并在物流业得到广泛运用，物联网、云计算等现代信息技术帮助实现货物运输过程的自动化运作和高效化管理，提高物流行业的服务水平，降低成本、减少自然资源和市场资源的消耗，实现智能物流。现代物流行业兼并收购趋势明显，行业整合加速。 　　物流企业从最初只承担简单的第三方物流，逐步拓展到全面介入企业的生产、销售阶段，并通过整合供应链上下游信息，优化企业各阶段的产销决策，物流企业专业化服务水平和效益显著提高。在国家政策的鼓励和引导下，更多物流企业向提供供应链服务方向延伸发展。 　　启发思考：（1）简述我国物流行业的发展情况。 　　　　　　（2）作为一名大学生，如何增强民族自豪感和学习紧迫感？（课程思政）	树立服务意识，全方位为用户服务，发扬吃苦耐劳精神 新技术使用、企业社会责任、诚信经营

本章小结

　　物流是电子商务活动中一个非常重要的环节。通过本章的学习，能充分了解电子商务物流的基本内容、电子商务物流的模式及电子商务物流新技术的相关内容。重点掌握企业自营物流模式、物流联盟模式、第三方物流模式及第四方物流的特点，尤其要重视电子商务物流新技术的应用。

学习与思考

一、名词解释

物流　　电子商务物流　　第三方物流　　第四方物流　　物流联盟

二、单选题

1．电子商务中的任何一笔交易都包含 3 种基本的"流"，即信息流、资金流和（　　）。
A．物流　　　　　　B．现金流　　　　　C．商品流　　　　　D．货币流
2．电子商务物流具备了一系列新特点，有信息化、自动化、（　　）、智能化和柔性化。
A．数字化　　　　　B．网络化　　　　　C．集成化　　　　　D．全球化
3．EAN 码是（　　）。
A．一维码　　　　　B．二维码　　　　　C．三维码　　　　　D．四维码
4．（　　）是中国自主研发、独立运行的全球卫星导航系统。
A．北斗卫星导航系统　　　　　　　　　　B．GPS
C．伽利略卫星导航系统　　　　　　　　　D．格洛纳斯系统卫星导航系统
5．无线射频简称（　　）。
A．RDIF　　　　　　B．RFID　　　　　　C．RIFD　　　　　　D．RFDI

三、多选题

1．企业自营物流模式的优点有（　　）。
A．控制力强　　　　B．服务性强　　　　C．协调性强　　　　D．专业性强
2．物流企业联盟是制造业、销售企业、（　　）基于正式的相互协议而建立的一种物流合作关系。
A．银行　　　　　　B．制造业　　　　　C．销售企业　　　　D．物流企业
3．物流信息的特点有（　　）。
A．物流信息来源广、信息量大
B．物流信息动态性强，信息的价值衰减速度快
C．物流信息种类多
D．物流信息的作用
4．二维码是一种在（　　）均带有信息的条码。
A．水平方向　　　　B．垂直方向　　　　C．左右方向　　　　D．上下方向
5．北斗卫星导航系统由（　　）三部分组成。
A．空间段　　　　　B．地面段　　　　　C．用户段　　　　　D．技术段

四、思考题

1．什么是物流信息？
2．举例说明物流企业联盟模式。

技能训练

利用草料二维码平台在线制作一个集装箱的二维码。利用 Excel 自行编制一个集装箱中商品的信息表。

第六章
网络营销

学习目标

（1）掌握网络营销的概念、职能及特点。
（2）能够开展网络市场调研的活动。
（3）能利用网络营销的各种方法进行营销活动与策划。
（4）了解网络广告的特点及主要形式。

知识框架图

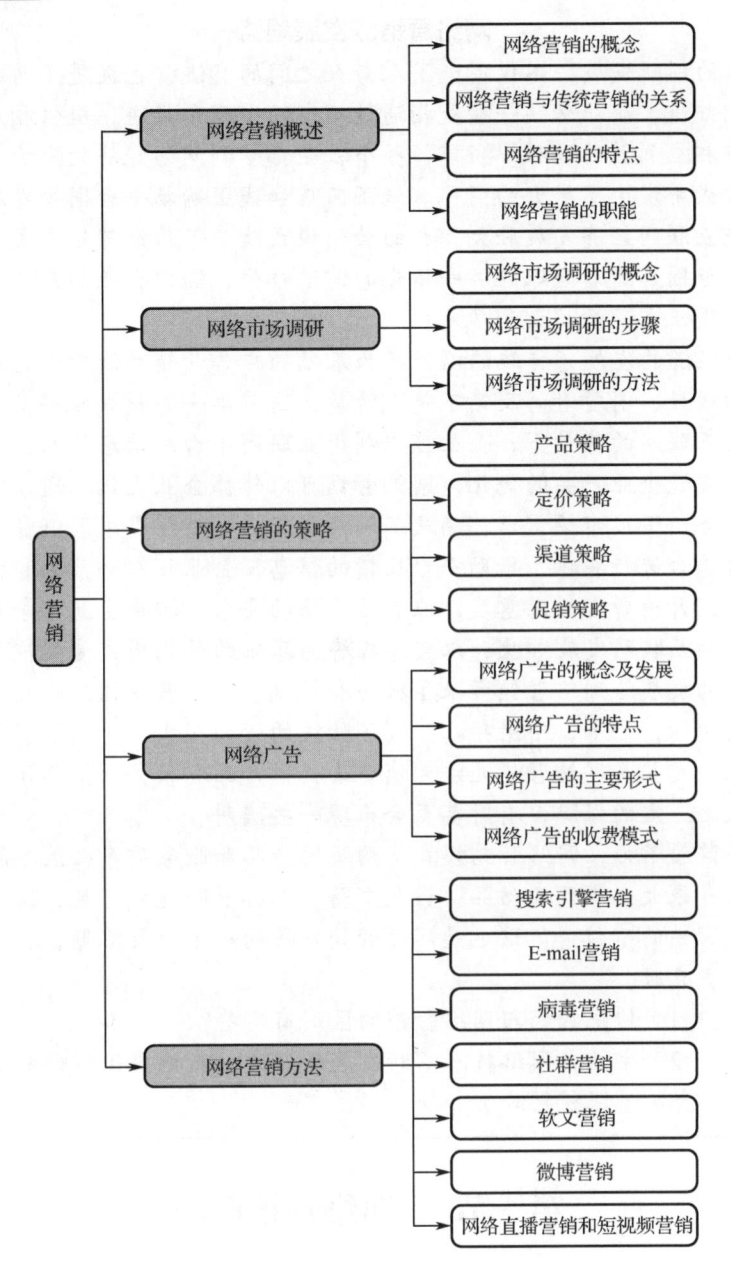

```
                    ┌─ 网络营销概述 ─┬─ 网络营销的概念
                    │               ├─ 网络营销与传统营销的关系
                    │               ├─ 网络营销的特点
                    │               └─ 网络营销的职能
                    │
                    ├─ 网络市场调研 ─┬─ 网络市场调研的概念
                    │               ├─ 网络市场调研的步骤
                    │               └─ 网络市场调研的方法
                    │
    网络营销 ───────┼─ 网络营销的策略 ┬─ 产品策略
                    │               ├─ 定价策略
                    │               ├─ 渠道策略
                    │               └─ 促销策略
                    │
                    ├─ 网络广告 ─────┬─ 网络广告的概念及发展
                    │               ├─ 网络广告的特点
                    │               ├─ 网络广告的主要形式
                    │               └─ 网络广告的收费模式
                    │
                    └─ 网络营销方法 ─┬─ 搜索引擎营销
                                    ├─ E-mail营销
                                    ├─ 病毒营销
                                    ├─ 社群营销
                                    ├─ 软文营销
                                    ├─ 微博营销
                                    └─ 网络直播营销和短视频营销
```

思政目标 ▶▶▶▶▶▶

（1）培养自强不息、锐意进取的精神。
（2）培养实事求是的职业精神。
（3）要遵守网络行为规范及保护知识产权。
（4）要爱国奉献、明礼守法。

> **引导案例**
>
> **网络营销的发展趋势**
>
> 　　网络技术的不断发展，不仅促进了人与人之间的交流，也促进了网络经济的可持续发展。我们知道，企业营销一般是指通过一定的手段和渠道，提供相应的商品和服务，从而获得相应利益的过程。当前，整个社会都受到网络经济的影响，人们的消费观念和消费方式都发生了很大的变化。线下门店和线上购物平台同步发展，实体经济市场必须依托互联网经济发展壮大。新的营销模式改变了传统营销方式，扩大了企业产品和服务的范围。随着全球经济一体化的前进步伐，国内企业的产品进入海外，网络下的营销范围正在逐步扩大和多元化。
>
> 　　随着社会经济的发展，传统的以产品为基础的广告营销对消费者的需求和要求、产品和服务的效果、消费者的反馈不是很清楚，这种单一的模式阻碍了企业的长远发展。因此，在互联网的背景下，企业可以利用互联网平台和信息技术，收集消费者的想法和意见，促进企业产品的优化。网络营销可以传播企业文化，通过网络平台充分展示产品和服务，适应市场需求，满足不同消费者的个性化需求。消费者对产品的评价也可以通过平台进行展示，借助平台反馈的信息，企业可以对产品和服务进行改造优化，全方位提升消费者的满意度，以满足市场的要求，增强企业竞争力。
>
> 　　信息技术和互联网发展加快，以实体经济为基础的营销模式受到较大影响，信息技术和互联网的发展给网络营销带来了机遇和挑战。网络营销信息化发展中还存在一些亟待解决的问题，比如，中老年人习惯了传统的营销模式，对网络营销缺乏了解，不太愿意加入；尤其是网络营销无法为消费者提供产品和服务的实际体验，产品质量和售后服务缺乏一定的保障，有时甚至会出现一些陷阱。
>
> 　　如果市场监管不力，网络营销模式下购买的产品和服务质量必然下降。不同商家的产品质量差异很大，小商品仿品、盗版书籍、贴牌衣服随处可见，这些现象都会加剧人们对网络营销的不信任。这也是网络营销发展的一个重要难题，在网络营销的过程中需要企业去克服。
>
> 　　启发思考：（1）传统营销与网络营销的区别有哪些？
>
> 　　　　　　（2）生活在网络技术不断发展的时代，我们要做好哪些准备去适应社会？（课程思政）

第一节　网络营销概述

　　网络营销是随着互联网的产生和发展而产生的新型营销方式，它伴随网络技术和信息通信技术的发展而发展。当前的世界已进入一个网络信息社会，信息通信技术的发展已经使互联网成为一个全球性、辐射面更广、交互性更强的新型媒体，企业纷纷采用这种新的手段来推广自身品牌，开展网络营销活动。

一、网络营销的概念

　　网络营销也称网上营销或电子营销，是指以互联网为核心平台，以网络用户为中心,以市场需求和认知为导向,利用各种网络应用手段去实现企业营销目的的一系列行为。

为用户创造价值是网络营销的核心思想,基于互联网工具的各种方法是开展网络营销的基本手段。互联网为营销带来了许多便利。

网络营销是基于网络及社会关系网络连接企业、用户及公众,向用户及公众传递有价值的信息与服务,为实现客户价值及企业营销目标所进行的规划、实施与运营管理活动。网络营销是企业整体营销战略的一个组成部分,是为实现企业总体经营目标所进行的,以互联网为基本手段,营造网上经营环境并利用数字化的信息和网络媒体的交互性来辅助营销目标实现的一种新型的市场营销方式。

根据以上定义,可以从以下 4 个方面加深对网络营销的理解与认识。

1. 网络营销是手段而不是目的

网络营销具有明确的目的和手段,但它本身不是目的,而是营造网上经营环境的过程,也就是综合利用各种网络营销方法、工具、条件并协调其间的相互关系,从而更加有效地实现企业营销目的的手段。

2. 网络营销是企业整体营销战略的一个组成部分

在互联网时代,网络营销已成为企业营销战略中必不可少的内容,其作用也越来越重要,但不论其占主导地位还是从属地位,网络营销活动都不可能脱离一般营销环境而独立存在。网络营销与传统营销是一个相辅相成、互相促进的营销体系。因此,一个完整的网络营销方案除了在网上做推广,利用传统营销方法进行线下推广也是很有必要的。

3. 网络营销不等于网上销售

网络营销是为实现产品销售目的而进行的一项基本活动。它的目的并不仅仅是促进网上销售,还在于提升企业品牌价值、加强与客户之间的沟通、增加客户忠诚度、拓展对外信息发布的渠道、改善客户服务等。

4. 网络营销不等于电子商务

网络营销和电子商务是一对紧密相关而又具有明显区别的概念。电子商务是系统地利用电子工具,高效率、低成本地从事以商品交换为中心的各种活动的全过程。可以将电子商务简单地理解为电子交易,电子商务强调的是交易行为和方式,而网络营销是企业电子商务活动中最基本的、最重要的互联网上的商业活动。网络营销只是企业整体营销战略的一个组成部分。网络营销本身并不是一个完整的商业交易过程,而是促进商业交易的一种手段。因此,网络营销是电子商务的基础,开展电子商务离不开网络营销,但网络营销并不等于电子商务。

二、网络营销与传统营销的关系

1960 年,美国密歇根州立大学教授杰罗姆·麦卡锡提出了 4P 理论,即产品(Product)、价格(Price)、渠道(Place)和促销(Promotion)。4P 首次把营销的内容和过程进行了结构化,便于应用和管理。

随着市场竞争日趋激烈，媒介传播速度越来越快，4P 理论也越来越受到挑战。1990 年，美国的罗伯特·劳特朋教授提出了与传统营销的 4P 相对应的 4C 营销理论，即消费者（Consumer）、成本（Cost）、便利（Convenience）和沟通（Communication）。它的出现标志着 4P 时代的过去，4C 时代的开启。图 6.1 所示为 4P 和 4C 的对应关系。

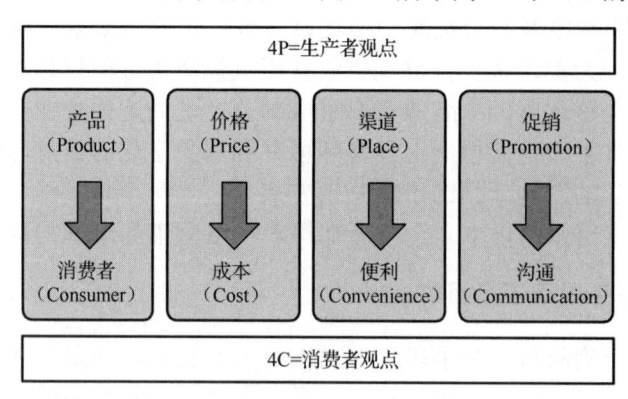

图 6.1　4P 和 4C 的对应关系

1. 传统营销的 4P 理论转向网络营销的 4C 理论

1）传统营销与网络营销主体上的对比

4P 理论以企业为中心，强调根据企业需要安排生产什么产品，以何种价格进行销售，通过什么途径销售出去，以何种方式进行促销。4C 理论则以消费者为中心，强调根据消费者需要安排生产什么产品，以何种价格进行销售，通过什么途径销售出去，以何种方式进行促销，强调把消费者和企业双方的利益整合在一起。4P 理论提出的是自上而下的运行原则，重视产品导向而非消费者导向，4C 理论则以"请注意消费者"为座右铭，强调以消费者为导向。

2）传统营销与网络营销内容上的对比

4P 即产品、价格、渠道、促销。产品包含核心产品和延伸产品，可以是有形的实体，也可以是无形的服务、技术、知识或智慧等。价格的制定方法有很多，有成本加成法、目标利润法、竞争比较法、市场空隙法等。渠道是产品从生产方到消费者终端所经历的销售路径，可以是代理商、批发商、商场或零售店等环节，也可以是电话直销、电视直销、网络直销、人员直销、专卖店直销等模式。促销是人员推销、广告、公关活动和销售促进。

4C 是指消费者、成本、便利和沟通。消费者指的是首先要了解、研究、分析消费者的需要与欲求，而不是先考虑企业要生产什么产品。成本指的是要先了解消费者为满足需要与欲求愿意付出多少钱，而不是先给产品定价向消费者要多少钱。便利性指的是要先考虑消费者购物等交易过程如何给消费者提供方便，而不是从企业的角度考虑销售渠道的选择。沟通指的是以消费者为中心实施营销活动，通过互动、沟通等方式，把消费者和企业双方的利益整合在一起，而不是从企业角度单方面考虑大力促销。

3）传统营销与网络营销优劣势上的对比

4P 理论作为较早推出的理论，有一定的基础和优势，它使营销理论有了体系，使复杂的现象和理论简单化，为营销提供了易于操作的理论框架。然而，它不足以涵盖所有行业可控的变量，只适合制造业中消费品的营销活动和以生产者为主导的卖方市场。

4C 理论作为新兴的理论，是市场发展的产物，它能够使企业以消费者为中心进行一对一传播，并注重资源整合、宣传企业形象；同时重视以传播和双向沟通为基础。但它也有不足之处，4C 理论以消费者为导向，着重寻找消费者需求，满足消费者需求。然而市场经济还存在竞争导向，企业不仅要看到需求，还需要更多地注意到竞争对手，冷静分析自身在竞争中的优势和劣势并采取相应的策略，才能在激烈的市场竞争中立于不败之地。4C 理论的局限性显然与市场环境的发展所提出的要求有一定的差距。

2. 传统营销的 4P 理论与网络营销的 4C 理论的整合

4P 理论与 4C 理论是完善和发展的关系，应将两者有机结合，相互借鉴，并根据企业各自的特点灵活地互补应用，方能发挥独特的作用。

1）将网上和网下相结合

网络营销利用互联网平台，能够低成本地获取消费者对企业相关产品信息进行浏览和搜索的数据。对这些数据进行整理、统计、分析，可以判断出对于企业相关产品存在一定消费欲望的消费者群体的集中区域和主要特征。企业根据数据对其网下的实际配备进行调整，利用网络营销手段将企业调整后的网下实际配备理念及情况进行针对性的宣传推广，以期促成线下交易。企业的实体商店也可以根据调整后的配备进行销售，形成线上信息挖掘促成线下销售的模式。网上与网下相结合的模式深度挖掘了互联网在信息搜集方面的优势，使企业能够更加全面地了解目标市场，从而达到提升企业营销效率的目的。

2）拓宽销售渠道

将网络营销与传统营销相整合应尽可能地挖掘两者的优势，降低甚至消除各自的劣势。随着市场竞争的日益激烈，品牌的市场效应逐渐凸显。企业首先应总结其传统，结合自身优势，在网络上打造品牌形象，从而加深消费者对企业品牌的认识；其次，企业利用网络营销加大对其品牌的宣传力度，使其被目标消费者市场熟知；再次，建立与其品牌特色相匹配的服务体系，使其产品得到消费者的信任；最后，利用其品牌效应完成线上和线下的营销。由此可见，网络营销和传统营销的有效整合，可以提升企业的整体口碑，使企业的市场覆盖率得到提升，而且可以有效地拓宽企业的销售渠道，为企业创造更大的经济效益。

3）加强企业网站建设

企业网站建设是企业网络营销的重要方面。企业网站不仅可以有效地宣传企业的相关产品，而且对于提升消费者对企业的信任度也有重要的意义，因此，在网络营销和传统营销整合的过程中企业的网站建设得到加强。

4）提升企业的市场竞争力

传统营销通常通过降低产品价格等促销手段与消费者建立营销关系，在短时间内虽能取得较理想的营销效果，但随着人们生活水平的提高和市场竞争的不断加强，消费者对产品的需求在受到价格影响的同时，也越来越注重质量和服务，因此，企业要在提升产品和服务质量方面加大探索力度。将传统营销和网络营销相整合，有利于企业利用互联网的便利性及其不受时间和空间制约的优势与消费者建立关系。这不仅为企业营销策略的实现奠定了基础，而且能够提升其营销策略的市场影响力，因此，企业的市场竞争力也将得到提升。

三、网络营销的特点

1. 无时间、空间的限制

互联网具有不受时间约束和空间限制的特点。企业通过互联网可以有更多的时间和更大的空间开展营销活动，每天24小时不间断地提供全球性营销服务。

2. 交互性

交互性是互联网的优势之一。通过网络，企业能够和消费者进行及时的双向沟通。企业能够在网上收集市场信息，了解消费者需求，在网上宣传商品信息，提供商品信息的查询服务。消费者能够向企业反馈意见、建议，企业与消费者通过网络可以做到真正的了解与沟通。

3. 虚拟化

虚拟化是指在互联网环境下企业与消费者并没有直接面对面，而是通过虚拟的环境进行沟通与交流。信息的发布、产品的展示是通过文字、声音、图像、视频等多媒体技术来实现的。在虚拟的环境中，企业开展的营销活动是理性的引导，并非强势的推销，消费者处于主导地位，根据丰富的信息资源作出自己的选择。

4. 高效与低成本

互联网上有大量的信息供消费者查询，可传送的信息数量与精确度远远超过其他媒体。网络的及时性使企业能够根据市场需求及时更新产品信息或调整价格，对营销策略、促销方法作出及时的补充与更正。

在互联网上进行信息交换和推销商品，能够减少一些过程中的成本。网络营销能降低多渠道销售带来的损耗，实现无店面销售，避免了昂贵的铺面租金，节约了水电与人工成本。在互联网上开展市场调研、信息的发布及广告的制作与发布等费用也比传统媒体低很多。

5. 具有很大的发展潜力

目前，互联网上人数众多，他们接受新事物快，具有较高的教育水平，网民大多数为年轻人，是一个极具开发潜力的市场，网络营销的潜力还是很大的。

6. 与现代营销理论有机结合

互联网是一种功能非常强大的营销工具，同时具有渠道、促销、电子交易、互动式客户服务，以及市场信息分析与提供等多种功能，能够实现从商品信息发布、购买、付款到售后服务的全部销售过程,是一种全程营销,并具备一对一营销能力,符合整合营销、直复营销、软营销等未来的营销趋势。

7. 高技术性

网络营销建立在以高科技作为支撑的互联网的基础之上,整合了计算机、通信、网络、信息、管理等不同门类的技术,企业实施网络营销就必须拥有既懂营销,又掌握各种技术的复合型人才。网络营销改变了传统的组织形态,紧跟网络营销技术发展的潮流,才能在未来的市场上具备竞争力。

> **知识拓展**
>
> **直复营销**
>
> 直复营销是以盈利为目标,通过个性化的沟通媒介向目标市场成员发布发盘信息,以寻求对方直接回应的社会和管理过程,是发展最快的营销形式。直复营销反映了一种朝着目标化或一对一营销宣传的发展趋势。

四、网络营销的职能

网络营销的职能不仅表明了网络营销的作用和网络营销工作的主要内容,同时也说明了网络营销应该实现的效果。对网络营销职能的认识有助于全面理解网络营销的价值和网络营销的内容体系,因此,网络营销的职能是网络营销理论的基础。

网络营销的基本职能表现在 8 个方面:网络品牌、网站推广、信息发布、网上销售、促进销售、客户服务、客户关系、网上调研。

1. 网络品牌

网络营销的重要任务之一是在互联网上建立并推广企业品牌,让企业品牌在网上得以延伸和拓展。网络营销为企业利用互联网建立品牌形象提供了有利条件,无论是大型企业还是中小企业,都可以用适合自己的方式展现品牌形象。网络品牌价值是网络营销效果的一种表现形式,通过网络品牌的价值转化,可以实现持久的客户忠诚,使企业获得更多的直接收益。移动互联网的发展为网络品牌提供了更多的展示机会。除了建设自己的网站,企业还可以通过在各种社交平台注册企业账户、开发企业 App 等途径扩大企业的影响。

2. 网站推广

网络营销以网站运营和推广为基础,网络推广尤其是网站推广是企业网络营销的基本组成部分。企业网站获得必要的网站访问量是网络营销取得成效的基础。尤其对于中小企业而言,由于经营资源的限制,发布新闻、投放广告、开展大规模促销活动等机会较少,因此,通过互联网进行网站推广就显得尤为重要。即使对于大型企业来说,网站推广也是非常有必要的。事实上,许多大型企业虽然有较高的知名度,但其网站访问量并不高。网站推广是网络营销最基本的职能之一,是网络营销的基础工作。在移动互联网环境下,网站推广的职能还需要进一步扩展到企业其他官方信息平台的推广,如企业 App 推广、企业社交网络平台公众号推广等。

3. 信息发布

网络营销的基本方法就是通过各种互联网手段,将企业营销信息以高效的方式向目

| 135

标客户、合作伙伴、客户等群体传播，因此，信息发布是网络营销的基本职能之一。发布信息的渠道包括企业内部平台（如企业网站、企业App、企业社交网络平台等）及第三方信息发布平台（如开放式网络百科平台、文档共享平台、B2B信息平台等）。充分利用企业内外部平台发布企业信息，是扩大企业信息网络可见度、实现网络信息传播的基础。

4. 网上销售

网上销售是企业线下销售渠道在互联网上的延伸。企业无论是否拥有实体销售渠道都可以开展网上销售。网上销售渠道包括企业自建的官方网站、官方商城、官方App，以及建立在第三方电子商务平台上的网店、通过社交网络销售及分销的微店，参与团购、加盟某O2O电子商务平台成为供货商等。与早期网上销售在网络营销中处于次要地位的情况相比，当前网上销售已发挥出越来越重要的作用，许多新兴企业甚至已完全依靠网上销售。

5. 促进销售

市场营销的根本目的就是为最终增加销量提供支持，网络营销也不例外，各种网络营销方法大都直接或间接地促进了销售。同时还有许多针对性的网上促销手段（如网络优惠券、团购、积分等），这些促销方法并不限于对网上销售的支持，它们对于促进网下销售同样很有价值，这也是一些没有开展网上销售业务的企业有必要开展网络营销的原因。

6. 客户服务

互联网提供了方便的在线客户服务手段，形式从最简单的常见问题解答到电子邮件、邮件列表，以及在线论坛、即时信息、网络电话、网络视频、社交网络服务等，均有不同形式、不同功能的在线沟通和服务功能。在线客户服务具有成本低、效率高的优点，在提高客户服务水平、降低客户服务费用方面具有显著作用，同时也会直接影响网络营销的效果，因此，在线客户服务是网络营销的基本组成内容。

7. 客户关系

客户是社交关系中最重要的环节，对于促进销售及开发客户的长期价值具有至关重要的作用。建立和维系客户关系的方式，从早期的电子邮件、邮件列表、论坛等发展到目前的微博、微信、微社群等，企业和客户的连接更紧密，沟通更加便捷。客户关系资源是企业网络营销资源的重要组成部分，也是创造客户价值，发挥企业竞争优势的基础保证。

8. 网上调研

网上调研不仅可为企业制订网络营销策略提供支持，也是企业整个市场研究活动的辅助手段之一。

第二节　网络市场调研

市场调研是营销链中的重要环节，没有市场调研，就把握不了市场。网络市场调研，无论在调研的理念上、调研的方法上，还是在调研的问卷设计上，都与传统的市场调研有差异，开展网络市场调研是网络营销的基本内容。

一、网络市场调研的概念

网络市场调研（Online Research）又称网络市场调查，是指基于互联网而系统地进行营销信息的收集、整理、分析和研究的过程。

网络市场调研的内容主要包括市场可行性研究、分析不同地区的销售机会和潜力、探索影响销售的各种因素、竞争分析、产品研究、包装测试、价格研究、分析特定市场的特征、消费者研究、形象研究、市场性质变化的动态研究、广告监测、广告效果研究等方面。

二、网络市场调研的步骤

一般而言，网络市场调研可分为以下 5 个步骤。

1. 明确问题与确定调研目标

明确问题与确定调研目标对网络市场调研来说尤为重要。只有明确了希望通过网络市场调研要解决的问题，并确定了清晰的调研目标，才能制订调研计划、选择合适的调查方法。

2. 设计调研方案

调研方案的主要内容包括资料来源、调查方法、调查手段、抽样方案和联系方式。
（1）资料来源：确定收集的是二手资料还是一手资料（原始资料）。
（2）调查方法：网上市场调查可以使用专题讨论法、问卷调查法和实验法。
（3）调查手段：在线问卷、交互式计算机辅助电话访谈系统、网络调研软件系统等。
（4）抽样方案：要确定抽样单位、样本规模和抽样程序。
（5）联系方式：采取网上交流的形式，如通过电子邮件传输问卷、参加网上论坛等。

3. 收集信息

互联网没有地域的限制，因此，网络市场调研可以在全国甚至全球进行。收集信息的方法也很简单，直接在网上递交或下载即可。

在问卷回答中访问者经常会有意无意地漏掉一些信息，这可通过在页面中嵌入脚本或 CGI 程序进行实时监控。如果访问者遗漏了问卷上的一些内容，其程序会拒绝递交调查表或者验证后重发给访问者进行补填。最终，访问者会收到证实问卷已完成的公告。在线问卷的缺点是无法保证问卷上所填写信息的真实性。

4. 信息整理和分析

收集信息后要做的是分析信息，这一步非常关键，调查人员如何从数据中提炼出与调查目标相关的信息，直接影响最终的结果。要使用一些数据分析技术，如交叉列表分析、综合指标分析和动态分析等。目前，国际上较为通用的分析软件有 SPSS、SAS 等。绝大多数调研数据较简单，可以使用电子表格（如 Excel、WPS 电子表格）。网上信息的一大特征是即时呈现，而且很多竞争对手还可能从一些知名的商业网站上看到同样的信息，因此，分析信息能力相当重要，它能使用户在动态的变化中捕捉到商机。

5. 撰写调研报告

撰写调研报告是整个调研活动的最后一个重要步骤。报告不能是数据和资料的简单堆积，调研人员不能把大量的数字和复杂的统计技术呈现在管理人员面前。正确的做法是把与市场营销决策有关的主要调查结果报告出来，并遵循一定的写作原则。

三、网络市场调研的方法

1. 网络市场直接调研的方法

网络市场直接调研指的是为当前特定的目的在互联网上收集一手资料或原始信息的过程。

1）专题讨论法

专题讨论法可通过 Usenet 新闻组、BBS 讨论组或邮件列表讨论组进行。首先，确定要调查的目标市场并识别目标市场中要加以调查的讨论组；然后，确定可以讨论或准备讨论的具体话题；最后，登录相应的讨论组，通过过滤系统发现有用的信息或创建新的话题，让大家讨论，从而获得有用的信息。

具体来说，目标市场的确定可根据 Usenet 新闻组、BBS 讨论组或邮件列表讨论组的分层话题选择，也可向讨论组的参与者查询其他相关名录，还应注意查阅讨论组上的常见问题，以便确定能否根据名录来进行市场调查。

2）在线问卷法

在线问卷法是指研究者将其所要研究的事项制成问卷或表格在网上发布，被调查者通过互联网完成问卷的填答并提交的一种形式。在线问卷法一般有两种途径：一种是放置在网站上；另一种是采用邮件的方式发给被调查者，由被调查者完成后将结果以邮件的方式返回给研究者。问卷是研究者用来收集资料的一种方式，它重在对个人意见、态度和兴趣的调查。问卷的目的主要是通过问卷的答案得知有关被测者对某项问题的态度、意见，然后比较、分析大多数人对该项问题的看法，以供研究者参考。

2. 网络市场间接调研的方法

网络市场间接调研指的是网上二手资料的收集。二手资料的来源有很多，如政府出版物、公共图书馆、大学图书馆、贸易协会、市场调查公司、广告代理公司和媒体、企业情报室等。其中许多单位和机构都已在互联网上建立了自己的网站，各种各样的信息都可以通过访问网站获得。再加上众多综合型 ICP（互联网内容提供商）、专业型 ICP 及搜索引擎网站，使得互联网上的二手资料的收集非常方便。

互联网上虽有海量二手资料，但要找到自己需要的信息，首先，必须熟悉搜索引擎的使用，其次要掌握专题型网络信息资源的分布。

1）利用搜索引擎查找资料

搜索引擎使用自动索引软件来发现、收集并标引网页，建立数据库，以 Web 形式提供给用户一个检索界面，供用户以关键词、词组或短语等检索项查询与提问匹配的记录。目前在互联网上可选择的搜索引擎有许多，如百度、谷歌等。

目前，搜索引擎与网络目录型检索工具之间的界限越来越模糊，大多数流行的网络检索工具同时提供两种方式的检索：主题分类检索和关键词检索。

2）访问相关的网站收集资料

如果知道某一专题的信息主要集中在哪些网站，可直接访问这些网站，获得所需的资料。与传统媒体的经济信息相比，网上市场行情一般数据全、实时性强。

例如，环球资源的前身是亚洲资源，2000 年 4 月在美国纳斯达克上市。环球资源是 B2B 服务提供商，为买卖双方提供增值服务。它提供的服务和产品首先是基于买家的需求而设立的。其强大的搜索引擎分三大类：产品搜索、供应商搜索和全球搜索。

3）利用相关的网上数据库查找资料

在互联网上，除了借助搜索引擎和直接访问有关网站收集市场二手资料，第三种方法就是利用相关的网上数据库（Web 版的数据库）。外文网上数据库有 DIAOG 系统、ORBIT 系统、ESA-IRS 系统、STN 系统等；中文网上数据库有中国知网、万方知识服务平台、超星数字图书馆等。

> **案例与思考 6.1**
>
> 网上调研平台——问卷星
>
> 长沙冉星信息科技有限公司旗下问卷星，旨在以问卷为基础，提供强大的数据收集、存储和分析工具，深挖数据价值。问卷星是一个专业的在线问卷调查、考试、测评、投票平台，专注于为用户提供功能强大、人性化的在线设计问卷、采集数据、自定义报表、调查结果分析等系列服务。
>
> 问卷星平台使用流程分为下面 6 个步骤：①在线设计问卷。问卷星提供了所见即所得的设计问卷界面，支持多种题型，以及信息栏和分页栏，并可以给选项设置分数（可用于量表题或者测试问卷），可以设置跳转逻辑，同时还提供了数十种专业问卷模板供您选择。②发布问卷并设置属性。问卷设计好后可以直接发布并设置相关属性，如问卷分类、说明、公开级别、访问密码等。③发送问卷。通过发送邀请邮件，或者用 Flash 等方式嵌入公司网站或者博客中邀请受访者填写问卷。④查看调查结果。可以通过柱状图和饼状图查看统计图表，卡片式查看答卷详情，分析答卷来源的时间段、地区和网站。⑤创建自定义报表。自定义报表中可以设置一系列筛选条件，不仅可以根据答案来进行交叉分析和分类统计，还可以根据填写问卷所用时间、来源地区和网

站等筛选出符合条件的答卷集合。⑥下载调查数据：调查完成后，可以下载统计图表到 Word 文件保存、打印，或者下载原始数据到 Excel，导入 SPSS 等调查分析软件，做进一步的分析。

启发思考：（1）问卷星的功能有哪些？

（2）通过问卷星平台进行在线问卷调查时，我们如何保证实事求是的态度和严谨的工作作风？（课程思政）

第三节　网络营销的策略

互联网的商业应用改变了传统的买卖关系，带来了企业营销方式的改变，对市场营销提出了新的要求，营销的内容也发生了较大的变化。企业根据自身在市场中所处地位不同而采取不同的网络营销策略组合，包括产品策略、定价策略、渠道策略和促销策略。

一、产品策略

网络营销中的产品策略是企业在互联网环境中推广和销售产品或服务的关键策略之一。它涉及明确目标市场、选择合适的网络营销渠道、制定有吸引力的产品方案以及优化产品描述和图片等方面。

1. 明确目标市场

在制定网络营销产品策略之前，首先需要明确目标市场。这包括了解目标客户的年龄、性别、职业、兴趣等基本信息，以及他们的消费习惯、购买能力和需求。通过对目标市场的深入了解，可以更好地定位产品，制定更有针对性的营销策略。

2. 选择合适的网络营销渠道

网络营销渠道多种多样，包括社交媒体、搜索引擎、电子邮件、内容营销等。在选择渠道时，需要根据目标市场的特点和产品特性来决定。例如，如果目标市场主要是年轻人，那么社交媒体可能是一个不错的选择；如果产品需要展示详细的图片和视频，那么搜索引擎和内容营销可能更适合。

3. 制定有吸引力的产品方案

制定有吸引力的产品方案是网络营销成功的关键。这包括产品的定价、促销策略、包装等方面。定价需要考虑到成本、竞争对手和市场接受度等因素；促销策略可以通过优惠券、限时折扣等方式吸引客户；包装则需要考虑产品的特点和目标市场的审美需求。

4. 优化产品描述和图片

在网络营销中，产品描述和图片是吸引客户的重要因素。产品描述需要简洁明了，突出产品的特点和优势，同时提供详细的信息以增加消费者的购买信心。高质量的产品图片能够直观地展示产品的外观和细节，提高消费者的购买意愿。

综上所述，网络营销中的产品策略是一个综合性的过程，涉及市场分析、渠道选择、产品方案制定以及内容优化等多个方面。通过这些策略的实施，企业可以提升品牌知名度，增加销售额，并在竞争激烈的市场环境中脱颖而出。

> **案例与思考 6.2**
>
> **三只松鼠产品策略**
>
> 三只松鼠股份有限公司（以下简称三只松鼠）主要经营坚果、肉脯、果干、膨化等全品类休闲食品，总部位于安徽芜湖，现已发展成为年销售额百亿元的上市坚果行业龙头企业，并成功孵化聚焦宝宝零食的子品牌小鹿蓝蓝。作为国民品牌，三只松鼠在企业发展的同时，联动上游共建联盟工厂提升产品品质，以消费者为中心持续深耕研发和制造，投身公益，致力乡村振兴，奔赴共同富裕。
>
> 三只松鼠主要以坚果系列产品、干果系列产品、花茶系列产品为主。三只松鼠首推森林系食品的理念，力求让消费者品尝到绿色、新鲜的坚果。其产品全部为原产地农场和本地特产，严防质量问题。三只松鼠针对的主要是年轻的消费群体，以及慢食生活的人群，虽然面对的消费者人群范围狭窄，但此年龄段的消费者是网上购物的主力军。正是基于这样的消费者定位，三只松鼠从产品包装、漫画形象到企业客服等处处体现出青春活力、萌萌的氛围，尤其是可爱的松鼠漫画形象，让年轻的消费者倍感亲切。
>
> 在产品富余的时代，消费者并不担心如何获得想要的产品，而更需要获得个性化的产品。三只松鼠的产品并不是市场上稀缺的，年轻的消费者看中的是产品的质量与个性化。
>
> 启发思考：（1）分析三只松鼠成功的产品策略。
> （2）三只松鼠是如何做到为消费者服务的？（课程思政）

二、定价策略

网络交易价格是指企业在网络营销过程中买卖双方成交的价格。它的形成机理是非常复杂的，会受来自企业内部及企业外部成本因素、供求关系、竞争因素等多种不同因素的影响和制约。企业在进行网络营销决策时必须综合考虑上述因素，以便制定有效的定价策略。

1. 个性化定价策略

个性化定价策略是指利用网络互动性的特征，根据消费者对产品外观、颜色等方面的具体需要来确定商品价格的一种策略。网络的互动性使个性化营销成为可能，也使个性化定价策略有可能成为网络营销的一个重要策略。

2. 竞争定价策略

竞争定价策略是指企业制定胜过竞争对手的价格，以便自己的产品能争先卖出的策略。竞争定价策略是一种根据市场上同类商品的价格来制定自己商品价格的方法。它是一种常见的商品定价策略,适用于市场竞争激烈、商品同质化程度高、消费者对价格敏感的情况。产品经理和运营人员在使用竞争定价法时,需要有自己的判断和决策,不要盲目地跟随竞争对手的价格,也不要忽视自己的商品的成本和价值,而是要根据市场的供需状况和自己的商品的差异化和附加值,来制定合理的价格策略和价格水平。

3. 声誉定价策略

声誉定价策略是指企业利用消费者仰慕品牌的心理来制定大大高于其他同类商品的价格的策略。企业的形象、声誉成为网络营销发展初期影响价格的重要因素。消费者对网上购物和订货往往会存在许多疑虑,如质量能否得到保证、货物能否及时送到等。如果网上商店在消费者心中享有声望,则它出售的网络商品价格可比一般商店高一些;反之,价格则要低一些。

4. 品牌定价策略

品牌定价是消费者感知品牌价值高低及自己利益得失的重要依据,是消费者考虑购买该品牌商品的重要因素及判断商品价值的基础。产品的品牌和质量会成为影响价格的主要因素,它能够对消费者产生很大的影响。如果产品具有良好的品牌形象,那么产品的价格将会产生很大的品牌增值效应。名牌商品采用"优质高价"策略,既增加了盈利,又让消费者在心理上得到满足。对于本身有很大的品牌效应的产品,由于得到了人们的认可,在产品的定价过程中,完全可以对品牌进行扩展和延伸,利用网络直销与传统销售的结合产生整合效应。

5. 自动调价、议价策略

"自动调价、议价策略"是根据季节变动、市场供求状况、竞争状况及其他因素,在计算收益的基础上,设立自动调价系统自动进行价格调整的策略。可建立价格议价系统,与消费者直接在网上协商,使价格具有灵活性和多样性。

6. 撇脂定价策略和渗透定价策略

在产品刚进入市场时,价格定得较高,以便在短期内尽快收回投资,这被为撇脂定价。相反,在产品刚进入市场时,价格定得较低,以求迅速占领市场,抑制竞争对手的渗入,这称为渗透定价。不同类别的产品应采取不同的定价策略。例如,日常生活用品,购买率高、周转快,适合采用薄利多销、宣传网站、占领市场的渗透定价策略;而对于周转慢、销售与储运成本较高的特殊商品、耐用品,可采用撇脂定价策略,价格定得高些,以保证盈利。

7. 特有产品特殊定价策略

特有产品特殊定价策略要求根据产品在网上的需求来确定产品的价格。当某种产品有很特殊的需求时,不用过多地考虑其他竞争对手,只要制定自己最满意的价格即可。这种策略往往分为两种类型:一种是创意独特的新产品,它是利用网络沟通的广泛性、便利性,满足一些品位独特、需求特殊的消费者"先睹为快"的心理;另一种是纪念品等有特殊收藏价值的商品,如古董、纪念币,在网络上世界各地的人都能有幸在网上一睹其"芳容",这无形中增加了许多商机。

三、渠道策略

网络营销渠道是指借助互联网将产品或服务从生产者转移到消费者所经历的由各个中间环节连接而成的路径。网络营销渠道策略是企业进行渠道决策的具体策略,对降低企业成本和提高企业竞争力具有重要意义,其主要有以下3种方式。

1. 推式策略

推式策略是指企业利用人员推销,以中间商为主要促销对象,把产品由分销渠道最终推向市场的策略。企业应在规模小、资金不足、市场较为集中、产品单价高等情况下使用该策略。

2. 拉式策略

拉式策略又称吸引策略,是指企业通过密集的宣传推广等活动,激发消费者的购买欲望,进而吸引各级经销商主动向上一级供货商进货的策略。企业应在资金充裕、市场产品差异不大、产品受众广泛等情况下使用该策略。

3. 线上与线下融合策略

线上与线下融合是零售业的一大发展趋势。在具备足够实力的前提下,企业应整合各种线上与线下的资源,拉近与消费者之间的距离,为消费者带来个性化、人性化的购物体验。

案例与思考6.3

拼多多网络营销策略

拼多多首创"拼单"模式,将线上购物转换成一种动态社交体验。拼多多自我定位是"社交电子商务领导者",以微信为入口,将电子商务融入社交平台之中。消费者通过发起和朋友、家人、同事等的拼团,可以以更低廉的价格购买优质商品。其中,沟通分享的社交理念,形成了拼多多独特的新社交电子商务思维。

消费者可直接访问拼多多平台,选中商品后,可以将拼团的商品信息通过微信和QQ等社交网络发布,邀请亲朋好友和其他社交网络好友进行"拼单",当然也可以由拼多多App内有同样购买需求的陌生消费者组团来获取折扣。一旦达到拼团人数的条件,就被认定为拼团成功,各位消费者将获得优惠的拼团价格,且商品将分别发货。若无法满足拼团要求,则拼团失败,付款金额将返还给消费者。当然消费者也可以通过拼多多平台参与他人发起的订单拼团,获得更优惠的价格。

各位消费者在购物过程中通过交流、互动,一方面,可以对商品进行筛选和甄别;另一方面,双方都可以获得优惠的产品价格。

启发思考:(1)分析拼多多的网络营销策略。
(2)你是否参与过拼多多的"拼团营销"?有哪些感受?(课程思政)

四、促销策略

促销是指企业通过人员推销或非人员推销的方式,向目标消费者传递商品或劳务等信息,帮助消费者认识商品或劳务所带给消费者的利益,从而引起消费者的兴趣,激发消费者的购买欲望及购买行为的发生。网络促销是指利用现代化的网络技术向虚拟市场传递有关商品和劳务的信息,以激发需求,引起消费者购买欲望和购买行为的各种活动。网络促销策略有以下4种形式。

1. 网络广告

网络广告主要是通过网上知名站点、免费电子邮件服务及一些免费的、公开的交互站点发布企业的产品信息,对企业及企业产品进行宣传推广。

2. 网站推广

网站推广是利用网络营销策略提高站点的知名度,吸引网上流量访问网站,起到宣传和推广企业及企业产品的效果。

3. 销售促进

销售促进是企业利用可以直接销售的网络营销站点,采用销售促进方法,如价格折扣、有奖销售、拍卖销售等方式宣传和推广产品。

4. 关系营销

关系营销主要是借助互联网作为媒体和沟通渠道,通过与企业利益相关者(包括供应商、消费者、经销商、雇员、社会团体等)建立良好的合作关系,为企业的经营管理营造良好的环境。

另外,基于网络的各种新型促销形式不断出现,如口碑营销、病毒营销、网络事件营销、网络媒体软文营销、网络社区营销、博客推广等。

第四节 网络广告

随着互联网的飞速发展,网络世界日新月异、气象万千。互联网以跨时空、跨地域、图文并茂的双向传播信息的超凡魅力,创造了一个巨大的市场,网络广告便成为网络的衍生物之一。

一、网络广告的概念及发展

1. 网络广告的概念

网络广告是指通过付费方式在互联网上刊登或发布文字、声音、图像、影像、动画等多媒体形式的商业信息,并以沟通和劝说为目的的一种广告传播形式。

与传统的四大传播媒体(报纸、杂志、电视、广播)广告及备受垂青的户外广告相比,网络广告具有得天独厚的优势,是现代营销策略的重要一部分。互联网是一个全新的广告媒体,速度快、效果好,是中小企业营销的很好途径,对于广泛开展国际业务的公司更是如此。

2. 网络广告的发展过程

网络广告于 1994 年起源于美国,同年 10 月 14 日,美国著名杂志《热线》(Wired)推出了网络版 Hotwired,并成功吸引 ATT、MCI、ZIMA 等 14 家企业在其主页投放横幅广告,由此标志着网络广告的正式诞生。

1997 年 3 月,Chinabyte 网站上出现了中国第一个商业性的网络广告,广告主是 Intel,这是一个 468 像素×60 像素的动画横幅广告。这是中国网络广告发展的起点。网络广告已经成为网络经济中最直接、最有效的盈利模式。

根据艾瑞咨询数据,2020 年网络广告市场规模达到 7666 亿元,其中,移动广告市场规模达到 6725 亿元,同比增长率为 24.2%。未来移动广告市场将继续以略高于整体网络广告市场的年复合增长率稳步发展,同时,随着移动广告在网络广告中的渗透率逐渐提高,未来移动广告的增长动力将更多来自品牌方对网络广告预算的不断投入和数字营销产业的持续创新。

二、网络广告的特点

1. 传播范围广

网络广告的传播范围广泛,不受时空限制,可以通过国际互联网把广告信息 24 小时不间断地传播到世界各地。

2. 非强迫性传送资讯

报纸广告、杂志广告、电视广告、广播广告、户外广告等都具有强迫性,都是要千方百计吸引用户的视觉和听觉,强行灌输到用户的脑中。网络广告则属于按需广告,具有报纸分类广告的性质却不需要用户从头至尾地浏览,它可让用户自由查询,将想要查找的资讯集中呈现给用户,这样就节省了用户的时间。

3. 易于统计性

利用传统媒体做广告,很难准确地知道有多少人接收到广告信息,在网络上可通过权威公正的访客流量统计系统精确统计出每个客户的广告被多少个用户看过,以及这些用户搜索的时间分布和地域分布,从而有助于正确评估广告效果,审定广告投放策略。

4. 灵活的实时性

在传统媒体上做广告发布后很难更改,即使可改动,往往也需要付出很大的经济代价,而在网络上做广告能按照需要及时变更广告内容。

5. 强烈的交互性与感官性

网络广告的载体基本上是多媒体、超文本格式文件,只要受众对某样产品感兴趣,仅需要轻点鼠标就能进一步了解更多、更为详细、更为生动的信息，从而使消费者能亲身"体验"产品、服务与品牌。

6. 经济性

与传统广告相比，网络广告的成本较低。企业可以根据预算多少选择不同的广告形式和推广渠道，并且可以根据实际效果进行调整和优化，使广告投入更加精准、经济、高效。

三、网络广告的主要形式

1. 旗帜广告

旗帜广告又称横幅广告，是以 GIF、JPG、Flash 等格式建立的图像文件，定位在网页中用来展现广告内容。旗帜广告有通栏、旗帜、按钮、对联、浮动等表现形式。

2. 文本链接广告

文本链接广告是以一排文字作为一个广告，单击可以进入相应的广告页面。这是一种对浏览者干扰最少，但较为有效果的网络广告形式。有时，最简单的广告形式效果反而最好。

3. 社会化媒体广告

社会化媒体广告是一种融合了消费者同意展示及被分享的用户交互广告，在广告内容中有发布人的图像或用户名，使得用户可以与广告发布者产生交互，如微博、微信、QQ 空间等社会化媒体中出现的广告。以新浪微博为例，包括顶部公告、底部公告、右侧推荐、粉丝头条、粉丝通及微任务等广告形式。

4. 插播式广告（弹出式广告）

插播式广告是指用户在浏览网页时，强制插入一个广告页面或弹出一个广告窗口。最典型的插播式广告就是网页弹窗。插播式广告有各种尺寸，有全屏的也有小窗口的，互动的程度也不同，静态的、动态的均有。

插播式广告的出现没有任何征兆，肯定会被浏览者看到。它有点类似于电视广告，都是打断正常播放的节目强迫观看。不同的是，浏览者可以通过关闭窗口不看广告。

5. 网络视频广告

网络视频广告是随着网络视频的发展而新兴的一种广告形式。它的表现手法与传统电视广告类似，都是在正常的视频节目中播入广告片段。例如，在节目开始前或节目结束后播放广告视频。与插播式广告一样，网络视频广告也是一种强迫用户观看的广告形式，但是相对于前者要友好得多。

6. 搜索引擎竞价广告

搜索引擎竞价广告是按照付费最高者排名靠前的原则，对购买了同一关键词的网站进行排名的一种方式。竞价排名是搜索引擎广告的主要形式，竞价排名的最大特点是按单击付费，如果没有被用户单击，则不收取广告费，在同一关键词的广告中，单次单击出价最高的广告排在第一位，其他位置按照广告主出价不同，从高到低依次排列。搜索引擎竞价广告是一种由用户自主投放、自主管理，并依据效果而付费的广告形式。

7. 信息流广告

信息流广告又称原生广告，就是与内容混排在一起的广告，是最不像广告的广告，也是看上去最像普通内容的广告。信息流广告是通过大数据算法，由机器智能分析用户在平台内的一系列行为和兴趣分布，将用户兴趣热点和广告进行精准匹配并主动推送给用户的一种全新广告形式。信息流广告被嵌入用户日常浏览的资讯、社交动态或视频流中，从广告素材和广告文案上与普通内容完全一致，并且通过用户的刷新行为不断变化，更易于被用户接受。

2015年年初，微信朋友圈接入了信息流广告，之后今日头条、微博等各大社交媒体App也先后接入了信息流广告。2016年6月，在手机百度App和百度浏览器首页等位置接入了信息流内容，新推的信息流广告就被嵌入其中。信息流广告是最适合移动互联网时代的广告形式，也是未来网络广告发展的趋势。

8. 电子邮件广告

电子邮件广告具有针对性强（除非肆意滥发）和费用低的特点，且广告内容不受限制。它可以为具体某一个客户发送特定的广告，这是其他网络广告方式所不及的。一般电子邮件广告做得越简单越好，文本格式的电子邮件广告兼容性最好。

9. 手机网络广告

手机网络广告已经成为网络广告市场的主流，在 PC 端适用的搜索引擎广告、数字视频广告、横幅广告等形式，在手机端同样适用。同时，也有一些专门适用于手机的广告形式，如 App 开屏广告、社交网络红包广告、LBS 广告、移动 Wi-Fi 广告等。

四、网络广告的收费模式

1. 千人印象成本（Cost Per Thousand Impressions，CPM）收费模式

在传统媒体广告业中，通常是以每千人成本作为确定该媒体广告价格的基础。由于互联网上的网站可以精确地统计其页面的访问次数，网络广告按访问人次收费是一种科学的方法，所以，网络广告沿用了传统媒体广告的做法，一般采用广告网页被1000次浏览为基准计价单位的收费模式，即 CPM 模式。第一，CPM 模式只按实际的访问人次收费，这样可以保证广告主所付出的费用与浏览人次直接挂钩。第二，按 CPM 模式收费，可以鼓励网站尽量提高自己网页的浏览人数。第三，可以避免客户只愿在网站的首页做广告的弊病，因为按照 CPM 模式的计价方式，在首页做广告和在其他页面做广告的收益和支出比是一样的。

2. 每千人点击成本（Cost Per Thousand Click-Through，CPC）收费模式

每千人点击成本收费模式是以网页上的广告被点击并链接到相关网站或详细内容页

面 1000 次为基准的网络广告收费模式，例如，广告主购买了 10 个 CPC，意味着其投放的广告可被点击 10000 次。虽然 CPC 模式的费用比 CPM 模式的费用高得多，但广告主往往更倾向选择 CPC 模式，因为这种付费方式真实反映了受众确实看到了广告，并且进入了广告主的网站或页面。CPC 模式是目前国际上流行的广告收费模式。

3. 平均点击次数（Average Hits）收费模式

平均点击次数收费模式按一段时间内，一个网页上某个链接点被点击的次数收费。网页上的每个广告、链接点都能被点击，所以网页上的点击次数是多个广告或其他链接造成的。因此，用一段时间内网页上的点击次数来计算广告的价格、统计网站的点击流量是不准确的，这是一种粗略的算法。广告主在使用这个标准时，应与相同条件下 CPM 模式进行比较，看哪种定价标准更划算。

4. 每行动成本（Cost Per Action）收费模式

每行动成本收费模式是广告主为防范广告费用风险采用的一种模式，即广告主在广告带来产品的销售后按销售数量付给广告网站较一般广告价格更高的费用。

5. 其他收费模式

一些网络广告服务商还采用按月固定收费的模式，如国内许多网站推出的租用硬盘空间方式，按"××元/××兆月"方式收费。

案例与思考 6.4

百雀羚的网络广告

百雀羚是上海百雀羚日用化学有限公司旗下的品牌，其发展历史悠久。近来，"国潮"兴起，百雀羚也开始以"潮"的姿态面对年轻消费者，为扛起"国潮"大旗，百雀羚开始持续在网络营销中发力。百雀羚凭借《1931》长图广告"刷屏"网络。百雀羚携手我国工美行业艺术大师、非遗敦煌彩塑技艺传承人，推出护肤套装及"敦煌悦色岩彩"彩妆系列，在"双十一"促销活动开场 10 分钟成交额破亿元。2019 年 9 月 16 日，某歌手发表新歌一度引起热议，与此同时，百雀羚以 19 998 元买下该歌手 6666 张新歌单曲，一跃登顶当日"铁粉"榜单第一名。2019 年"双十一"促销活动前，百雀羚联手多名快手主播开展寻找"东方美"的直播活动。

启发思考：（1）分析百雀羚网络广告的成功之处。

（2）如何探索传统品牌的新发展之路？（课程思政）

第五节　网络营销方法

网络营销的职能要通过网络营销方法来实现，目前常用的网络营销方法有搜索引擎营销、E-mail 营销、病毒营销、社群营销、软文营销、微博营销、网络直播和短视频营销。

一、搜索引擎营销

1. 搜索引擎营销的概念

搜索引擎营销（Search Engine Marketing，SEM）是基于搜索引擎平台的网络营销，利用人们对搜索引擎的依赖和使用习惯，在人们检索信息时将信息传递给目标用户。搜索引擎营销的基本思想是让用户发现信息，并通过点击进入网页，进一步了解所需要的信息。企业通过搜索引擎付费推广，让用户可以直接与企业客服进行交流、了解，从而实现交易。

2. 搜索引擎营销的方法

搜索引擎营销的方法可以归纳为3种形式，即搜索引擎登录和排名、搜索引擎优化和关键字广告。另外，还有很多形式的搜索引擎营销服务，它们都是在这些基本形式的基础上演变而来的。因此，这些基本形式的研究是应用各种网络营销方法的基础。

1）搜索引擎登录和排名

搜索引擎登录和排名一般比较简单，只需要按照搜索引擎的提示进行填写即可。比较常用的搜索引擎登录有谷歌登录、雅虎登录、百度登录等。登录细节每个搜索引擎会有所差异，但都很简单。一般来说，搜索引擎登录要求的内容有网站名称、网站地址、关键词、网站的描述和站长联系信息等。大部分搜索引擎是需要人工审核的，因此，提交信息会在审核后的几天或几周后才会显示收录信息。

2）搜索引擎优化

搜索引擎优化（Search Engine Optimization，SEO）是企业通过提高网站设计质量，使网站界面友好，设计合理，便于百度等技术型搜索引擎索引，通常不需要自己登录搜索引擎，而是让搜索引擎自动发现自己的网站。一般认为，搜索引擎优化主要有两方面的要求：被搜索引擎收录和在搜索结果中排名靠前。搜索引擎优化包括内部优化和外部优化。

（1）内部优化。网站的内部优化主要通过以下3种手段实现。

① META 标签优化，如网页标题（Title）、关键词（Keyword）、描述（Description）等的优化。

② 内部链接的优化，包括相关性链接、各导航链接及图片链接等。

③ 网站内容更新，每天保持站内的更新（主要是文章的更新等）。

（2）外部优化。网站的外部优化主要通过以下3种手段实现。

① 外链类别，如博客、论坛、B2B、新闻、分类信息、贴吧、知道、百科、相关信息网等，尽量保持链接的多样性。

② 外链运营，每天添加一定数量的外部链接，使关键词排名稳定提升。

③ 外链选择，与一些和本企业网站相关性比较高、整体质量比较好的网站交换友情链接，巩固、稳定关键词排名。

3）关键词广告

关键词广告是充分利用搜索引擎开展网络营销活动的一种手段，是付费搜索引擎营销的主要形式，近年来它已成为搜索引擎营销中发展最快的一种。关键词广告有以下特点。

（1）关键词广告形式比较简单。通常是文字广告，主要包括广告标题、简介和网址等因素。

（2）关键词广告显示方法比较合理。出现形式与搜索结果分离，一般不影响后者。

（3）一般采用点击付费计价，费用可控。

（4）可以随时查看流量统计。购买广告之后可以获得一个管理入口，可以实时查看广告流量情况和费用情况。

（5）关键词广告可以方便地进行管理。广告主可以根据统计的关键情况和竞争对手的情况来调整自己的广告策略。

案例与思考6.5

搜索引擎平台——百度

百度是全球领先的中文搜索引擎。百度目前提供网页搜索、图片搜索、新闻搜索、百度贴吧、百度知道、搜索风云榜、硬盘搜索、百度百科等主要产品和服务，同时也提供多项满足用户更加细分需求的搜索服务，如地图搜索、地区搜索、国学搜索、黄页搜索、文档搜索、邮编搜索、政府网站搜索、教育网站搜索、邮件新闻订阅、Wap贴吧、手机搜索等服务；同时，百度还在个人服务领域提供了包括百度影视、百度传情、手机娱乐等服务。

百度还为各类企业提供软件、竞价排名及关联广告等服务，为企业提供了一个获得潜在消费者的营销平台，并为大型企业和政府机构提供海量信息检索与管理方案。百度的主要商业模式为竞价排名，一种按效果付费的网络推广方式，该服务为广大中小企业进行网络营销提供了较佳的发展机会。

百度一直致力于倾听、挖掘与满足中国网民的需求，秉承"用户体验至上"的理念，除网页搜索外，还提供文档、地图、传情、影视等多样化的搜索服务，率先创造了以贴吧、知道为代表的搜索社区，将无数网民头脑中的智慧融入了搜索。"百度一下"已经成为人们进行搜索的新动词。

启发思考：（1）百度在搜索引擎方面提供了哪些服务？
（2）在使用百度平台时如何遵守百度的各项搜索规则？（课程思政）

二、E-mail 营销

1. E-mail 营销的概念与所具备的条件

E-mail 营销即电子邮件营销，是在用户事先许可的前提下，通过电子邮件的方式向目标用户传递有价值信息的一种网络营销手段。

电子邮件并非为营销而产生，但当电子邮件成为大众的信息传播工具时，其营销价值也就逐渐显示出来。E-mail 营销这一概念听起来并不复杂，但将 E-mail 作为专业的网络营销工具，实际上并非那么简单，E-mail 从普通的通信工具发展到营销工具需要具备如下条件：①一定数量的 E-mail 用户；②有专业的 E-mail 营销服务商，或者企业内部拥有开展 E-mail 营销的能力；③用户对于接收到的信息有一定的兴趣和反应（如产生购买、浏览网站、咨询等行为，或者增加企业的品牌知名度）。当这些条件逐渐成熟之后，E-mail 营销才成为可能。

2. E-mail 营销的分类

按照发送信息是否事先经过收件人许可来划分，可以将 E-mail 营销分为许可 E-mail 营销和未经许可的 E-mail 营销。未经许可的 E-mail 营销也就是通常所说的垃圾邮件，正规的 E-mail 营销都是基于收件人许可的。

如果发信人随意发送大量的商业邮件，即使可以达到自己的目的，却让他人或者社会的利益受到损害。因此，这种行为不可能得到社会的认可。于是关于 E-mail 营销就存在是否首先经过收件人许可的问题，获得收件人的许可而发送的邮件，不仅不会受到指责，而且收件人对邮件内容关注的程度也较高。

E-mail 营销得到系统研究，是从对"未经许可的电子邮件"的研究开始的，到了"许可营销"概念的提出，E-mail 营销思想才开始逐步获得广泛认同。但是，为什么 E-mail 营销需要收信人的许可，而传统直邮广告却没有这种要求呢？这正是 E-mail 营销与直邮广告的主要区别之处，尽管目前仍有部分人对此有不同看法，但正规的 E-mail 营销必须事先经过收件人许可，这已经形成了基本的行业规范，是否事先获得收件人许可是 E-mail 营销与垃圾邮件的本质区别。许可营销也就是许可 E-mail 营销。许可营销的主要方法是通过邮件列表、新闻邮件电子刊物等形式，在向用户提供有价值信息的同时附带一定数量的商业广告。例如，一些公司在要求用户注册为会员或者申请某项网络服务时，会询问用户是否希望收到本公司不定期发送的最新产品信息，或者给出一个列表让用户选择自己希望收到的信息。

三、病毒营销

1. 病毒营销的概念

病毒营销（Viral Marketing）又称病毒式营销、病毒性营销、基因营销或核爆式营销，是指通过类似病理方面和计算机方面的病毒传播方式，即自我复制的病毒式的传播过程，利用已有的社交网络去提升品牌知名度或者达到其他的市场营销目的。病毒营销是由信息源开始，再依靠用户自发的口碑宣传，达到一种快速滚雪球式的传播效果。它描述的是一种信息传递策略，经济学上称之为病毒营销，因为这种策略像病毒一样，利用快速复制的方式将信息传向数以百计、数以千计的受众。

2. 病毒营销的 5 种常见方法

（1）免费服务：某些大型公司或网站会免费提供二级域名、免费空间、免费程序接口等资源。这些资源可以让具有一定财力的公司加入自己的产品链接和广告。

（2）便民服务：适合小公司或个人网站，可在网站上提供一些便民服务的查询，如天气查询、公交查询等。赢得口碑之后推广营销也会顺利许多。

（3）节日祝福：利用微信、QQ、邮箱等软件的推送功能，在节假日当天给亲朋好友或客户会员送祝福，并在末端网页地址附上产品链接。

（4）口头传递：很多网络广告传播都是用口头表达的方式直白地说推荐某某产品。

（5）通过事件策划营造话题：策划一次范围内的事件，借用事件的热点话题进行二次传播。

四、社群营销

1. 社群营销的概念

社群营销是指通过互联网将有共同兴趣爱好的人聚集在一起，将一个兴趣圈打造成为消费家园，通过产品或服务来满足群体需求而产生的商业形态。社群营销是在网络社区营销及社会化媒体营销的基础上发展起来的用户连接及交流更为紧密的网络营销方式。社群营销聚集的人群会通过各种关系延伸到陌生群体，最后形成一个庞大的市场。

2. 社群营销的方法

1）创建社群、制定规则

做社群营销，首先要创建一个社群载体，而微信便是一个极佳的载体工具，所以，营销人员首先要先建立一个微信群。

（1）入群规则制定。社群的加入，有门槛比无门槛要好很多。虽然初期的聚粉非常困难，但是能够筛选一批精准、高质量的启动用户，这才是社群能够继续发展的关键，因为这一批用户就是社群的内核，要从这里出发，探寻社群更多的可能。

（2）运营规则制定。群是一个松散的组织，无法制度化，其实这个问题只需要考虑群的规模和建立群的产品逻辑。如果是在线学习群，即使规模再小，也必须有规矩，否则老师无法在线授课。如果是微信群，要长期维护这个群，想进一步扩大规模，群规是必要的。制定群规的目的主要是在活跃度和诱发刷屏两者之间寻求平衡点，特别是在移动端，如果活跃度太高，会带来强烈的刷屏感，使得用户体验下降。

2）社群吸粉、渠道引流

社群初期聚粉很难，在社群遍地开花的当下，没有人气的社群很少有人愿意加入。现在已经过了社群的早期红利，如果本来就是自带流量的"大V"用户，或者掌握着不少用户资料，初期的启动会相对容易一些。

如果手上并没有相关资料，应该怎么做聚粉工作呢？首先可以从自己的朋友入手，还有朋友的朋友，先进入社群撑场面。有了基础数量的用户，再开始考虑活动和营销。这时，要有选择地到相关的渠道去寻找用户，例如，小米最初做 MIUI 系统时，就是通过论坛建立口碑，注册上百个账户，天天在论坛发广告，精心挑选了 100 位超级用户参与反馈。

3）内容输出、运营转化

社群早期的输出主要是靠运营者和种子用户，可以采用约稿、转载等方式。等有了一定的用户基础，就要群体化运营，让普通成员也能够输出内容。

案例与思考 6.6

"罗辑思维"的社群营销

"罗辑思维"是一个有影响力的互联网社群。最早,"罗辑思维"是一档由资深媒体人罗振宇和李天田联手制作的知识分享类脱口秀节目,主要内容是罗振宇分享个人的读书收获,涵盖历史、文化、科技、经济、社会热点等,通过优质的内容启发观众独立、理性地思考。经过多年的运营,凭借罗振宇本人的魅力及优质的节目内容,该节目吸引了一大批活跃在互联网上、喜爱读书的"80 后""90 后"粉丝。凭借着庞大的粉丝基础,"罗辑思维"社群诞生。

罗振宇曾担任《商务电视》《经济与法》《对话》等栏目的制片人,深谙说话之道,不仅学识渊博,还非常亲切憨厚,被粉丝亲切地称为"罗胖"。罗振宇的个人魅力让很多粉丝都较容易接受其推荐。以粉丝对罗振宇本人的信任为基础,"罗辑思维"展开了一系列社群营销,推荐了很多图书和知识付费产品,都取得了很好的销售成绩。短短几年间,"罗辑思维"逐渐发展成为拥有脱口秀视频/音频、微信订阅号、百度贴吧、微商城、会员体系、得到 App 的一个庞大的知识社群。其中,"罗辑思维"的微商城是社群的重点营销平台,经营纸质书、电子读物、"罗辑思维"课程等,售卖的不仅是图书或知识产品,更是求知的情怀。得到 App 是一款知识付费软件,主要通过优质的内容提高社群成员的黏性,营造浓郁的知识氛围。2020 年 5 月,得到 App 用户已达 3800 多万人。

启发思考:(1)罗振宇的个人魅力对社群营销有何意义?
(2)"罗辑思维"的社群营销为什么会成功?(课程思政)

五、软文营销

1. 软文营销的概念

软文是指通过特定的概念诉求、理论联系实际的方式,利用心理冲击来使消费者理解企业设定的概念,从而达到宣传效果的营销方式。简单地说,软文就是一种文字广告,可通过一篇新闻稿、实例故事、使用心得等,巧妙地插入自己的广告。

相对于硬广告,软文广告最大的特点就是"软"。一篇好的软文广告是在用户读了以后,才发现这其实是一篇软文,但又极想去试着点击或尝试广告中的商品。

软文广告的成本比硬广告价格低,但是效果比硬广告好得多。如果说硬广告是少林功夫,那么软文则是绵里藏针、以柔克刚的武当拳法,软硬兼施、内外兼修。

软文营销是最有力的营销手段,不仅仅是因为它的性价比高,更因为它是论坛营销、博客营销、事件应急营销的基础关键工具。

2. 软文营销的技巧

1)设计具有吸引力的标题

设计一个具有吸引力的标题是软文营销的基础,只有标题引起了用户的阅读兴趣,才可能实现营销的目的。设计具有吸引力的标题是为了传递出软文的可读性,刺激用户的阅读欲望。设计具有吸引力的标题的方法有很多,如某手机品牌的软文《商人在机场弄丢68万元天价手机》,标题采用新闻体式的夸张手法;某巧克力品牌的软文《青春不终场,我们的故事未完待续》,采用了情感式的标题。这些软文都取得了不错的营销效果。在写作时,营销者可以参考微信公众号的标题写作技巧。

2)找到有关注度的切入点

撰写软文需要营销者具备敏锐的洞察力,能够觉察到有关注度的写作切入点。常见的写作切入点就是热门新闻、热点话题。热门新闻、热点话题通常能吸引大量人群的关注,从而利于商品的推广或销售。就电子商务而言,有关注就有了软文传播的基础,在第一时间敏锐地抓住热门新闻、热点话题的传播点,就能够在软文营销中拔得头筹。

3)自然植入广告

纵观网络中传播较广的软文,其商业气息都不是很重,且展示的内容对用户而言很有价值。一般来说,软文之后的广告内容篇幅不应太长,且广告内容应放在文章中间靠后的位置。因为如果广告内容的位置靠前,用户一般会产生排斥心理,不愿意继续阅读下去。广告内容的位置靠后,如果内容不够吸引人,用户可能还没读完就关闭了网页。

案例与思考 6.7

国货品牌完美日记的"完美"软文营销

天猫美妆消费人群趋势分析报告显示,"85后""90后""95后"的用户是美妆的核心消费群体,尤其是"95后"的销售额和人数增速表现突出。于是,完美日记就将这类人群定位为目标消费群体。伴随着移动社交的深入推进,用户群体主要为"90后""95后"女性的小红书App出现,迅速成为国内美妆爱好者的聚集区。这对于完美日记而言是一个极佳的营销渠道,于是,在小红书 App 营销就成了完美日记网络营销的重点。

完美日记在小红书 App 中的营销主要以软文营销为主。完美日记通过大量投放美妆达人、艺人、素人有关完美日记商品的使用笔记,引发了全平台的热度和讨论,从而帮助完美日记商品快速获得认可。这些使用笔记以精美的图片+文字的形式推荐商品。

在小红书 App 中,有关完美日记的笔记超过了 7 万篇,完美日记先通过与知名的美妆达人合作,让美妆达人以使用笔记的形式推荐商品,带动目标用户完成消费,进而引发目标用户自发晒单,然后促进完美日记的二次传播。截至目前,完美日记在小红书App中的品牌账号已经拥有210.9万人的粉丝量、760.2万的点赞数与收藏量,粉丝数远超一些知名国货、外资彩妆品牌。

启发思考:(1)完美日记如何通过网络积累了众多忠实用户?
(2)简述完美日记软文营销成功带给我们的启示。(课程思政)

六、微博营销

1. 微博营销的概念

微博营销是指通过微博平台为商家、个人等创造价值而执行的一种营销方式,也是指商家或个人通过微博平台发现并满足用户的各类需求的商业行为方式。微博营销以微博作为营销平台,每个粉丝都是潜在的营销对象,企业利用自己的微博向网友传播企业信息、产品信息,树立良好的企业形象和产品形象。每天更新内容就可以与大家交流互动,或者发布大家感兴趣的话题,从而达到营销的目的。

微博营销注重价值的传递、内容的互动、系统的布局、准确的定位,微博的火热发展也使得其营销效果尤为显著。微博营销涉及的范围包括认证、有效粉丝、朋友、话题、名博、开放平台、整体运营等。自 2012 年 12 月以后,新浪微博推出企业服务商平台,为企业在微博上进行营销提供了一定的帮助。

2. 微博营销的分类

1)个人微博营销

很多个人微博营销通过个人的知名度来得到别人的关注和了解,以明星、成功商人或社会中比较成功的人士居多。他们运用微博让自己的粉丝更进一步地了解自己和喜欢自己,微博是其平时抒发感情的工具,功利性并不是很明显,一般是由粉丝跟踪转帖来达到营销效果的。

2)企业微博营销

企业一般是以营利为目的的,企业往往想通过微博来提高企业的知名度,最后将企业的产品卖出去。企业微博营销要难上许多,因为知名度有限,微博不能让消费者直观地了解商品,而且微博更新速度快、信息量大,企业进行微博营销时应当建立起自己固定的消费群体,与粉丝多交流、多互动、多做企业宣传工作。

3)行业资讯微博营销

以发布行业资讯为主要内容的微博,往往可以吸引众多用户关注,微博内容成为营销的载体,订阅用户数量决定了行业资讯微博的网络营销价值。因此,运营行业资讯微博与运营行业资讯网站在很多方面是很类似的,需要在内容策划及传播方面下功夫。

3. 微博营销的技巧

1)注重价值的传递

企业微博经营者首先要改变观念——企业微博的"索取"与"给予"之分,企业微博是一个给予平台。截至 2011 年,微博数量已经以亿计算,只有那些能对浏览者创造价值的微博自身才有价值,此时企业微博才可能达到期望的商业目的。企业只有认清了这个因果关系,才可能从企业微博中受益。

2)注重微博个性化

微博的特点是"关系""互动",因此,虽然是企业微博,但也切忌仅是一个官方发布消息的窗口那种冷冰冰的模式。要给人感觉像一个人,有感情、有思考、有回应、有自己的特点与个性。

如果浏览者觉得你的微博和其他微博差不多,甚至可以被其他微博替代,那么你的微博就是不成功的。这和品牌与商品的定位一样,必须塑造个性。这样的微博具有很高的黏性,可以持续积累粉丝与专注,因为此时的你有了不可替代性与独特的魅力。

3）注重发布的连续性

微博就像一本随时更新的电子杂志，要注重定时、定量、定向发布内容，让大家养成观看习惯。当用户登录微博后，能够想着看看你的微博有什么新动态，这无疑是成功的最高境界，虽很难达到，但应尽可能出现在用户面前，先成为用户思想中的一个习惯。

4）注重互动性加强

微博的魅力在于互动，拥有一群不说话的粉丝是很危险的，因为他们慢慢会变成不看你内容的粉丝，最后可能"脱粉"。因此，互动性是使微博持续发展的关键。第一个应该注意的问题就是，企业宣传信息不能超过微博信息的10%，最佳比例是3%～5%。更多的信息应该融入粉丝感兴趣的内容之中。

"活动内容+奖品+关注（转发/评论）"的活动形式一直是微博互动的主要方式，但实质上奖品比企业想宣传的内容更吸引粉丝的眼球，相较赠送奖品，能认真回复留言，用心感受粉丝的思想，才能换取情感上的认同。如果情感与"利益"（奖品）共存，那就更完美了。

5）注重系统性布局

任何一个营销活动，要想取得持续而巨大的成功，都不能脱离了系统性，单纯当作一个点子来运作，很难持续取得成功。因为微博营销对大多数企业来说效果很有限，所以，被很多企业当作可有可无的网络营销。微博发挥的作用之所以很小，是因为企业投入的精力不多、重视程度不高。要想使微博发挥更大的作用，就要将其纳入整体营销规划中。

6）注重准确的定位

微博粉丝众多当然是好事，但是，对于企业微博来说，粉丝质量更重要，因为企业微博最终的商业价值需要这些有价值的粉丝，这涉及微博定位的问题。很多企业抱怨：微博人数都过万了，可转载、留言的人却很少，宣传效果不明显。这其中一个很重要的原因就是定位不准确。没有围绕产品目标消费群体发布相关信息，吸引目标消费群体的关注，只考虑吸引眼球，导致吸引来的都不是潜在消费群体。在起步阶段很多企业微博都会陷入这个误区，完全以吸引大量粉丝为目的，却忽视了粉丝是否为目标消费群体这个重要问题。

7）企业微博专业化

企业微博定位专一很重要，但专业更重要。同场竞技，只有专业才可能超越对手，持续吸引关注目光。专业是企业微博重要的竞争力指标。

微博不是企业的装饰品，如果不能做到专业，只是流于平庸，因为作为一个"零距离"接触的交流平台，负面的信息与不良的用户体验很容易迅速传播开，并为企业带来不利的影响。

8）注重控制的有效性

微博的传播速度和传播规模所创造出的惊人的力量有可能是正面的，也可能是负面的。因此，必须有效管控企业微博这把"双刃剑"。

9）注重方法与技巧

要想把企业微博办得有声有色，单纯在内容上传递价值还不够，必须讲求一些技巧与方法。例如，微博话题的设定，表达方法就很重要。如果企业微博的博文是提问性的或带有悬念的，引导粉丝思考与参与，那么浏览和回复的人自然就多，也容易给人留下深刻印象。反之，像新闻稿一样的博文，会让粉丝想参与都无从下手。

> **案例与思考 6.8**
> **淘宝利用"螺蛳粉自由"话题进行微博营销**
> 2020年，螺蛳粉频频被"推上"微博热搜，淘宝看准了这一营销机会，在2020年2月21日上午，借势发起"螺蛳粉自由"话题。淘宝利用自身的影响力，带动阿里巴巴集团商业体系下的盒马、支付宝、饿了么，以及螺蛳粉产业链企业跟进，不断为话题造势，顺势将螺蛳粉打造为爆款美食。该微博转发量高达近4.7万次，评论量超过7万次。
> 启发思考：（1）分析淘宝利用"螺蛳粉自由"话题进行营销的策略。
> （2）为了发展地方特色经济，如何利用微博来宣传当地的特色美食？
> （课程思政）

七、网络直播营销和短视频营销

1. 网络直播营销

1）网络直播营销的概念

网络直播是指通过互联网实时传输音视频内容，使用户能够在实时播放的同时与内容创作者和其他观众进行互动的媒体形式。网络直播营销以网络直播平台为载体进行营销，达到企业品牌提升或销量增长的目的。

2）网络直播营销的特点

随着互联网的发展，网络直播营销以直观即时、设备简单、直达受众等特点广受营销人员的青睐。

（1）直观即时。网络直播营销可以实现信息即时共享，为用户带来直观的场景化体验，使用户产生沉浸感，让用户更真切地感受产品的外观、功能、使用效果等。

（2）设备简单。网络直播营销的设备很简单，常见的有智能手机、电视、计算机等。基于互联网的网络直播营销，可以直接通过智能手机来接收与传播。网络直播营销的传播范围更广、传播速度更快，所达到的效果也更加明显。

（3）直达受众。网络直播营销不会对直播内容进行剪辑和加工，播出的内容与用户看到的内容是完全一致的。真实、直观的展示方式更容易打动消费者，激发消费者的购物欲望。因此，网络直播营销时应当注重直播流程与设备维护，避免出现直播失误而给消费者留下不好的印象。

3）网络直播营销的常见方式

网络直播营销的常见方式主要有4种：名人营销、利他营销、对比营销和采访营销。

（1）名人营销。名人本身就带有流量，通过名人来进行营销可以充分调动名人自身的粉丝群体，这些粉丝数量庞大、互动性强，可以为直播营销带来较高的热度。但邀请名人需要一定的资金，企业需要在预算充足的情况下选择与自身产品和品牌形象相符的名人。

（2）利他营销。利他营销主要是借助主播或嘉宾的分享来推广商品，分享的内容包括知识或生活技能，如护肤步骤直播、化妆技巧直播等。

（3）对比营销。对比营销是指将所营销产品与其他同类型的产品进行对比，展现所营销产品的差异化和优势，以增强说服力。这种方式适合产品性能测评类直播，注意不能在直播中诋毁被对比的产品。

（4）采访营销。采访营销是通过第三方的角度来阐述观点和看法，如采访嘉宾、专家、路人等。这种直播营销方式切忌作假，在没有专家和嘉宾的情况下可选择采访路人，以拉近与消费者的距离。

4）网络直播营销的应用场景

网络直播营销可划分为淘宝直播导购、品牌新品发布会、粉丝招募参与互动、植入故事情感体验、大佬+推介购买引导、网红个人IP平台化六大应用场景。

5）网络直播营销的流程

（1）精确的市场调研。网络直播营销的前提是深刻了解用户需要什么、企业能够提供什么，同时还要避免同质化的竞争。因此，只有精确地做好市场调研，才能制定真正让用户喜欢的营销方案。

（2）项目自身优缺点分析。大多数公司和企业并没有充足的资金和人脉储备，这时就需要充分发挥自身的优势来弥补。一个好的项目仅靠人脉、财力的堆积是无法达到预期效果的，只有充分发挥自身的优势，才能取得意想不到的效果。

（3）直播平台的选择。直播平台种类多样，根据属性可以划分为不同的领域。电子类的产品和衣服、化妆品适合的直播平台肯定是不同的。所以，选择合适的直播平台也是做好营销的关键。

（4）良好的直播方案设计。做完上述工作后，成功的关键就在于最后呈现给受众的方案。在整个方案设计中需要销售策划及广告策划的共同参与，让产品在营销和视觉效果方面恰到好处。在直播过程中，过分的营销往往会引起用户的反感，因此，在设计直播方案时，如何把握视觉效果和采用恰当的营销方式，还需要不断商酌。

（5）后期的有效反馈。营销最终要落实在转化率上，实时的及后期的反馈要跟上，同时通过数据反馈可以不断修正方案，不断提高直播营销方案的可实施性。

案例与思考6.9
小米网络直播营销案例

在营销界，小米一直是个传奇的存在。2016年5月10日，小米大屏手机小米Max举行发布会，为证明其超耐久性，小米在B站和自家的小米直播平台开启了一场"小米Max超耐久无聊待机直播"。在直播中，推广主角小米Max被置在桌上，每隔1小时点亮手机屏幕一次，如果手机有电，则持续直播。结果，该直播进行到第7天时，观看总人数已超过了1000万人。

启发思考：（1）分析"小米Max超耐久无聊待机直播"成功的原因。
（2）请找出一个你最喜欢的主播，结合网络直播的流程，对该主播的直播活动进行分析评价。（课程思政）

2. 短视频营销

1）短视频营销的概念

短视频是指在各种新媒体平台上播放的、适合在移动状态和短时休闲状态下观看的、高频推送的视频内容，时长为几秒到几分钟不等。短视频内容融合了技能分享、幽默搞怪、时尚潮流、社会热点、街头采访、公益教育、广告创意、商业定制等主题。由于内容较短，所以，短视频可以单独成片，也可以成为系列栏目。短视频营销是指企业或个人通过短视频平台，利用优质的内容吸引粉丝，持续开展营销和宣传，最终达到营销效果的营销活动。

国外比较有代表性的短视频发布平台有 Instagram、Vine、Snapchat 等。国内比较有代表性的短视频平台有抖音、快手、西瓜视频、火山小视频、小影、小咖秀、秒拍、美拍等。

2）短视频的发展

短视频是继文字、图片、传统视频之后新兴的互联网内容传播形式。随着移动互联网的普及，以及大数据、人工智能等新技术加速应用，短视频以极低的技术门槛及便捷的创作和分享方式迅速获得用户的青睐，短视频 App 在资本加持下如雨后春笋般加速涌现，用户在线时间快速增长，短视频超越长视频成为仅次于即时通信的互联网第二大应用类型。中国互联网络信息中心（CNNIC）于 2022 年 8 月 31 日在北京发布了第 50 次《中国互联网络发展状况统计报告》（以下简称《报告》）。《报告》显示，截至 2022 年 6 月，我国短视频用户规模达 9.62 亿人，较 2021 年 12 月增长 2805 万人，占网民整体的 91.5%。

3）短视频营销的方式

（1）短视频创意定制。短视频内容采用 PGC（Professional Generated Content，专业生产内容）和 UGC（User Generated Content，用户生产内容）等形式，按企业的要求进行内容定制生产，已成为一种具有高转化效果的营销方式。"创意内容+短视频"形式可以最大限度地体现内容的价值，让营销信息植入得更加自然。

（2）短视频冠名。在短视频领域，企业通常可用品牌或者产品命名短视频栏目名称。基于短视频的超强流量，再加上冠名带来的多频次的品牌展示，更容易为企业在社交媒体上带来大量曝光机会，同时还能提升企业的美誉度。这种方式具有执行速度快、覆盖人群广等优势。

（3）短视频植入广告。依托于短视频达人的高人气，以贴片广告、播主口播等形式植入企业产品信息或品牌信息，可以使这些信息获得更好的曝光效果。这种方式具有易操作、到达率高、成本低等优势。

（4）短视频互动营销。这种方式通常是由企业发起某一活动，借助短视频平台和短视频达人的粉丝影响力，带动粉丝参与活动，并由此可能引发一场覆盖全网的短视频传播风暴。短视频传播具有视觉化的优势，整个互动形式都具有很强的互动性、热点性和舆论性，极易形成爆点，感染目标人群。

（5）短视频多平台分发。除了美拍、秒拍这种专业的短视频平台，优酷、腾讯、爱奇艺这类视频门户网站和一些新闻、社交客户端及新媒体都已成为短视频传播的渠道。一般情况下，企业应在多平台投放其短视频，以提高传播效果。

（6）短视频+活动出席。邀请网络主播出席企业的线下活动，除了对活动进行现场直播，针对直播内容或者线下活动的其他精彩内容进行内容剪辑，形成一段精彩的短视频在线上进行二次传播，目前也是短视频营销常用的方式。

案例与思考 6.10

CoCo 奶茶案例

当你去买 CoCo 奶茶时，是否也会习惯性上网搜一搜隐藏配方？在短视频中，一个介绍 CoCo 奶茶隐藏配方的短视频获得了 20 多万点赞量，不少网友前往 CoCo 门店下单购买同款，由此 CoCo 奶茶销量有所上升。

在短视频的助力下，CoCo 也迅速作出回应，将网红款奶茶作为一个单独的 SKU，设置在外卖点单的目录上，当顾客前来线下门店购买时，也会询问是否需要短视频同款。CoCo 的积极回应无疑也是看到了短视频带来的巨大流量和红利。

启发思考：（1）分析 CoCo 奶茶的短视频营销策略成功的原因。
（2）在短视频营销中怎样传播正能量？（课程思政）

除了以上形式，目前，短视频+电子商务、短视频+网络综艺等形式也正逐渐被越来越多的企业所运用，短视频营销的方式会越来越丰富。

思政案例

星巴克的网络营销	课程思政
一直以来，星巴克给人的印象是"庄重""商务"。但随着一些"年轻"咖啡品牌的兴起，星巴克也感到了竞争压力，在网络营销方面也开始了一些年轻化、社交化的营销活动，微信是星巴克十分重视的营销渠道。星巴克在筹备"冰摇沁爽"系列饮品时，通过微信开展了"自然醒"活动。"自然醒"活动的规则如下：星巴克微信粉丝向星巴克微信公众号发送一个表情符号，就能立刻获得星巴克按表情符号特别编制的音乐曲目，与星巴克展开一番内容丰富的对话。在实施过程中，星巴克从全国门店开始，先让光顾星巴克的消费者成为其微信公众号的粉丝，然后利用各种活动让粉丝将微信公众号推荐给自己的朋友。趣味性高、互动性强等优势让星巴克微信公众号的粉丝数量短时间内激增。 微博也是星巴克的一个重要营销阵地。通过微博，星巴克可以发布产品信息（尤其是新饮品信息），为品牌服务，也可以与消费者互动，建立紧密的关系。星巴克的官方微博经常发布新饮品及周边产品信息。例如，与 DIESEL 联合推出以"装得下不同"为主题的限量联合系列牛仔裤——"大胆融合咖啡文化与牛仔精神，匠心手作+精选材质，款款唯一，用肆意碰撞，秀出你的独特态度"，该微博传达了品牌理念，使消费者对星巴克的了解不再停留于咖啡本身，而是深入星巴克的咖啡文化层面，进一步提升了品牌影响力。同时，星巴克还利用微博与消	创造条件，让星巴克成为行业的标杆、品类的代表和时尚的代名词 星巴克在中国选择了符合中国人消费习惯的营销手段，不断创新，获得了消费者对于品牌的认可

费者积极展开互动,如转发抽奖活动。这些活动不仅调动了消费者的参与热情,增强了消费者黏性,还借助消费者的力量扩大了营销信息的传播范围。2019年9月16日,星巴克与淘宝某主播达成合作,首次参与了淘宝直播。在直播中,主播一边介绍手中的星巴克杯子,一边与星巴克定制款天猫精灵互动,为观众演示语音点咖啡的操作。由于该主播直播间的高人气,以及星巴克的优惠价格,3000件星巴克联名产品瞬间售罄。除了星巴克联名产品,直播间当天还售出了9万多张星冰乐双杯券、3.8万多张拿铁电子饮品券、3万多张橙袖派对双杯券。经估算,这些饮品券可以兑换近16万杯饮品,相当于一家较大规模的茶饮店5个月的销量。有业内人士分析说,星巴克此次直播营销的真正意图并不是销售产品,而是借该主播的影响力提升品牌的关注度、话题量,并加强线上线下消费者的联动。

> 通过数字化转型,星巴克将咖啡发展成为时尚的代表,将品牌故事做成了行业经典

从星巴克的网络营销可以看出,当前的网络营销手段十分多元化,企业经常会综合利用不同的营销方式开展网络营销,这也可以说明网络营销对企业的重要性。

启发思考:(1)在微信营销中,星巴克是怎么与粉丝互动的?有什么作用?
(2)微博营销中的转发抽奖活动有什么作用?
(3)直播营销对星巴克有什么作用?

本章小结

本章主要讲述了网络营销的概念、网络营销的特点、网络市场调研的方法、网络营销的策略、网络广告及网络营销方法的相关知识。重点是网络营销方法,通过学习能够掌握网络营销的7种方法。

学习与思考

一、名词解释

网络营销　　网络市场调研　　病毒营销　　社群营销　　微博营销

二、单选题

1. 下列各项中,不属于网络营销职能的是(　　)。
   A. 品牌推广　　　　B. 信息搜索　　　　C. 信息发布　　　　D. 提高转化率
2. 下列各项中,不属于网络营销价格策略的是(　　)。
   A. 竞争定价策略　　　　　　　　　B. 个性化定价策略
   C. 自动调价、议价策略　　　　　　D. 关联销售策略
3. (　　)是指企业营销人员主动负责推动分销渠道成员推销的活动策略。
   A. 推式策略　　　　　　　　　　　B. 拉式策略
   C. 线上线下融合策略　　　　　　　D. 客户策略

4.（　　）是指在本计划期内所要达到的目标，是营销策划的核心部分，对营销策略和行动方案的拟订具有指导作用。

　　A．营销目标　　　　B．营销计划　　　　C．营销战略　　　　D．营销策略

5.（　　）是指通过互联网将有共同兴趣爱好的人聚集在一起，将一个兴趣圈打造成为消费家园，通过产品或服务来满足群体需求而产生的商业形态。

　　A．病毒营销　　　　B．微博营销　　　　C．社群营销　　　　D．软文营销

三、多选题

1．微博营销分为（　　）。

　　A．个人微博营销　　　　　　　　　　B．企业微博营销

　　C．行业资讯微博营销　　　　　　　　D．以上都不是

2．搜索引擎营销的关键词策略包括（　　）。

　　A．产品词　　　　B．通俗词　　　　C．地域词　　　　D．人群相关词

3．社群营销的营销方法包括（　　）。

　　A．灵魂人物营销　　　　　　　　　　B．价值营销

　　C．社群文化营销　　　　　　　　　　D．事件营销

4．直播营销的特点包括（　　）。

　　A．直观即时　　　　B．设备简单　　　　C．直达受众　　　　D．销售量高

5．国内有代表性的短视频平台有（　　）。

　　A．抖音　　　　B．快手　　　　C．西瓜视频　　　　D．火山小视频

四、思考题

1．企业在分析网络营销环境时要综合考虑哪些方面的问题？

2．网络营销的方法有哪些？

技能训练

掌握网络直播营销的流程及模式。（1）根据网络直播营销的流程，围绕你的兴趣爱好，策划一场个人直播。（2）直播营销效果统计：统计直播营销的相关数据。提交一份网络直播营销的思考与建议。

第七章
电子商务法律法规

学习目标

（1）掌握电子商务法的主要内容。
（2）会用电子商务法保护知识产权。
（3）会用电子商务法保护消费者权益。
（4）了解直播电子商务的有关法律法规。
（5）了解跨境电子商务的有关法律法规。

知识框架图

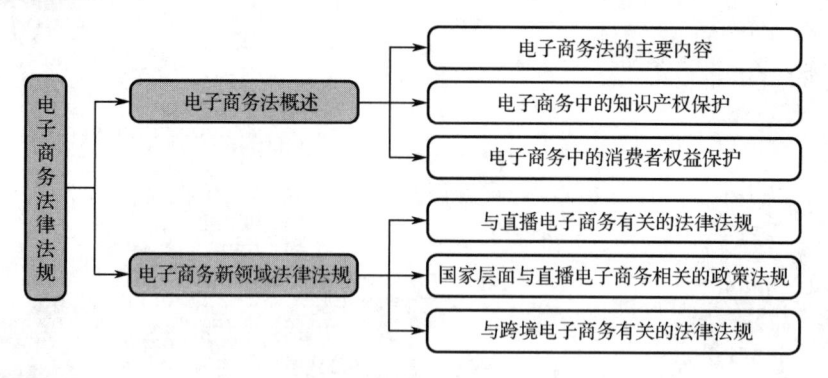

```
                        ┌── 电子商务法的主要内容
         ┌─ 电子商务法概述 ─┼── 电子商务中的知识产权保护
电子商务   │                 └── 电子商务中的消费者权益保护
法律法规  │
         │                    ┌── 与直播电子商务有关的法律法规
         └─ 电子商务新领域法律法规 ┼── 国家层面与直播电子商务相关的政策法规
                                └── 与跨境电子商务有关的法律法规
```

思政目标 ▶▶▶▶▶▶▶

（1）要信仰法律、遵守法律、服从法律、维护法律。
（2）遵守网络行为规范，勇于承担责任。
（3）加强法治素养，维护财产权利、社会经济权利。

引导案例

阿里巴巴"二选一"反垄断执法案简析

2021年4月10日，国家市场监督管理总局公布了对阿里巴巴集团控股有限公司（以下简称阿里巴巴集团）在中国境内网络零售平台服务市场垄断案的处罚书和行政指导书。国家市场监督管理总局依法作出行政处罚决定，责令阿里巴巴集团停止违法行为，并处以其2019年中国境内销售额4557.12亿元4%的罚款，共计182.28亿元。同时，按照《中华人民共和国行政处罚法》坚持处罚与教育相结合的原则向阿里巴巴集团发出行政指导书，要求其围绕严格落实平台企业主体责任、加强内控合规管理、维护公平竞争、保护平台内商家和消费者合法权益等方面进行全面整改，并连续3年向国家市场监督管理总局提交自查合规报告。

2020年12月，国家市场监督管理总局依据《中华人民共和国反垄断法》对阿里巴巴集团在中国境内网络零售平台服务市场滥用市场支配地位行为立案调查。调查表明，阿里巴巴集团在中国境内网络零售平台服务市场具有市场支配地位。自2015年以来，为限制其他竞争性平台发展，维持、巩固自身市场地位，阿里巴巴集团滥用该市场支配地位，对平台内商家提出"二选一"要求，禁止平台内商家在其他竞争性平台开店或参加促销活动，并借助市场力量、平台规则和数据、算法等技术手段，采取多种奖惩措施保障"二选一"要求执行，维持、增强自身市场力量，获取不正当竞争优势。调查表明，阿里巴巴集团实施"二选一"行为排除、限制了中国境内网络零售平台服务市场的竞争，妨碍了商品服务和资源要素自由流通，影响了平台经济创新发展，侵害了平台内商家的合法权益，损害了消费者利益，构成《中华人民共和国反垄断法》第十七条第（四）项禁止"没有正当理由，限定交易相对人只能与其进行交易或者只能与其指定的经营者进行交易"的滥用市场支配地位行为。根据《中华人民共和国反垄断法》第四十七条、第四十九条的规定,综合考虑阿里巴巴集团违法行为的性质、程度和持续时间等因素,市场监督管理总局于 2021 年 4 月 10 日依法作出行政处罚决定并向阿里巴巴集团发出行政指导书。

启发思考:(1)本案中认定的滥用市场支配地位行为包括哪些?
(2)本案违反了《中华人民共和国电子商务法》的哪条规定?

第一节 电子商务法概述

《中华人民共和国电子商务法》是我国电子商务领域的第一部综合性、基础性法律。该法的颁布,对于充分发挥立法的引领和推动作用、保障电子商务各方主体的合法权益、规范电子商务行为、促进电子商务持续健康发展具有重要意义。

一、电子商务法的主要内容

1. 电子商务法的概念

《中华人民共和国电子商务法》(以下简称《电子商务法》)是指调整平等主体之间通过电子行为设立、变更和消灭财产关系和人身关系的法律规范总称;是政府调整、企业和个人以数据电文为交易手段,通过信息网络所产生的,因交易形式所引起的各种商事交易关系,以及与这种商事交易关系密切相关的社会关系、政府管理关系的法律规范的总称。

《电子商务法》由中华人民共和国第十三届全国人民代表大会常务委员会第五次会议于 2018 年 8 月 31 日通过,自 2019 年 1 月 1 日起施行。

2. 电子商务法的内容

《电子商务法》全文七章共八十九条。《电子商务法》对电子商务经营者、电子商务合同的订立与履行、电子商务争议解决、电子商务促进、法律责任五大方面做了明确规定。《电子商务法》的颁布,无论是对消费者、经营者,还是对我国整个电子商务行业来说,都具有非凡的意义。下面是《电子商务法》的重点内容。

1)电子商务经营主体定义与划分

电子商务经营者是指通过互联网等信息网络从事销售商品或者提供服务的经营活动的自然人、法人和非法人组织,包括电子商务平台经营者、平台内经营者,以及通过自建网站、其他网络服务销售商品或者提供服务的电子商务经营者。

(1)电子商务平台经营者。电子商务平台经营者是指在电子商务中为交易双方或者多方提供网络经营场所、交易撮合、信息发布等服务,供交易双方或者多方独立开展交易活动的法人或者非法人组织。

(2)平台内经营者。平台内经营者是指通过电子商务平台销售商品或者提供服务的电子商务经营者。

(3)通过自建网站、其他网络服务销售商品或者提供服务的电子商务经营者,也被统称为其他电子商务经营者。

电子商务相关服务提供者，如快递物流服务提供者、支付服务经营者等，应该遵守《电子商务法》的相关规定。

2）电子商务经营者的登记问题

《电子商务法》第十条规定：“电子商务经营者应当依法办理市场主体登记。但是，个人销售自产农副产品、家庭手工业产品，个人利用自己的技能从事依法无须取得许可的便民劳务活动和零星小额交易活动，以及依照法律、行政法规不需要进行登记的除外。"

3）依法履行纳税义务与办理纳税登记

《电子商务法》第十一条规定：“电子商务经营者应当依法履行纳税义务，并依法享受税收优惠。"

首先是关于电子商务经营者纳税义务的确认，这种纳税义务与充实线下传统的经营者是平等的、一致的，体现了在税收问题上线上线下平等原则。其次是规定了不需要办理市场主体登记的电子商务经营者的纳税义务问题。但需要强调的是，不需要办理市场主体登记并不意味着不发生纳税义务，在其营业额达到收益纳税义务的基准时，就应当办理税务登记，如实申报纳税。

同样，电子商务经营主体在依法纳税的同时，当然也依法有权享受国家规定的税收优惠政策。此外，为了该项税收工作能够得以进行，电子商务平台经营者有义务配合，在需要的时候，提供平台内经营者经营方面的真实完整的信息，以确定相应的税收基础数据。

4）平台经营者对平台内经营者的身份和信息管理

《电子商务法》第二十七条规定：“电子商务平台经营者应当要求申请进入平台销售商品或者提供服务的经营者提交其身份、地址、联系方式、行政许可等真实信息，进行核验、登记，建立登记档案，并定期核验更新。电子商务平台经营者为进入平台销售商品或者提供服务的非经营用户提供服务，应当遵守本节有关规定。"

该条款是对平台内经营者的身份信息管理义务的规定，平台对于进入平台进行经营活动的平台内经营者及其他主体，有身份信息的收集、登记、核验等义务。在现实生活中，平台对这一义务的履行存在很大的问题，出现严重的消费者保护问题，以及监管上的难题。要解决这一问题，除了需要多方面的配套措施，还要求电子商务平台经营者把好入门关，只有这样，监管、维权等消费问题才会减少。

5）平台内经营者的身份信息和纳税信息报送

《电子商务法》第二十八条规定：“电子商务平台经营者应当按照规定向市场监督管理部门报送平台内经营者的身份信息，提示未办理市场主体登记的经营者依法办理登记，并配合市场监督管理部门，针对电子商务的特点，为应当办理市场主体登记的经营者办理登记提供便利。电子商务平台经营者应当依照税收征收管理法律、行政法规的规定，向税务部门报送平台内经营者的身份信息和与纳税有关的信息，并应当提示依照本法第十条规定不需要办理市场主体登记的电子商务经营者依照本法第十一条第二款的规定办理税务登记。"

6）商品和服务信息、交易信息记录和保存

《电子商务法》第三十一条规定："电子商务平台经营者应当记录、保存平台上发布的商品和服务信息、交易信息，并确保信息的完整性、保密性、可用性。商品和服务信息、交易信息保存时间自交易完成之日起不少于三年；法律、行政法规另有规定的，依照其规定。"

本条规定了平台经营者的数据保存义务，这一义务与平台协助消费者维权的义务，以及配合执法机关查明事实的义务相联系。需要注意的是，平台经营者的数据记录和保存义务必须与其他条文中规定的平台责任结合起来，如果不履行这一义务，可能承担相应的法律责任。这一义务类似于"在自己经营的场所安装监控"，在发生纠纷的时候，协助查明发生的事件真相。此外，关于数据的完整性、保密性和可用性，也是平台履行数据保存义务的要求。

7）平台经营者的连带责任与相应责任

《电子商务法》第三十八条规定："电子商务平台经营者知道或者应当知道平台内经营者销售的商品或者提供的服务不符合保障人身、财产安全的要求，或者有其他侵害消费者合法权益行为，未采取必要措施的，依法与该平台内经营者承担连带责任。对关系消费者生命健康的商品或者服务，电子商务平台经营者对平台内经营者的资质资格未尽到审核义务，或者对消费者未尽到安全保障义务，造成消费者损害的，依法承担相应的责任。"

本条规定了平台经营者的安全保障义务，但是对于这种义务的具体内容，还不明确，需要通过以后的理论研究和司法实践来进一步明确。

8）信用评价制度与信用评价规则

《电子商务法》第三十九条规定："电子商务平台经营者应当建立健全信用评价制度，公示信用评价规则，为消费者提供对平台内销售的商品或者提供的服务进行评价的途径。电子商务平台经营者不得删除消费者对其平台内销售的商品或者提供的服务的评价。"

平台内经营者往往基于信用状况而获得相应的交易机会，客观公正的信用评价机制的建立是平台的重要责任，因此，平台往往会建立一定的信用评价规则来约束平台上活动的各类主体。例如，淘宝网有淘宝评价体系，滴滴有滴滴评价体系。

信用评价在信息化时代具有重大的价值，对主体的利益有重大影响，因此引发严重的刷单炒信、恶意差评等现象。平台通过建立健全信用评价制度，行使软权力。此外，平台还应保持评价体系的开放性、可接近性。

9）平台的知识产权保护义务

《电子商务法》中第四十一条至四十五条规定了电子商务平台知识产权保护制度，由平台经营者知识产权保护规则、治理措施与法律责任组成。首先，这里所指的知识产权保护制度并非法律意义上的保护制度，而是与平台自己的特点和能力相适应的保护制度。其次，与知识产权权利人加强合作包括两个层面，即与平台内的权利人合作和与平台外的权利人合作。最后，不建立相关制度可能导致的后果主要体现在第四十五条。

10）商品、服务质量担保机制和先行赔偿责任

《电子商务法》第五十八条规定："国家鼓励电子商务平台经营者建立有利于电子商

务发展和消费者权益保护的商品、服务质量担保机制。电子商务平台经营者与平台内经营者协议设立消费者权益保证金的，双方应当就消费者权益保证金的提取数额、管理、使用和退还办法等作出明确约定。消费者要求电子商务平台经营者承担先行赔偿责任以及电子商务平台经营者赔偿后向平台内经营者的追偿，适用《中华人民共和国消费者权益保护法》的有关规定。"

该条规定主要包含3个方面：鼓励电子商务平台经营者建立质量担保机制、设立消费者权益保证金及承担先行赔偿责任。该条规定主要针对电子商务平台经营者和平台内经营者而设立，切实保障了消费者的权益。

值得注意的是，建立商品、服务质量担保机制属于倡导性规定，而非强制要求，但其对于保障商品、服务质量的积极作用是不可否定的。在日常网购中，消费者深受商品质量、售后服务等消费问题的困扰，质量担保机制在一定程度上也能够减少消费者与商家之间的消费纠纷问题。同时，通过消费者的选择，实现电子商务行业的优胜劣汰，促使企业不断提高商品及服务质量。在先行赔偿责任机制上，也并非首次规定。因此，本条款直接援引了消费者权益保护法的规定。

此外，在"消费者权益保证金"的存管问题上，容易衍生出巨大的金融风险，造成众多消费者的经济损失。因此，如何安全存管也是电子商务平台面对的重要问题。

二、电子商务中的知识产权保护

随着电子商务交易规模的不断扩大，知识产权的法律保护越来越成为人们关注的焦点。从2018年8月起，中华人民共和国国家知识产权局开展了为期4个月的电子商务领域专项整治，加大重点区域整治力度，加大重点案件打击和曝光力度，加大线下源头追溯和打击力度，全面深化电子商务领域知识产权保护工作。

1. 电子商务领域知识产权侵权的主要形式

电子商务领域知识产权侵权的形式主要有如下5种。

1）商标侵权

商标侵权即商标侵权行为，是指行为人未经商标权人许可，在相同或类似商品上使用与其注册商标相同或近似的商标，或者其他干涉、妨碍商标权人使用其注册商标，损害商标权人合法权益的其他行为。

商标侵权是电子商务领域知识产权侵权的主要形式，包括未经商标注册人的许可，在同一种商品或者类似商品上使用与其注册商标相同或者相近似的商标的；销售侵犯注册商标专用权的商品的；伪造、擅自制造他人注册商标标识或者销售伪造、擅自制造的注册商标标识的；未经商标注册人同意，更换其注册商标并将该更换商标的商品又投入市场的。

2）品牌侵权

品牌是给拥有者带来溢价、产生增值的一种无形的资产，它的载体是用于和其他竞争对手的产品或劳务相区分的名称、术语、象征、记号或者设计及其组合，增值的源泉来自消费者心中形成的关于其载体的印象。品牌侵权突出表现在仿冒、损害品牌形象等方面。2017年5月，长三角区域合作拓展到泛珠三角地区的福建、湖南、广东、广西、海南、四川、贵州、云南等省（区），建立了 13 省（区、市）打击侵权假冒区域联动机制，依托电子商务平台的网络交易大数据，发现了一大批品牌侵权案件，包括苹果、香奈儿、强生、索尼、拜尔、南孚、洋河等一批中外品牌权利人的合法权益受到侵害。

3）著作权侵权

著作权侵权是指一切违反著作权法侵害著作权人享有的著作人身权、著作财产权的行为。在电子商务中，著作权侵权表现有多种形式。如未经许可将他人作品上传到互联网上，供互联网用户下载或浏览；冒用作者姓名或篡改作品许可使用的条件；擅自使用未经许可授权的广告图片和广告语；电子商务平台销售盗版图书；为互联网上非法复制、发行作品提供辅助性服务的行为。

4）版权侵权

版权侵权主要是侵犯版权人的财产权利，例如，未经版权人同意，擅自以发行、复制、出租、展览、广播、表演等形式利用版权人的作品或传播作品，或者使用作品而不支付版权费等。网络版权侵权有多种表现形式。未经允许，网站间相互转载版权作品是电子商务中的一种普遍的侵权现象；非法破解技术措施的解密行为，使得保护版权的技术屏障失去了作用；企业从不同商务网站间的链接标志、链接行为、链接内容中获取经济利益也是版权侵权行为，会使相关企业受到经济损失。

5）专利侵权

专利权是专利人利用其发明创造的独占权利。专利侵权是指未经专利权人许可，以生产经营为目的，实施了依法受保护的有效专利的违法行为。在电子商务中突出表现为企业未经权利人准许或授权，以电子商务方式销售其他企业的实用新型、外观设计产品，销售冒充专利技术、专利设计的产品。

2. 电子商务法的主要规定

我国《电子商务法》第四十一到第四十五条专门规定了电子商务的知识产权保护，创设了全新的电子商务平台知识产权保护制度，对我国现有知识产权法律及国际电子商务法律都有极大的突破。

《电子商务法》第四十一条规定，电子商务平台经营者应当建立知识产权保护规则，与知识产权权利人加强合作，依法保护知识产权。

《电子商务法》第四十二条规定，知识产权权利人认为其知识产权受到侵害的，有权通知电子商务平台经营者采取删除、屏蔽、断开链接、终止交易和服务等必要措施。通知应当包括构成侵权的初步证据。

电子商务平台经营者接到通知后，应当及时采取必要措施，并将该通知转送平台内经营者；未及时采取必要措施的，对损害的扩大部分与平台内经营者承担连带责任。

因通知错误造成平台内经营者损害的，依法承担民事责任。恶意发出错误通知，造成平台内经营者损失的，加倍承担赔偿责任。

《电子商务法》第四十三条规定，平台内经营者接到转送的通知后，可以向电子商务平台经营者提交不存在侵权行为的声明。声明应当包括不存在侵权行为的初步证据。

电子商务平台经营者接到声明后，应当将该声明转送发出通知的知识产权权利人，并告知其可以向有关主管部门投诉或者向人民法院起诉。电子商务平台经营者在转送声明到达知识产权权利人后十五日内，未收到权利人已经投诉或者起诉通知的，应当及时终止所采取的措施。

《电子商务法》第四十五条规定，电子商务平台经营者知道或者应当知道平台内经营者侵犯知识产权的，应当采取删除、屏蔽、断开链接、终止交易和服务等必要措施；未采取必要措施的，与侵权人承担连带责任。

这里明确了红旗原则和平台的连带责任。红旗原则是指如果侵犯信息网络传播权的事实是显而易见的，就像红旗一样飘扬，网络服务商就不能装作看不见，或以不知道侵权的理由来推脱责任。

案例与思考 7.1

网店用返现诱使消费者修改差评

在网购商品时，经常会有消费者买到质量较差或货不对版的商品，如果网店不给予退款退货处理，消费者会在网购平台中给予网店差评。网店为了不被差评影响，经常会用返现诱使消费者修改差评。

2019年1月，在《电子商务法》施行的第二天，温州某市场监督管理局检查辖区：在某皮鞋加工厂，发现该厂的网店客服人员存在修改评价记录的情况，当即依法立案调查。在调查过程中，网店客服人员坦白，通过"评价好助手"的提醒，与打差评的消费者取得联系，以返现的方式引导消费者删除差评，并给予好评。后来，该市场监督管理局根据《电子商务法》第五条和第十七条的规定，对该皮鞋加工厂进行了查处。

启发思考：该皮鞋加工厂是否应承担侵权责任？

提示：该皮鞋加工厂的网店客服人员存在修改评价记录的情况，严重违反了《电子商务法》第五条和第十七条的相关规定，应承担侵权责任。

三、电子商务中的消费者权益保护

电子商务市场是建立在消费者信赖和认可的基础上的，因而消费者权益保护在电子商务发展中具有重要地位。在网络环境下消费者保护涉及两个主要问题：一个是消费者在接受在线商业服务、在线购物过程中哪些权益应当受到保护；另一个是如何通过网络在线的方式使交易纠纷或争端得到合理、快速的解决。

1. 网络交易中消费者权益侵害常见问题

1）宣传与实物差距大

网络广告是网络消费者购物的主要依据。一些经营者为达到引诱消费者购买商品或接受服务的目的，在广告宣传中借助夸张的推销辞令、非实拍图片、虚构的交易记录或交易评价，遮盖商

知识拓展

《电子商务法》第五条规定，电子商务经营者从事经营活动，应当遵循自愿、平等、公平、诚信的原则，遵守法律和商业道德，公平参与市场竞争，履行消费者权益保护、环境保护、知识产权保护、网络安全与个人信息保护等方面的义务，承担产品和服务质量责任，接受政府和社会的监督。

《电子商务法》第十七条规定，电子商务经营者应当全面、真实、准确、及时地披露商品或者服务信息，保障消费者的知情权和选择权。电子商务经营者不得以虚构交易、编造用户评价等方式进行虚假或者引人误解的商业宣传，欺骗、误导消费者。

品或服务的缺点，夸大产品性能和功效，甚至标注虚假价格，承诺虚假服务。

2）商品质量良莠不齐

据统计，商品质量和假货共占网络购物消费投诉原因的三成至四成。有些网店用仿品冒充正品，甚至销售"三无产品"（无生产日期、无说明书、无生产厂家）。

3）商标侵权现象广泛

伴随着网络购物的发展，侵犯知识产权和消费者买到假冒商品的情况时有发生。大到国际名牌，小到地方特色品牌，网络商标侵权现象均有不同程度的存在。

4）格式合同有待规范

网络交易格式合同存在的主要问题如下：一是利用格式合同来免责。如约定商品有瑕疵时，只能要求修理或更换，而不能退货或折损；或约定实物与网上照片有差异，不影响使用，消费者不能要求退换货；二是没有以合理的方式提醒消费者注意，故意用细小的文字书写，或在文字表述上模糊、晦涩，令人难解其意；三是随时修改或调整网络格式合同条款而不提前通知相关人。如部分电子商务网站的服务条款会提示"我们会向你提供最优质的服务但你必须遵守我们的服务条款；我们将在不通知你的情形下时常更新条款，你可以在某某网页上浏览到最新的服务条款版本。"

5）物流配送问题频出

在网络交易纠纷中，物流配送成为网络购物消费者投诉的高发地。送货时间太长、货物丢失或损坏、签收环节不规范、收费不合理、快递员服务态度差等是消费者投诉反映的常见问题。

6）货款支付存在风险

随着网络消费的发展，以钓鱼、木马为特征的网络诈骗产业链初步形成，成为网络购物安全的首要威胁。例如，黑客可将木马病毒程序和钓鱼网站依附于支付宝，消费者网购资金可能并未转入支付宝，而是被黑客劫至第三方支付平台，继而流进行骗者账户。

7）售后服务争议突出

网络购物涉及地域广，消费者遍及各地。购买商品出现质量问题后，消费者往往只能通过电话联系商家解决。部分商家尽管设有售后服务部门或人员，但其对于消费者的正当诉求常常不予积极回应，采取拖延、推脱战术。

8）欺诈行为屡禁不止

消费者普遍对网络安全技术的知识了解甚少，让一些不法经营者钻了技术上的空子。例如，盗取消费者支付宝账户转移金额、利用钓鱼网站引诱消费者至其他平台进行交易、利用专业软件谎称已交易成功的消费并未成功而使消费者多次付费等，并且屡屡得手，使得消费者防不胜防。

9）个人信息保护亟须加强

在网络购物中，大量的私人信息和数据等被信息服务系统收集、存储、传输，消费者的隐私权不可避免地受到威胁，一些商家为了扩大销售额，不惜将以前消费者的信息建立数据库，根据其经济状况、上网习惯等不停轰炸消费者的邮箱以推销自己的产品；

更有甚者，为了眼前的经济利益将消费者的信息卖给他人。

2. 我国电子商务消费者权益保护的规定

2014年3月1日实施的《中华人民共和国消费者权益保护法（第二次修正）》（以下简称《消保法》）对网络交易中消费者权益保护作出特别规定。

（1）第二十五条规定："经营者采用网络、电视、电话、邮购等方式销售商品，消费者有权自收到商品之日起七日内退货，且无须说明理由。"

（2）第二十八条规定："采用网络、电视、电话、邮购等方式提供商品或者服务的经营者，以及提供证券、保险、银行等金融服务的经营者，应当向消费者提供经营地址、联系方式、商品或者服务的数量和质量、价款或者费用、履行期限和方式、安全注意事项和风险警示、售后服务、民事责任等信息。"

（3）第四十四条规定："消费者通过网络交易平台购买商品或者接受服务，其合法权益受到损害的，可以向销售者或者服务者要求赔偿。"

我国《电子商务法》第十三条规定："电子商务经营者销售的商品或者提供的服务应当符合保障人身、财产安全的要求和环境保护要求，不得销售或者提供法律、行政法规禁止交易的商品或者服务。"

第十七条规定："电子商务经营者应当全面、真实、准确、及时地披露商品或者服务信息，保障消费者的知情权和选择权。电子商务经营者不得以虚构交易、编造用户评价等方式进行虚假或者引人误解的商业宣传，欺骗、误导消费者。"

这里，"虚构交易"是指电子商务活动参与方本无真实交易之目的，经过事前串通，订立了双方并不需要真正履行的电子商务合同，经营者以此达到增加销量、提高可信度、提高排名等目的。"编造用户评价"是指没有交易事实或者违背事实作出用户评价，包括故意虚构事实、歪曲事实等作出的好评或者负面评价等不真实评价。

第十八条规定："电子商务经营者根据消费者的兴趣爱好、消费习惯等特征向其提供商品或者服务的搜索结果的，应当同时向该消费者提供不针对其个人特征的选项，尊重和平等保护消费者合法权益。电子商务经营者向消费者发送广告的，应当遵守《中华人民共和国广告法》的有关规定。"

第十九条规定："电子商务经营者搭售商品或者服务，应当以显著方式提请消费者注意，不得将搭售商品或者服务作为默认同意的选项。"

第二十一条规定："电子商务经营者按照约定向消费者收取押金的，应当明示押金退还的方式、程序，不得对押金退还设置不合理条件。消费者申请退还押金，符合押金退还条件的，电子商务经营者应当及时退还。"

以共享单车为例，运营公司往往会向单个消费者收取小额押金作为对车辆的担保，但由于消费者群体庞大，运营公司收到的总额往往会非常巨大。自2017年下半年起，已有多家运营共享单车企业宣布停止营业，甚至已出现运营企业破产的情况。消费者押金退还出现程序复杂、退款不及时及其他难以退还等情形，严重损害了广大消费者的合法权益。

这里的"明示"即明确表示，具体指以口头或书面形式作出意思表示的行为。"不合理条件"是指不得预设不合理的障碍或者变相阻碍消费者退款的条件。"及时退还"是指不得拖延退款，更不得设置条件阻碍或者变相阻碍退款，而应当按照消费者的申请退还押金。

案例与思考 7.2
淘宝网打假网络庭审案案例分析

2018年4月19日,杭州互联网法院开庭审理淘宝网卖家高某某违背合同约定网上销售假冒品牌服装案,并全程通过线上举证系统及同案数据分析系统,将庭审加速。此案也是该法院首次受理的电子商务平台起诉售假卖家案。

在现场上,法官在线"隔空"审理了这起案件:庭审现场没有原告席、被告席,也没有书记员,法官面前仅有一块互联网的大屏幕,上面实时显示着主审法官和原、被告代理律师的画面,而庭审笔录也是通过语音识别做记录。原被告双方的起诉状和答辩状、提交的相关证据、质证情况等,都可以在大屏幕上清晰地看到。

该案被告高某某2016年曾犯销售假冒注册商标的商品罪,被杭州市富阳区人民法院判其有期徒刑1年,缓刑1年6个月,并处罚金6万元。为彻底打击售假者,2017年12月,淘宝网又将高某某诉至杭州互联网法院。

庭上,原告淘宝网的代理律师称,由淘宝网与被告签署的《淘宝服务协议》约定:用户不得在淘宝平台上销售侵犯他人知识产权或其他合法权益的商品,如果用户的行为使淘宝遭受损失,用户应赔偿。被告明知其在淘宝网上销售的商品系假冒注册商标的商品,也明知淘宝网上不允许出售假货,仍然持续大量在淘宝网上出售假货。被告的行为降低了公众对淘宝网的良好评价,损害淘宝网财产权益和商誉,构成严重违约。因此,淘宝网请求法院判令被告赔偿损失106 827元,并赔偿合理支出(律师费)1万元。

被告代理律师辩称,高某某只是利用朋友的淘宝店铺进行售假,该行为已经受到了刑事处罚,高某某并非售假店铺与原告之间网络服务合同的当事人,不需要按照淘宝网服务协议的约定承担合同上的违约责任。而且,淘宝网对于自己所遭受的损失无法举证,所主张的损失赔偿请求依据不足。

启发思考:(1)高某某是否应承担侵权责任?
(2)网络环境下,我们要诚实守信、遵纪守法,做一名合格的社会公民。谈一下你的看法。(课程思政)

提示:法院经审理认为,平台消费者买到了假冒商品,不仅直接造成该消费者的经济损失,还会降低消费者的购物体验,转向其他平台或者线下购买。平台上品牌所有者及正品经营商铺的利润被售假者不当获取,排挤了诚信商家,扰乱了公平竞争的网上经营环境,导致诚信商家流失。被告售假增加了平台正常招商及商家维护的成本,直接损害平台长期大量投入形成的良好形象,降低了平台的社会评价,对平台的商业声誉显然具有负面影响。综合考虑售假数量与规模、平台的知名度等因素,法院最终认定高某某酌情赔偿淘宝网损失4万元,并支付淘宝网合理支出(律师费)1万元。

法律法规链接

我国《电子商务法》第十三条规定,电子商务经营者销售的商品或者提供的服务应当符合保障人身、财产安全的要求和环境保护要求,不得销售或者提供法律、行政法规禁止交易的商品或者服务。

第二节　电子商务新领域法律法规

一、与直播电子商务有关的法律法规

直播带货作为互联网经济的一种新业态，对活跃市场、促进消费、方便人民群众生活起到了积极的作用。但在发展中也存在产品质量不过关、虚假宣传、售后服务差、消费者权益得不到切实保障等广大人民群众反映强烈的突出问题。国家为规范直播带货出台了一系列政策。

二、国家层面与直播电子商务相关的政策法规

随着直播电子商务的迅猛发展，直播电子商务的相关法律法规也在不断出台。例如，2020年7月1日由中国广告协会发布的《网络直播营销行为规范》正式施行；2020年11月6日由国家市场监督管理总局印发了《关于加强网络直播营销活动监管的指导意见》；2021年3月15日由国家市场监督管理总局公布了《网络交易监督管理办法》并开始实施。笔者查阅了2020年1月至今国家层面直播电子商务的部分相关政策法规，具体如表7.1所示。

表7.1　国家层面直播电子商务的部分相关政策法规

发布时间	发布部门	政策法规名称
2020年6月	中国广告协会	《网络直播营销行为规范》
2020年9月	国务院办公厅	《关于以新业态新模式引领新型消费加快发展的意见》
2020年10月	国家市场监督管理总局	《规范促销行为暂行规定》
2020年11月	国家市场监督管理总局	《市场监管总局关于加强网络直播营销活动监管的指导意见》
2020年11月	国家新闻出版广电总局	《关于加强网络秀场直播和电子商务直播管理的通知》
2021年1月	国家互联网信息办公室等七部门	《互联网用户公众账号信息服务管理规定》
2021年2月	国家互联网信息办公室等七部门	《关于加强网络直播规范管理工作的指导意见》
2021年3月	国家市场监督管理总局	《网络交易监督管理办法》
2021年4月	国家互联网信息办公室等七部门	《网络直播营销管理办法》（试行）
2022年3月	国家互联网信息办公室等三部门	《关于进一步规范网络直播营利行为促进行业健康发展的意见》
2022年4月	国家新闻出版广电总局网络视听节目管理司中共中央宣传部出版局	《关于加强网络视听节目平台游戏直播管理的通知》
2022年4月	国家新闻出版广电总局、中宣部	《关于大力发展电子商务加快培育经济新动力的意见》
2022年5月	国家新闻出版广电总局	《关于规范网络直播打赏　加强未成年人保护的意见》
2022年12月	国务院	《扩大内需战略规划纲要（2022—2035年）》
2023年1月	国务院	《关于做好2023年全面推进乡村振兴重点工作的意见》
2023年2月	国务院	《质量强国建设纲要》
2024年3月	商务部、中央网信办、财政部、交通运输部、农业农村部、市场监管总局、国家邮政局、共青团、中央供销合作总社	《关于推动农村电商高质量发展的实施意见》
2024年8月	国务院	《关于促进服务消费高质量发展的意见》

国家互联网信息办公室、公安部、商务部、文化和旅游部、国家税务总局、国家市场监督管理总局、国家新闻出版广电总局七部门，以及国家相关部门纷纷出台或参与出台相关直播电子商务网络直播政策法规。从政策法规的方向看，网络直播已成为我国网络营销推广的重要方式。

1. 国家互联网信息办公室等七部门关于网络直播的相关规定

1）《关于加强网络直播规范管理工作的指导意见》

为进一步加强网络直播行业的规范管理，促进行业健康有序发展，国家互联网信息办公室、全国"扫黄打非"工作小组办公室、工业和信息化部、公安部、文化和旅游部、国家市场监督管理总局、国家新闻出版广电总局等七部委于2021年2月10日联合发布《关于加强网络直播规范管理工作的指导意见》。督促落实主体责任如下：

（1）压实平台主体责任。网络直播平台提供互联网直播信息服务，应当严格遵守法律法规和国家有关规定；严格履行网络直播平台法定职责义务，落实网络直播平台主体责任清单，对照网络直播行业主要问题清单建立健全和严格落实总编辑负责、内容审核、用户注册、跟帖评论、应急响应、技术安全、主播管理、培训考核、举报受理等内部管理制度。

（2）明确主播法律责任。自然人和组织机构利用网络直播平台开展直播活动，应当严格按照《互联网用户账号名称管理规定》等有关要求，落实网络实名制注册账号并规范使用账号名称。网络主播依法依规开展网络直播活动，不得从事危害国家安全、破坏社会稳定、扰乱社会秩序、侵犯他人合法权益、传播淫秽色情信息等法律法规禁止的活动；不得超许可范围发布互联网新闻信息；不得接受未经其监护人同意的未成年人充值打赏；不得从事平台内或跨平台违法违规交易；不得组织、煽动用户实施网络暴力；不得组织赌博或变相赌博等线上线下违法活动。

（3）强化用户行为规范。网络直播用户参与直播互动时，应当严格遵守法律法规，文明互动、理性表达、合理消费；不得在直播间发布、传播违法违规信息；不得组织、煽动对网络主播或用户的攻击和谩骂；不得利用机器软件或组织"水军"发表负面评论和恶意"灌水"；不得营造斗富炫富、博取眼球等不良互动氛围。

2）关于《网络直播营销管理办法》（试行）

国家互联网信息办公室等七部门于2021年4月23日发布了《网络直播营销管理办法（试行）》，主要是为了加强网络直播营销管理，维护国家安全和公共利益，保护公民、法人和其他组织的合法权益，促进网络直播营销的健康有序发展，根据《中华人民共和国网络安全法》《中华人民共和国电子商务法》《中华人民共和国广告法》《中华人民共和国反不正当竞争法》《网络信息内容生态治理规定》等法律、行政法规和国家有关规定制定的办法。

网络直播营销作为一种社会化营销方式，对促进消费扩容提质、形成强大的国内市场起到了积极作用。规范网络直播营销活动，促进其健康发展，需要在现行法律框架下，构建包括政府监管、主体自治、行业自律、社会监督在内的社会共治格局。网络直播营销活动的诸多要素带有明显广告活动功能和特点，广告活动的各类主体也积极参与投入网络直播营销活动，是网络直播营销新业态发展的重要力量。中国广告协会密切关注广告活动的变化及网络直播营销新业态的发展。经过充分调研，征求意见，并得到国家市场监督管理总局有关单位、中国消费者协会的大力支持，制定了网络直播营销活动行为规范。中国广告协会将不断倡导自律规范先行，依法加强行业自律，提供自律公共服务和引导市场主体自治，推进行业诚信建设。

本规范侧重为从事网络直播营销活动的各类主体提供行为指南。非直播网络视频营销，属于广告活动的，应当符合《中华人民共和国广告法》规定；属于其他营销活动的，可参照本规范进行自律。

法律链接

《网络直播营销管理办法（试行）》明确：直播间运营者、直播营销人员从事互联网直播营销信息内容服务时，不得发布虚假信息，欺骗、误导用户；不得营销假冒伪劣、侵犯知识产权或不符合保障人身、财产安全要求的商品。

2. 国家新闻出版广电总局关于网络直播的相关规定

1）《关于规范网络直播打赏，加强未成年人保护的意见》

2022年5月7日国家新闻出版广电总局发布了《关于规范网络直播打赏加强未成年人保护的意见》（以下简称《意见》）。《意见》坚持以社会主义核心价值观为引领，聚焦未成年人保护，主要提出7个方面的具体工作措施。一是要求严格落实网络实名制，禁止为未成年人提供各类打赏服务。二是加强主播账号注册审核管理，不得为未满16周岁的未成年人提供网络主播服务，为16~18周岁的未成年人提供网络主播服务的，应当征得监护人的同意。三是进一步优化升级网站平台"青少年模式"，增加适合未成年人的内容供给。四是网站平台应建立未成年人专属客服团队，优先受理、及时处置未成年人相关投诉和纠纷。五是严格规范榜单、"礼物"等重点功能应用，全面取消各类打赏榜单。六是对未成年人上网高峰时段提出更加严格、明确的管理要求。七是加强网络素养教育，培育未成年人的网络安全意识、文明素养、行为习惯和防护技能。

近年来，我国网络直播新业态迅速兴起，在推动行业发展、丰富文化供给等方面发挥了重要作用。但也出现一些突出问题，特别是平台主体责任缺失、主播良莠不齐、打赏行为失范等问题多发频发，导致未成年人沉迷直播、参与打赏，严重损害未成年人的身心健康，产生了一系列社会问题。许多家长对此反应强烈，希望有关部门采取切实可行的措施，对网络直播行业予以规范，给未成年人提供更加积极健康的网络环境。未成年人保护工作事关国家和民族的未来，针对家长反映和社会关切，中央精神文明建设指导委员会办公室会同有关部门对规范网络直播打赏、加强未成年人保护提出具体要求，着力为未成年人健康成长保驾护航。

2）《关于加强网络秀场直播和电子商务直播管理的通知》

2020年11月23日，国家新闻出版广电总局发布《关于加强网络秀场直播和电子商务直播管理的通知》，要求网络秀场直播平台要对网络主播和"打赏"用户实行实名制管理，要通过实名验证、人脸识别、人工审核等措施，确保实名制要求落到实处，封禁未成年用户的打赏功能。

近年来，网络秀场直播、电子商务直播节目大量涌现，成为互联网经济中非常活跃的现象和网络视听节目建设管理工作需要重视的问题。为了加强对网络秀场直播和电子商务直播的引导规范，强化导向和价值引领，营造行业健康生态，防范遏制低俗庸俗媚俗等不良风气滋生蔓延，国家新闻出版广电总局下发了《关于加强网络秀场直播和电子商务直播管理的通知》。

《关于加强网络秀场直播和电子商务直播管理的通知》要求，网络秀场直播平台、电子商务直播平台要切实采取有力措施不为违法、失德艺人提供公开出镜发声机会，防范遏制炫富拜金、低俗媚俗等不良风气在直播领域滋生蔓延，冲击社会主义核心价值观，污染网络视听生态。要求网络秀场直播平台要对直播间节目内容和对应主播实行标签分类管理，按"音乐""舞蹈""健身""游戏""旅游""美食""生活服务"等进行分类标注。根据不同内容的秀场直播节目特点，研究采取有针对性的扶优罚劣管理措施。对于多次出现问题的直播间和主播，应采取停止推荐、限制时长、排序沉底、限期整改等处理措施。对于问题性质严重、屡教不改的，关闭直播间，将相关主播纳入黑名单并向国家新闻出版广电总局报告，不允许其更换"马甲"或更换平台后再度开播。要求平台应对用户每次、每日、每月最高打赏金额进行限制；平台应对"打赏"设置延时到账期，如主播出现违法行为，平台应将"打赏"返还用户。

案例与思考 7.3

"网红"主播诈骗案

彭阳县公安局网安大队在工作中发现，"网红"主播"姚米子"和"小女人"在直播 PK 过程中采取相互辱骂、传播淫秽色情信息的方式来"召唤"粉丝，博人眼球，刷取礼物，引发近千人围观，严重扰乱公共秩序、败坏社会公德，影响恶劣。

彭阳县公安局古城派出所依法对两名主播进行了传唤。经查，姚某某与秦某某在某直播平台连麦 PK 期间传播淫秽色情信息的违法行为属实。

启发思考：（1）姚某某与秦某某是否应承担法律责任？
（2）直播电商时代，我们更要积极传播正能量，展现真善美。谈一下你的看法。（课程思政）

提示："君子爱财，取之有道。"网红主播不应只做"流量秃鹫"，理应做好行为示范，给粉丝带个好头，在互联网自媒体时代讲好中国故事，弘扬正能量。低俗游戏、斗狠互撕、诱导打赏、炫富或恶意炒作等不良行为终究不是直播生财之道，主播要在法律范围内赚良心钱。

法律链接

《关于加强网络秀场直播和电子商务直播管理的通知》中指出：网络秀场直播平台、电子商务直播平台要坚持社会效益优先的正确方向，积极传播正能量，展现真善美，着力塑造健康的精神情趣，促进网络视听空间清朗。要积极研究推动网络视听节目直播服务内容和形式创新，针对受众特点和年龄分层，播出推荐追求劳动创造、展示有益才艺和健康生活情趣等价值观积极的直播节目。以价值观为导向打造精品直播间版块或集群，让有品位、有意义、有意思、有温度的直播节目占据好位置，获得好流量。要切实采取有力措施不为违法失德艺人提供公开出镜发声机会，防范遏制炫富拜金、低俗媚俗等不良风气在直播领域滋生蔓延，冲击社会主义核心价值观，污染网络视听生态。

三、与跨境电子商务有关的法律法规

《电子商务法》聚焦的电子商务热点中,跨境电子商务是其中之一。相对于国内电子商务,跨境电子商务环节比较多、涉及面广,包括税收、通关、知识产权、数据安全等,所以,加强政府监管和引导将是未来跨境电子商务的核心环节。

(一)国外跨境电子商务的相关政策法规

1. 美国:给予电子商务一定的发展空间

美国是最早发展电子商务的国家,同时也是全球电子商务发展最为成熟的国家。美国在电子商务方面制定了《统一商法典》《统一计算机信息交易法》《电子签名法》等多部法律,其中,《统一计算机信息交易法》为美国网上计算机信息交易提供了基本的法律规范。《统一计算机信息交易法》属于模范法的性质,并没有直接的法律效力,但在合同法律适用方面,如格式合同法律适用等问题方面,融合了意思自治原则和最密切联系原则,最大限度地保护电子合同相对人的合法权益。

美国在电子商务的课税问题上一直坚持税收公平、中性的原则,给予电子商务一定的自由发展空间。美国从 1996 年开始实行电子商务国内交易零税收和国际交易零关税政策。1998 年美国国会通过《互联网免税法案》,规定 3 年内禁止对电子商务课征新税、多重课税或税收歧视。2001 年国会决议延长了该法案的时间。直到 2004 年,美国各州才开始对电子商务实行部分征税政策。2013 年 5 月 6 日,美国通过了关于征收电子商务销售税的法案《市场公平法案》,此法案以解决不同州之间在电子商务税收领域划分税收管辖权的问题为立足点,对各州内年销售额 100 万美元以上的网络零售商征收销售税(在线年销售额不满 100 万美元的小企业享有豁免权),以电子商务作为介质进行代收代缴,最后归集于州政府。

2. 欧盟:主张对电子商务减少限制

欧盟要求所有非欧盟国家数字化商品的供应商至少要在一个欧盟国家进行增值税登记,并就其提供给欧盟成员国消费者的服务缴纳增值税。增值税征收以商品的生产地或劳务的提供地作为判定依据,并且对于电子商务收入来源于欧盟成员国的非欧盟企业,如在欧盟境内未设立常设机构的,应在至少一个欧盟成员国注册登记,最终由注册国向来源国进行税款的移交。其中德国对来自欧盟和非欧盟国家的入境邮包、快件执行不同的征税标准。除了药品、武器弹药等限制入境,对欧盟内部大部分包裹进入德国境内免除进口关税。对来自欧盟以外国家的跨境电子商务商品,价值在 22 欧元以下的,免征进口增值税;价值在 22 欧元及以上的,一律征收 19%的进口增值税。商品价值在 150 欧元以下的,免征关税;商品价值在 150 欧元以上的,按照商品在海关关税目录中的税率征收关税。

作为世界经济领域最有力的国际组织,欧盟在电子商务领域的发展一直处于世界领先水平,如图 7.1 所示。在电子商务税收问题上,欧盟委员会在 1997 年 4 月发表了《欧洲电子商务动议》,认为修改现行税收法律和原则比开征新税和附加税更有实际意义。1997 年 7 月,在 20 多个国家参加的欧洲电信部长级会议上通过了支持电子商务的宣言——《伯恩部长级会议宣言》。该宣言主张，官方应当尽量减少不必要的限制，帮助民间企业发展创建清晰与中性的税收环境的基本政策原则。

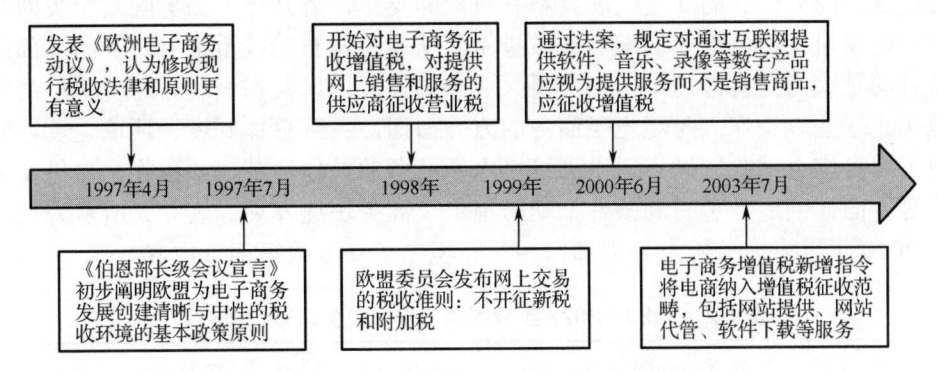

图 7.1　欧盟电子商务税收政策发展历程

1998 年，欧盟开始对电子商务征收增值税，对提供网上销售和服务的供应商征收营业税。1999 年，欧盟委员会公布网上交易的税收准则：不开征新税和附加税，努力使现行税特别是增值税更适应电子商务的发展。为此，欧盟加紧对增值税的改革。2000 年 6 月，欧盟委员会通过法案，规定通过互联网提供软件、音乐、录像等数字产品的行为应为提供服务而不是销售商品，因此，应和目前的服务行业一样征收增值税。在增值税的管权方面，欧盟对提供数字化服务实行在消费地课征增值税的办法，也就是由作为消费者的企业在其所在国登记、申报并缴纳增值税。只有在供应商与消费者处于同一税收管辖权下时，才对供应商征收增值税，这可以有效防止企业在不征收增值税的国家设立机构以避免缴税，从而防止征管漏洞。

因个人无须进行增值税登记而无法实行消费地征收增值税，因而只能要求供应商进行登记和缴纳。为此欧盟要求所有非欧盟国家数字化商品的供应商要在至少一个欧盟国家进行增值税登记，并就其提供给欧盟成员国消费者的服务缴纳增值税。从 2003 年 7 月 1 日起施行的电子商务增值税新指令将电子商务纳入增值税征收范畴，包括网站提供、网站代管、软件下载更新及其他内容的服务。2002 年 8 月，英国《电子商务法》正式生效，明确规定所有在线销售商品都需缴纳增值税，税率分为三等：标准税率（17.5%）、优惠税率（5%）和零税率（0%），据售商品种类和销售地不同，实行不同税率标准。德国网上所购物品的价格已含增值税，一般商品的普通增值税为 19%，但图书的增值税仅为 7%。

3. 日本：强调公平、简化原则

1998 年，日本公布电子商务活动基本指导方针：在税收方面强调公平、税收中性及税制简化原则，避免双重征税和逃税。日本《特商取引法》规定，网络经营的收入也需要交税。但如果网店的经营是以自己家为单位的，那么家庭的很多开支就可以计入企业经营成本。在这种情况下，如果一年经营收入不足 100 万日元，则不足以应付家庭开支，可以不用交税。据统计，日本年收益高于 100 万日元的店主大都比较自觉地报税。

日本从 2015 年 10 月起通过互联网购自海外电子书及音乐服务等将被征收消费税。一般的做法是消费税将被加到商品价格中去，由消费者承担。

（二）我国国家层面关于跨境电子商务的相关政策法规

跨境电子商务行业的高速发展离不开政策的支持，近几年，国务院及相关部委纷纷出台针对跨境电子商务行业的配套政策措施。从现有颁布的政策来看，各相关部门工作的主要目的是大力支持跨境电子商务新兴业态的发展，以及积极引导跨境电子商务运营的规范化。这些政策深入跨境电子商务的方方面面，大到总体制度、环境建设，如开展跨境电子商务综合试验区试点，小到跨境电子商务的具体环节，如税收、支付、通关、海外仓等方面，创造各种有利条件推动跨境电子商务快速发展。表 7.2 所示为笔者收集整理的 2020 年以来国务院及各大部门相关跨境电子商务政策部分内容。

表 7.2　2020—2022 年我国跨境电子商务政策部分内容

发布时间	发布部门	政策名称
2020 年 1 月	农业农村部、商务部等九部门	《关于调整扩大跨境电子商务零售进口商品清单的公告》
2020 年 3 月	海关总署	《关于跨境电子商务零售出口商品退货有关监管事宜的公告》
2020 年 3 月	海关总署	《关于跨境电子商务零售进口商品退货有关监管事宜的公告》
2020 年 5 月	国家外汇管理局	《关于支持贸易新业态发展的通知》
2020 年 9 月	海关总署	《关于扩大跨境电子商务企业对企业出口监管试点范围的公告》
2021 年 3 月	商务部、国家发改委等六部门	《关于扩大跨境电子商务零售进口试点、严格落实监管要求的通知》
2021 年 4 月	全国人民代表大会常务委员会	《中华人民共和国进出口商品检验法》（2021 修正）
2021 年 7 月	国务院办公厅	《关于加快发展外贸新业态新模式的意见》
2021 年 7 月	海关总署	《关于在全国海关复制推广跨境电子商务企业对企业出口监管试点的公告》
2021 年 9 月	海关总署	《关于全面推广跨境电子商务零售进口退货中心仓模式的公告》
2021 年 10 月	商务部、中央网信办、国家发改委	《"十四五"电子商务发展规划》
2022 年 1 月	海关总署	《区域全面经济伙伴关系协定》
2023 年 1 月	财政部、海关总署、国家税务总局	《关于跨境电子商务出口退运商品税收政策的公告》
2024 年 4 月	商务部	《自由贸易试验区跨境服务贸易特别管理措施（负面清单）》
2024 年 6 月	商务部、国家发改委、财政部、交通运输部、中国人民银行、海关总署、国家税务总局、金融监管总局、国家网信办等 9 部门	《关于拓展跨境电商出口推进海外仓建设的意见》

近几年国家相关部门纷纷出台或参与出台相关跨境电子商务政策，涉及的国家相关部门包括国家发改委、财政部、工信部、农业部、商务部等 17 个部门，出台的关于或涉及跨境电子商务的政策比较多，从政策的方向看，表现为鼓励出口，规范进口。

1. 海关总署发布的关于跨境电子商务的相关政策文件

1)《关于跨境电子商务零售进口商品退货有关监管事宜的公告》

为进一步优化营商环境、促进贸易便利化，帮助企业积极应对疫情影响，优化跨境电子商务零售进口商品退货监管，推动跨境电子商务健康快速发展，根据国家有关跨境电子商务零售进口相关政策规定，海关总署于2020年3月28日发布了《跨境电子商务零售进口商品退货海关监管事宜公告》。

海关总署公告，在跨境电子商务零售进口模式下，跨境电子商务企业境内代理人或其委托的报关企业（以下简称退货企业）可向海关申请开展退货业务。跨境电子商务企业及其境内代理人应保证退货商品为原跨境电子商务零售进口商品，并承担相关法律责任。退货企业可以对原《中华人民共和国海关跨境电子商务零售进口申报清单》内全部或部分商品申请退货。

2)《关于在全国海关复制推广跨境电子商务企业对企业出口监管试点的公告》

为认真落实全国深化"放管服"改革着力培养和激发市场主体活力电视电话会议精神，进一步促进跨境电子商务健康有序发展，助力企业更好开拓国际市场，海关总署于2021年6月30日发布《关于在全国海关复制推广跨境电子商务企业对企业出口监管试点的公告》，标志着自海关总署公告2020年第75号公布的10个试点海关、海关总署公告2020年第92号增加12个试点海关后，跨境电子商务企业对企业出口监管试点正式向全国海关复制推广。

2. 国家其他部门跨境电子商务相关政策

商务部、国家市场监督管理总局、国家外汇管理局等相关跨境电子商务政策包括《外汇管理局关于支付机构跨境电子商务外汇支付业务试点指导意见》《质检总局关于进一步发挥检验检疫职能作用促进跨境电子商务发展的意见》《质检总局关于加强跨境电子商务进出口消费品验监管工作的指导意见》《税务总局等五部门关于口岸进境免税店政策的公告》《财政部关于跨境电子商务零售进口税收政策的通知》《发改委等11部门关于公布跨境电子商务零售进口商品清单的公告》《质检总局关于跨境电子商务零售进口通关单政策的说明》《质检总局关于跨境电子商务零售进出口检验检疫信息化管理系统数据接入规范的公告》《商务部等14部门关于复制推广跨境电子商务综合试验区探索形成的成熟经验做法的函》。

🛒 思政案例

《电子商务法》的实施将会带来哪些改变和影响？

一、将微商、代购、网络直播纳入范畴

从平台购物到朋友圈购物，再到直播购物，网购渠道越来越多。《电子商务法》明确，微商、代购、网络直播也纳入电子商务经营者范畴，受该法制约。《电子商务法》第九条规定："本法所称电子商务经营者，是指通过互联网等信息网络从事销售商品或者提供服务的经营活动的

← 课程思政

知法懂法，
才能不违法

自然人、法人和非法人组织，包括电子商务平台经营者、平台内经营者以及通过自建网站、其他网络服务销售商品或者提供服务的电子商务经营者。"

二、电子商务平台不得删除消费者评价

很多消费者明明购买了质量有问题的产品，真实的评价却在评论区"消失"了，这种情况今后将会改善。《电子商务法》明确，不得删除评价。

《电子商务法》第三十九条规定："电子商务平台经营者应当建立健全信用评价制度，公示信用评价规则，为消费者提供对平台内销售的商品或者提供的服务进行评价的途径。电子商务平台经营者不得删除消费者对其平台内销售的商品或者提供的服务的评价。"

三、制约大数据杀熟

互联网的计算能力强大，它可以根据不同人的购买喜好、习惯，作出"千人千面"的页面。新法实施后，电子商务平台理应推出允许用户关闭"个性化推荐"的选项。国内的美团针对新用户有减免费用，英国的车险、宽带都是每年换一家会更便宜，持续使用却更贵。

《电子商务法》第十八条规定："电子商务经营者根据消费者的兴趣爱好、消费习惯等特征向其提供商品或者服务的搜索结果的，应当同时向该消费者提供不针对其个人特征的选项，尊重和平等保护消费者合法权益。电子商务经营者向消费者发送广告的，应当遵守《中华人民共和国广告法》的有关规定。"

四、禁止"默认勾选"，应显著提示搭售

默认同意获取个人信息、买机票搭个"专车"接送……这样的消费场景曾无数次上演。这些互联网平台的猫腻——"默认勾选"将成为历史，消费页面应让消费者知情，并主动勾选"同意"。

《电子商务法》第十九条规定："电子商务经营者搭售商品或者服务，应当以显著方式提请消费者注意，不得将搭售商品或者服务作为默认同意的选项。"

五、押金退还不得设置不合理条件

明示押金退还方式和程序、不得设置不合理条件、符合规定的押金退还要及时退还……未来，押金退还的程序会更加明确，消费者的权益会得到更好保障。

《电子商务法》第二十一条规定："电子商务经营者按照约定向消费者收取押金的，应当明示押金退还的方式、程序，不得对押金退还设置不合理条件。消费者申请退还押金，符合押金退还条件的，电子商务经营者应当及时退还。"

六、规范电子商务合同的订立与履行中的难点问题

新法规范了各类合同订立与履行的难点问题，包括快递、支付等各个环节，都有相应的规范。

	实事求是 信用保障
	《中华人民共和国个人信息保护法》
	保障消费者的知情权
	维护消费者合法权益
	维护电子商务合同当事人的权利与利益

《电子商务法》第四十七条规定:"电子商务当事人订立和履行合同,适用本章和《中华人民共和国民法总则》《中华人民共和国合同法》《中华人民共和国电子签名法》等法律的规定。" 七、平台不能强制商家"二选一" 为电子商务促销季里获得更大的流量,有平台会对商家强制"二选一",新法下,这一行为被禁止。 《电子商务法》第二十二条规定:"电子商务经营者因其技术优势、用户数量、对相关行业的控制能力以及其他经营者对该电子商务经营者在交易上的依赖程度等因素而具有市场支配地位的,不得滥用市场支配地位,排除、限制竞争。" 八、平台经营者自营应显著标记 在天猫、京东等电子商务平台上,消费者经常会看到"自营"的标记。今后,这些标记必须更加明显。 启发思考:(1)《电子商务法》主要解决了哪些问题? (2)我们作为电子商务专业的一名学生,怎么才能做到以身作则?(课程思政)	在平等基础上进行公平协商

本章小结

本章介绍了《中华人民共和国电子商务法》的主要内容,以及《中华人民共和国电子商务知识产权保护法》《中华人民共和国消费者权益保护法》的相关内容,了解电子商务新领域法律法规的相关内容,重点是要知法懂法,遵守电子商务法律法规,培养学生能够用电子商务的相关法律解决电子商务产生的各种纠纷的能力。

学习与思考

一、名词解释

电子商务法　　电子签名法　　网络知识产权　　网络专利权　　网络商标权

二、单选题

1. 电子商务法是指以电子商务活动中所产生的各种社会关系为调整对象的(　　)的总和,电子商务法是一个新兴的综合法律领域。
　　A．法律规范　　　B．法律制度　　　C．法律程序　　　D．法律流程
2. 电子商务法开始实施的时间是(　　)。
　　A．2020年1月　　B．2019年1月　　C．2019年10月　　D．2000年1月
3. 在我国,域名注册采取"先申请,先注册"原则,同时(　　)不得申请注册域名。
　　A．企业　　　　　B．公司　　　　　C．个人　　　　　D．以上都不对
4. 网络服务商著作权侵权可以分为直接侵害(　　)。
　　A．间接侵害　　　B．第三方侵害　　C．互为侵害　　　D．以上都不对
5. 直播间运营者、直播营销人员从事互联网直播营销信息内容服务时,不得发布

（　　），欺骗、误导用户。

  A．广告信息   B．虚假信息   C．商业信息   D．产品信息

三、多选题

1．电子商务法律的基本问题有（　　）。

  A．电子合同的有效性问题

  B．电子商务平台出现故障时的法律效力问题

  C．消费者权益的保护问题   D．隐私权问题

  E．知识产权的保护问题   F．电子商务的税收问题

2．网络环境下商标权侵权的主要类型有（　　）。

  A．由域名抢注而引起的商标侵权

  B．链接商标侵权

  C．隐性商标侵权

  D．网页内容或者网页图标使用他人商标引起的商标侵权

3．专利权还具有（　　）法律特征。

  A．专利权是两权一体的权利，既有人身权，又有财产权

  B．专利权的取得必须经专利局授予

  C．专利权的发生以公开发明成果为前提

  D．专利权具有利用性

4．《互联网直播服务管理规定》明确禁止互联网直播服务提供者和使用者利用互联网直播服务从事（　　）及传播淫秽色情等活动。

  A．危害国家安全   B．破坏社会稳定

  C．扰乱社会秩序   D．侵犯他人合法权益

5．根据业务不同，跨境电子商务经营主体分为四类，即（　　）。

  A．自建平台企业   B．电子商务应用企业

  C．电子商务服务企业   D．第三方平台

四、思考题

1．商标使用侵权具有哪些表现形式？

2．现实生活中存在哪些网络不正当竞争行为？

3．域名与知识产权冲突的表现形式有哪些？

技能训练

案例分析：网络刷单有去无回，黑灰产交易不获保护

基本案情：

2019年4月，漫漫公司为增加其网络店铺的交易量，委托案外人陈某组织刷手在其网络店铺刷单，漫漫公司需按照交易订单金额退还货款，并支付刷单报酬，标准约为每刷单10000元支付50元。通过陈某的牵线，刷手组织者李某向漫漫公司介绍了刷手何某。何某遂在某平台创建了案涉交易订单，双方均确认案涉商品未实际发货。何某称，漫漫

公司未向其退还因刷单垫付的 20000 元及支付刷单费，在某平台提出"仅退款"申请。漫漫公司称其已将案涉款项支付给案外人陈某，拒绝向何某退款。何某诉请：漫漫公司退还货款 20000 元。

法院判决：驳回原告何某的全部诉讼请求。

思考题：（1）请分析本案中何某的请求为什么被驳回。
　　　　（2）违反了《电子商务法》的哪条规定？

第八章
电子商务新领域

学习目标

（1）掌握移动电子商务的概念及应用。
（2）掌握跨境电子商务的概念，熟悉典型跨境电子商务平台。
（3）掌握农村电子商务的概念及模式。
（4）了解直播电子商务的发展现状。
（5）会策划直播电子商务的运营全过程。

知识框架图

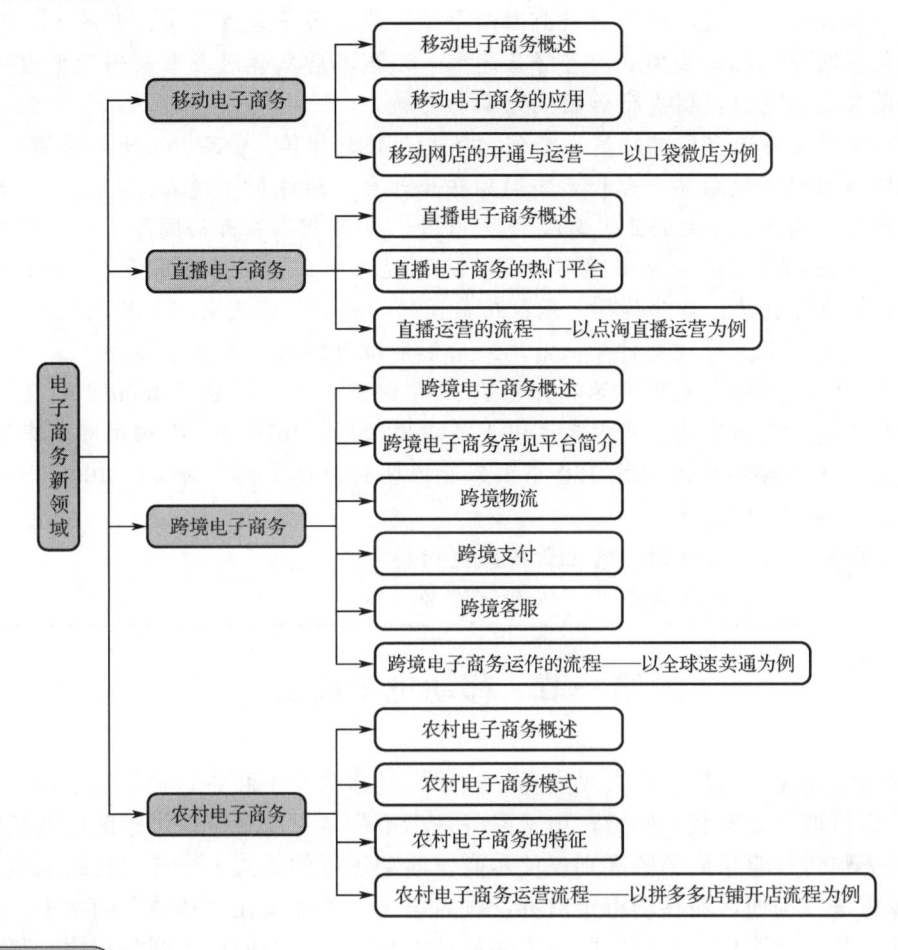

```
                    ┌─ 移动电子商务 ─┬─ 移动电子商务概述
                    │                ├─ 移动电子商务的应用
                    │                └─ 移动网店的开通与运营——以口袋微店为例
                    │
                    ├─ 直播电子商务 ─┬─ 直播电子商务概述
                    │                ├─ 直播电子商务的热门平台
                    │                └─ 直播运营的流程——以点淘直播运营为例
电子商务新领域 ─────┤
                    ├─ 跨境电子商务 ─┬─ 跨境电子商务概述
                    │                ├─ 跨境电子商务常见平台简介
                    │                ├─ 跨境物流
                    │                ├─ 跨境支付
                    │                ├─ 跨境客服
                    │                └─ 跨境电子商务运作的流程——以全球速卖通为例
                    │
                    └─ 农村电子商务 ─┬─ 农村电子商务概述
                                     ├─ 农村电子商务模式
                                     ├─ 农村电子商务的特征
                                     └─ 农村电子商务运营流程——以拼多多店铺开店流程为例
```

思政目标 ▶▶▶▶▶▶

（1）提高爱国的热情。
（2）增强民族自信心和创新意识。
（3）树立服务意识，发扬吃苦耐劳的精神。
（4）学习新技术，提高企业社会责任感。

引导案例

天猫国际——进口跨境电子商务典型案例

天猫国际作为进口跨境电子商务的典型代表，是中国互联网企业巨头阿里巴巴集团旗下的进口跨境电子商务平台。天猫国际平台上销售的产品并非由阿里巴巴集团直接参与采购，角色更类似于百货商场，邀请各个零售商或品牌商入驻后为其提供店铺与产品展示渠道，并提供营销广告、支付工具、物流系统、库存管理、报表管理等一系列附加服务，从中收取年费和一定比例的佣金。

初期，天猫国际经营商品主要有鞋帽服饰、食品保健、母婴及美容护肤四大类，采用海外直邮的发货方式，对外宣称"100%海外原装正品，10%海外直邮"。天猫国际与郑州综合保税区及杭州跨境产业园两个试点城市签署合作合同，开展了"保税进口"模式。阿里巴巴与法国政府签署备忘录，法国品牌集体进驻天猫国际平台，支付宝和中国智能物流网提供支付和物流方面的支持。

天猫国际与英国皇家邮政达成合作，将重点引进母婴、食品、化妆品等英国品牌。阿里巴巴集团旗下聚划算平台和天猫国际联合开启"地球村"模式。美国、英国、法国、西班牙、瑞士、澳大利亚、新西兰等11个"国家馆"在天猫国际亮相，阿里巴巴跨境进口版图初步形成。天猫国际推出全球免税店项目，该项目基于"出境游+出境购"的真实消费场景，与世界各大免税店集团通力合作，实现数据、物流、支付对接，并打通了跨境购买、跨境支付等从前端到后端的境外游免税购物全链条。

截至2018年年底，天猫国际共引进了77个国家和地区的超过4000个品类、20000个海外品牌进入中国市场，其中8成以上是首次入华。2019年，天猫国际宣布将持续加大投入，在5年内实现超过120个国家和地区的进口覆盖，商品从4000个品类扩充到8000个品类以上。

启发思考：（1）天猫国际的运营模式有何特点？
（2）电子商务新领域有何优势？

第一节　移动电子商务

互联网发展速度之快，令人叹为观止。什么是移动电子商务？它与传统电子商务相比又有什么可取之处？我们知道，电子商务是指不需要见面就可以进行的商贸活动。移动电子商务与传统电子商务的区别仅仅是商贸活动进行的方式不一样。传统的电子商务通过计算机进行沟通，而移动电子商务，顾名思义，就体现在"移动"两字上，它的主要传播途径是智能手机、平板电脑等手持移动终端。与传统的电子商务相比，移动电子商务在商贸谈判中又更上一层楼。

一、移动电子商务概述

1. 移动电子商务的概念

移动电子商务由电子商务的概念衍生而来，电子商务以计算机为主要界面，是有线的电子商务；而移动电子商务，也称无线电子商务，是在无线网络平台上实现的电子商务。与计算机平台开展的电子商务相比，移动电子商务是通过互联网技术、移动通信技术、短距离通信技术及其他信息处理技术，使用手机、PDA（个人数字助理）等移动通信设备与互联网有机结合，可随时随地实现B2B、B2C或C2C的电子商务活动，是无线通信技术和电子商务技术的有机统一体。移动电子商务的概念包含3个方面的含义：移动通信、移动互联网和电子商务。

2. 移动电子商务的分类

传统电子商务主要通过浏览器交易、沟通，而移动电子商务则通过App交易。众多企业均推出移动电子商务 App 来吸引消费者，提供订票、购物、娱乐、医疗等服务。下面从应用的角度对移动电子商务进行分类，将其分为信息服务类、交易服务类、娱乐服务类和行业应用服务类。

（1）信息服务类。信息服务类移动电子商务主要是指通过移动网络提供信息服务的电子商务，主要提供移动信息服务（新闻资讯、天气预报等）、移动电子邮件服务和基于位置的服务（如位置查询、定位）等。

（2）交易服务类。按照移动电子商务涉及交易服务类业务的不同交易方向，移动电子商务还可以分为提供移动金融服务的电子商务和提供移动购物服务的电子商务。移动金融服务主要包括银行业务、移动支付业务等；移动购物服务主要包括移动零售业务、移动售票业务和移动拍卖业务等。

（3）娱乐服务类。娱乐服务类移动电子商务的业务主要包括移动音乐、视频观看和下载及移动游戏等。

（4）行业应用服务类。行业应用服务类移动电子商务主要是指面向行业提供专门移动应用系统，如安全生产监控服务、公共事业缴费服务等。

3. 移动电子商务的特点

1）不受时空控制

移动电子商务是电子商务从有线通信到无线通信、从固定地点的商务形式到随时随地的商务形式的延伸，其最大优势就是移动用户可随时随地地获取所需的服务、应用、信息和娱乐。用户可以在自己方便的时候，使用智能手机或 PDA 查找、选择及购买商品或其他服务。

2）开放性、包容性

移动电子商务因为接入方式无线化，使得任何人都更容易进入网络世界，从而使网络范围延伸更广阔、更开放；同时，使网络虚拟功能更带有现实性，更具有包容性。

3）潜在用户规模大

截至 2024 年 6 月末，我国三家基础电信企业及中国广电的移动电话用户总数达 17.68 亿户，显然，从计算机和移动电话的普及程度来看，移动电话远远超过了计算机。从消费用户群体来看，手机用户中基本包含了消费能力强的中高端用户，而传统的上网用户中以缺乏支付能力的年轻人为主。

4）精准个性化

移动用户的个人信息对于电信运营商来说是极易获得的，不仅如此，用户通过移动设备下载应用程序终端享受应用服务时，都会授权其获得用户的个人信息，这样，服务和内容提供商可以根据用户的历史访问信息，为用户提供更有针对性的、符合用户兴趣的个性化服务，从而让用户有更好的服务体验。

5）易于推广使用

移动通信所具有的灵活、便捷的特点，决定了移动电子商务更适合大众化的个人消费领域，例如，自动支付系统，包括自动售货机、停车场计时器等；半自动支付系统，包括商店的收银柜机、出租车计费器等；日常费用收缴系统，包括水、电、煤气等费用的收缴等。

二、移动电子商务的应用

移动电子商务具有不受时间和空间限制的特点，其应用主要体现在移动购物、移动金融、移动教育、移动办公、移动医疗、移动娱乐及移动O2O服务。

1. 移动购物

随着我国移动电子商务的发展，传统电子商务企业纷纷进军移动市场，如淘宝App、京东App的应用。消费者下载并安装这些购物App后，可直接通过手机等在购物App中购买服装、食品等生活用品。另外，除了传统的商品类购物，车票、机票、电影票和入场券等票务购物也逐渐兴起并成为移动购物的一大主要业务，如天猫App、12306App、美团App、去哪儿旅行App等票务购物App的应用。移动购物改变了消费者的传统购物方式，为消费者提供了更加便利快捷的服务。图8.1所示为天猫App首页及天猫"双十一"销售额。

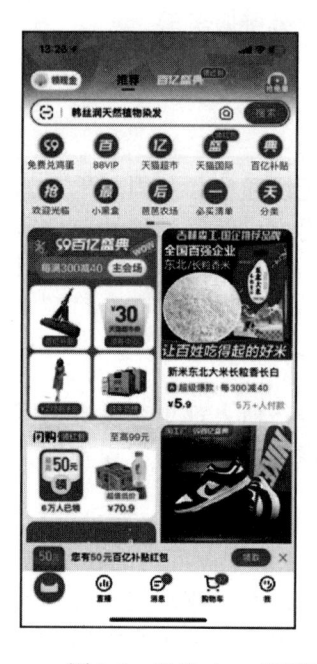

年份	天猫"双十一"销售额
2009	5200万元
2010	9.36亿元
2011	52亿元
2012	191亿元
2013	350亿元
2014	571亿元
2015	912亿元
2016	1207亿元
2017	1682亿元
2018	2135亿元
2019	2684亿元
2020	4982亿元
2021	5403亿元
2022	5571亿元

图8.1 天猫App首页及天猫"双十一"销售额

2. 移动金融

移动金融包含的内容较多，如移动银行、移动支付和移动股票等，消费者可以随时随地通过移动终端设备享受金融业务服务，如账户余额查询、转账付款、话费充值、生活缴费、股市行情查询和股票交易等。另外，消费者还能获得实时金融信息，快速掌握金融市场动向，常见的移动金融App有支付宝、同花顺和大智慧等。

3. 移动教育

移动教育即在移动的学习场所或利用移动的学习工具所实施的教育，是依托无线移动网络、国际互联网及多媒体技术，学员和教师使用移动设备通过移动教学服务器实现的交互式教学活动。移动教育打破了传统教育的局限性，各类移动教育 App 的推出，一方面，可以有效地激发学员的学习兴趣，让学员利用零散时间学习；另一方面，移动教育资源丰富，交互性强，学习内容不受限制，且可自动跟踪记录学员的学习过程，更有利于满足学员的个性化学习需求。常见的移动教育 App 有网易公开课、233 网校、中国大学 MOOC 等。

4. 移动办公

移动办公即通过手机、平板电脑等移动终端中的移动信息化软件，与企业的办公系统进行连接，将原本公司内部的局域网变为安全的广域网的办公活动，摆脱了传统办公时间和场所的限制。移动办公涉及的服务包括短信提醒服务、远程会议、信息浏览与查询、远程内部办公网络访问等。移动办公有效地解决了企业管理与沟通方面的问题，使企业整体运作更加协调。常见的移动办公 App 有钉钉、腾讯会议和腾讯文档等。

案例与思考 8.1

移动办公应用——钉钉

钉钉是阿里巴巴集团旗下的一款专门为中国企业打造的集通信、协同办公于一体的免费智能移动办公平台，可以帮助企业更好地实现内部和商务沟通，全方位提高企业的工作效率。钉钉提供了 PC 版、iPad 版、Apple Watch 版和手机端等多个终端的版本，用户可以在不同的设备上协同办公，实现真正的智能移动办公。

钉钉提供了丰富的企业沟通功能，主要包括视频电话会议、钉钉电话、DING 等。其中，钉钉电话是对传统座机办公的升级，它免去了传统复杂的申请、布线过程，可以直接通过工作群免费拨打或接听办公电话；DING 是消息通知功能，钉钉发出的 DING 消息一般以免费电话、短信或应用内消费的方式通知接收人，当接收人收到 DING 消息提醒后，可以以语音或文字的形式回复，实现消息的快速和无障碍传达。

为了方便企业进行内部管理，钉钉还专门提供了内部协同功能，包括财务管理、人事管理、行政管理等。另外，钉钉还将业务扩展到企业与企业之间，还可以在钉钉中寻找企业或商品，收集外部上传的文件，并可对文件设置权限等。

启发思考：（1）钉钉开展了哪些主要业务？
（2）通过学习本案例，我们意识到需要探索新的商业模式和营销策略，注重培养团队合作能力和沟通能力。简述你对这段话的认识。（课程思政）

---

5. 移动医疗

移动医疗对于移动运营商、医疗设备制造商、芯片企业、应用开发商等通信产业链的各个环节，是一座"金矿"、一个潜力极大的"朝阳产业"。互联网医院凭借线上便捷、无接触看病的优势，有效降低了交叉感染的风险，受到了众多用户的青睐。

6. 移动娱乐

移动电子商务使娱乐的种类变得更加丰富，如可以通过微信、QQ 等聊天、视频通话，还可以在抖音上观看短视频。这些娱乐 App 可以直接在网站或应用商店中下载，并且能够为移动运营商、内容提供商和服务商带来附加收入，是影响范围较广的移动电子商务应用。

7. 移动 O2O 服务

互联网的普及、移动智能手机的爆发及云计算服务的盛行，使得 O2O 平台应用环境迅速扩张，虽然在各行各业的实践中出现了诸多问题，但是依然难挡 O2O 全行业应用的井喷之势。目前，旅游行业发展如火如荼，北京乾元坤和科技有限公司的 O2O 平台与旅游完美结合，可以实现"机票＋酒店"模式，进行自由旅游，确保旅途中的吃、住、行、游、购、娱的所有环节都均可在线预订或交易；同时还可在线进行景点票务交易，在网上向散客销售景区电子门票，相当于景区给每家网站都开设了一条通道来实现预订或交易。比较典型的 App 有图 8.2 所示的美团外卖 App 和图 8.3 所示的星巴克 App。

图 8.2　美团外卖 App　　　　　图 8.3　星巴克 App

三、移动网店的开通与运营——以口袋微店为例

1. 在 PC 端注册微店

（1）登录微店平台，单击右上角的"注册"按钮，如图 8.4 所示。

（2）输入手机号和短信验证码，设置密码，然后勾选"已经阅读《微店店服务协议》以及《微店平台隐私声明》"复选框，如图 8.5 所示。

（3）选择店铺类型，这里选择"单店版"，单击"开单店"按钮，如图 8.6 所示。

图 8.4 微店平台首页面

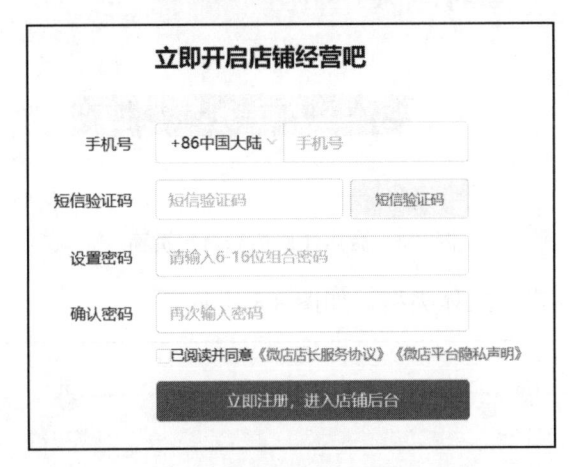

图 8.5 微店注册页面

图 8.6 微店注册店铺类型选择页面

（4）设置微店的 Logo，填写"店铺名称"和"店铺介绍"，如图 8.7 所示。

图 8.7　微店注册信息填写页面

（5）选择"小微商户"主体类型，如图 8.8 所示。

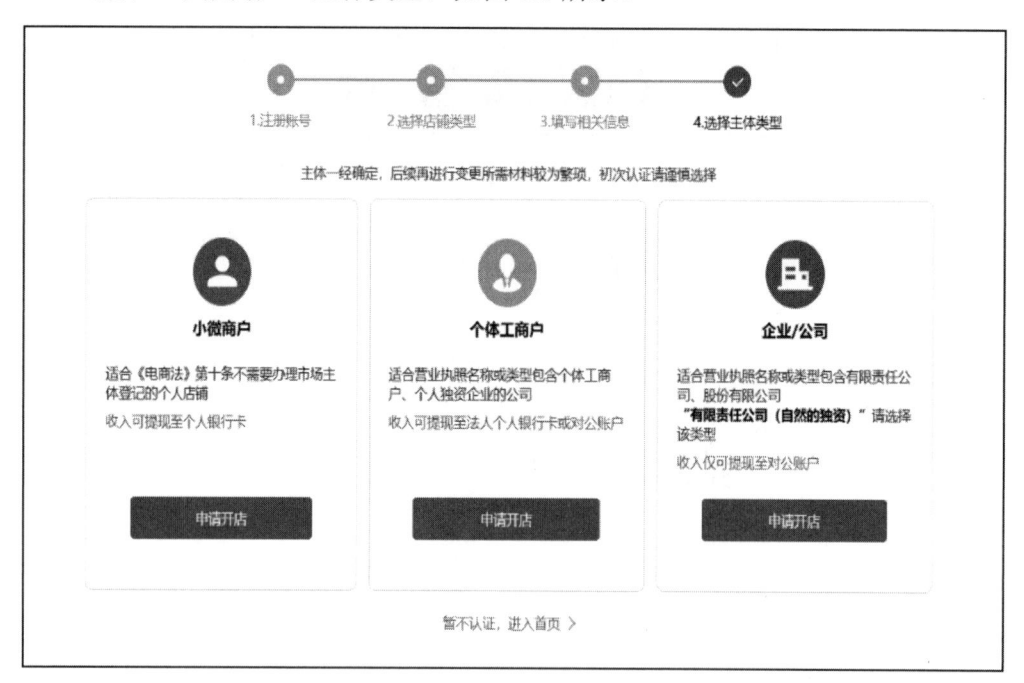

图 8.8　微店注册主体类型页面

2. 手机端注册微店

（1）在手机端下载微店店长版 App，进入微店后台编辑页面，如图 8.9 所示。

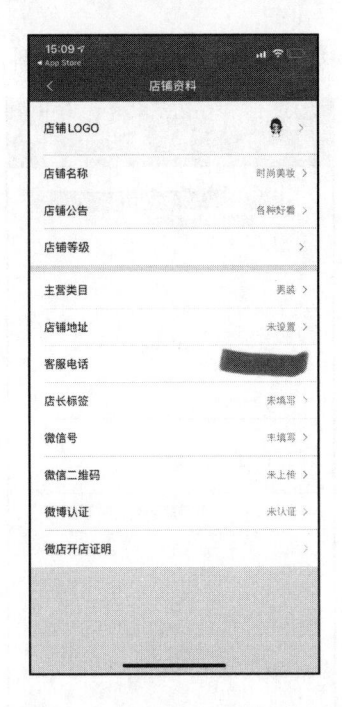

图 8.9　手机端微店后台编辑页面

（2）店铺主体认证。

① 选择"小微商户"认证类型，如图 8.10 所示。

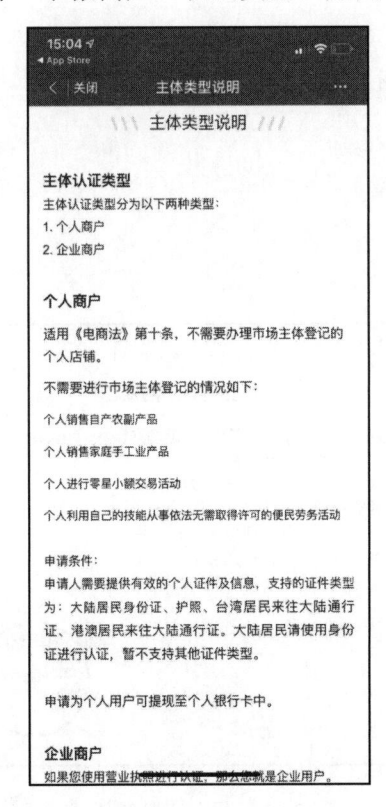

图 8.10　微店注册认证类型页面

② 上传身份证证件信息，如图 8.11 所示。提交材料，等待签约之前的实名审核。

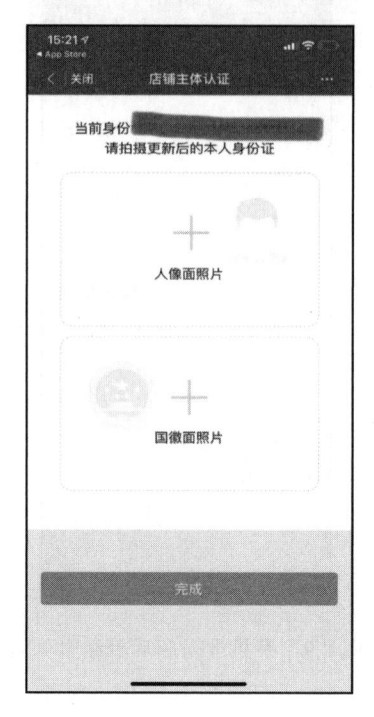

图 8.11　微店注册上传资料页面

③ 审核成功，用个人微信扫码签约微信支付。
④ 确认开户，完成签约，如图 8.12 和图 8.13 所示。

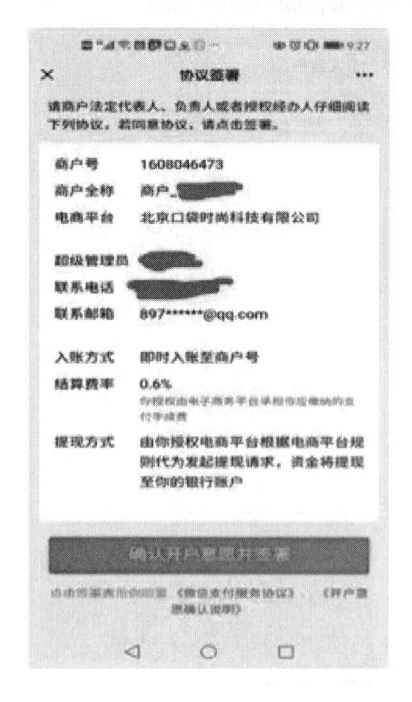

图 8.12　微店注册签署协议页面 　　　　图 8.13　微店注册签约成功页面

⑤ 查看店铺主体认证状态，如图 8.14 所示。

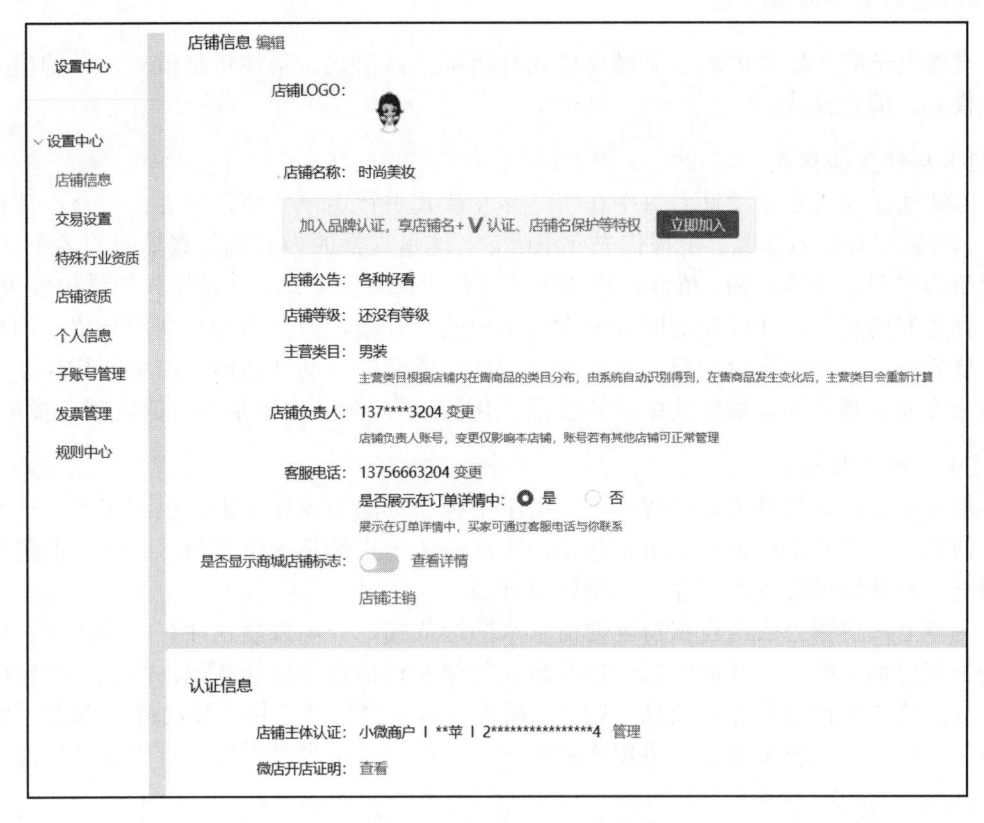

图 8.14　微店主体认证状态页面

第二节　直播电子商务

直播电子商务来源于网络直播，是指在电子环境下使用直播作为媒介，以促进商品或服务的购买与以销售为目的的电子商务商业模式。相关数据显示，在"直播+"全面发展的背景下，2023 年我国直播电子商务市场规模达到 4.9 万亿元，作为新兴的电子商务模式，直播电子商务的发展势头非常强劲。

一、直播电子商务概述

1. 直播电子商务的概念

直播电子商务，顾名思义，就是以直播的方式进行商品的推广、销售。直播本质上只是一种流量工具，最终目的仍是对商品进行销售，从而达到销售商品、增加营业额的目的。直播电子商务是一种将直播与电子商务相结合的新型营销手段。

直播电子商务可以更好地刺激消费者的购买欲望，给予消费者更加完美的消费体验。直播电子商务与传统电子商务相比具有较大的优势。直播电子商务对于销售的商品有一个更加直观、全面的展示，并且主播可以对商品进行试用、讲解，消费者对商品有一个更加全面的了解，刺激消费者的购买欲，进而提高商品的销售额。

2. 直播电子商务模式

直播电子商务模式中的常见经典模式有店铺直播模式、基地走播模式、导购模式、抢拍模式、清仓模式。

1）店铺直播模式

店铺直播模式是主播针对每个在售产品及款式进行逐一介绍，或者由观众在评论区留言，告诉主播要看哪款，主播优先介绍哪款。这里直播的内容就是直播间的各个款式。其竞争力来源于在播商品，依靠购物袋中的商品引起观众互动。这种模式的辨识度很高，进入直播间的用户，在很短的时间内就能明白购买方法，但是这种常规的介绍在购物氛围上要差一些，也没有给用户留足悬念，因此，成交的冲动性和内容的可期待性很低，这两个方面也是店铺直播模式中应该重点优化的地方。淘宝直播是典型的店铺直播模式。

2）基地走播模式

基地走播模式的整体运营较轻，主播不用担心货源和库存压力，也不用费心于售后服务问题，主要是供应链构建直播基地，主播去各个直播基地做直播，一般提前到基地选好货，等基地做好场景搭建，主播即可开播。

内容上，主播会依据自家粉丝的需求来筛选款式，一场直播往往有多种款式，内容还是很值得期待的。与此同时，一般基地的装修和直播设备比较高档，画质也比较好。这个模式的内容辨识度相对要高一些，一般来说基地会协助主播"演双簧"，采用"好款惜售"的模式，这样就容易造成用户冲动下单，但同时也容易出现退货率偏高的情况。

3）导购模式

导购模式是主播和品牌商合作，帮品牌商带销量，同时也给粉丝谋福利。因为主播会根据自己的带货能力来压低品牌商给的优惠价格，并要求给予粉丝更多的赠品。

导购模式容易形成"马太效应"。什么是"马太效应"呢？就是指强者越强、弱者越弱的现象，这样就容易出现两极分化。在直播中就表现为主播带货能力越强，越受商家青睐，拿到的折扣越低，同时也有利于主播持续吸粉。在内容上只要讲优惠和礼品，就能吸引到粉丝，因此，主播必须拿到商家给的最大福利。但是，反过来对主播的能力要求还是很高的，主播渲染商品价值的能力是核心能力。

导购模式辨识度很高，成交冲动性也相对较高，而且只要粉丝尝到甜头，就对后面的商品有期待。主播的收益来自"坑位费"+销售返佣。

4）抢拍模式

抢拍模式的购物氛围比较好，主播与粉丝之间的互动性比较高，因为抢拍的粉丝是多中选一，成交冲动性还是很高的。例如，直播销售一双小白鞋，主播说39码的扣"6"，会有很多想要购买39码小白鞋的粉丝扣"6"，但是只有被主播叫到名字的粉丝才能领到专属购买号码，领取号码后到链接中付款并备注编码才算购买完成。抢拍模式对于刚进入直播间的新粉丝来说，玩法辨识度比较低，新粉丝不能一下子明白如何完成购买，需要有一个了解的过程。

5）清仓模式

清仓模式是指仓库里的货低价甩卖，一件不留。清仓模式和常规销售的直播间不容易瞬间区分。对于消费者来说,清仓模式的辨识度还是比较低的,消费者需要有停留的过程,才容易明白这是在低价清仓。在清仓模式中,直播间的氛围很关键,主播为粉丝推荐便宜好货,要让消费者感觉买到就是赚到。直播间中的主播要能带动购物氛围,让观看的消费者疯狂下单,因此,清仓模式下的消费者成交冲动性比较高,主要原因在于低价甩卖。

在清仓模式中,产品的款式比较多、尺码不全,因此,主播在介绍每件产品时,速度会比较快,不会做深度讲解,主要强调产品的低价好用。消费者在观看时,也有一种捡便宜和淘好货的心理,所以对主播接下来要介绍的产品期待性还是很高的,希望主播拿出的下一件商品正好是自己想买且符合心理预期的。

3. 直播电子商务的发展历程

随着科技和互联网的快速发展,人们的线上购物需求不再满足于图片和文字的展示,而是希望以更直观、更有参与感的沉浸式方式满足购物需求,于是直播电子商务开始走进人们的生活。总的来看,中国的直播电子商务发展历程主要分为快速成长期、商业变现期和商业爆发期3个阶段,具体如图8.15所示。

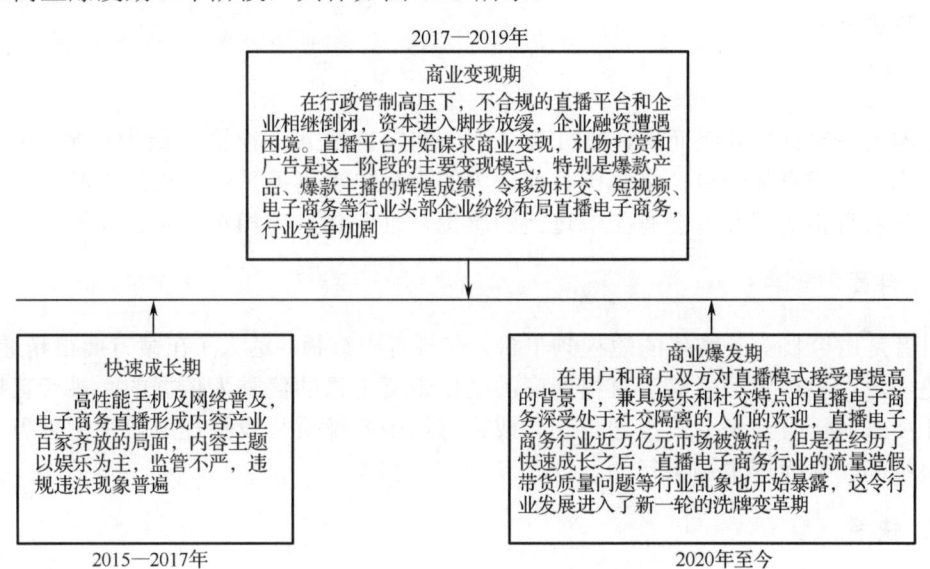

图 8.15 中国直播电子商务发展历程及特点

1)快速成长期(2015—2017 年)

在快速成长期,高性能手机和网络的普及率持续攀升。在智能终端和网络普及的背景下,4G 网络商业化进程实现。许多依靠网络的工具型产品衍变行业爆发,资本纷纷抢占赛道,形成内容产业百家齐放的局面。在发展初期,内容主题以娱乐为主。监管不严、行业规范尚不成熟导致违规违法现象普遍发生。

2)商业变现期(2017—2019 年)

经过快速成长期的野蛮生长后,在商业变现期,行业行政监管趋严。在行政管制高压下,不合规的直播平台和企业相继倒闭,资本进入脚步放缓,企业融资遭遇困境。直播平台开始谋求商业变现,礼物打赏和广告是这一阶段的主要变现模式。但随着竞争加剧和内容同质化，流量成本上升，有的直播平台开始探索直播电子商务模式，直播成为新的营销工具。特别是爆款产品、爆款主播的辉煌成绩，令移动社交、短视频、电子商务等行业头部企业纷纷布局直播电子商务行业，行业竞争加剧。

3）商业爆发期（2020年至今）

在疫情影响下，直播普及率进一步提高，直播用户突破5亿人。直播模式被应用在直播电子商务、在线教育、在线办公、在线娱乐、在线医疗、在线电竞等垂直产业，效果也逐步被验证。在用户和商户双方对直播模式接受度提高的背景下，兼具娱乐和社交特点的直播电子商务深受处于社交隔离的人们的欢迎，直播电子商务行业近万亿元市场被激活。但是在经历了快速成长之后，直播电子商务行业的流量造假、带货质量问题等行业乱象也开始暴露，这令行业发展进入了新一轮的洗牌变革期。

二、直播电子商务的热门平台

直播电子商务是电子商务领域出现的新场景、新业态，随着直播电子商务的迅猛发展，许多直播电子商务平台也如雨后春笋般涌现，比较热门的直播电子商务平台有点淘、抖音、快手等。

1. 点淘

点淘由淘宝直播升级而来，2021年1月，淘宝直播App全面升级为点淘App。点淘的定位为消费类直播平台，是我国目前较大的直播电子商务平台。点淘以商品为中心，在点淘观看直播的消费者会有类似逛街的感觉，且购物目的相对明确。

2. 抖音

抖音是由今日头条孵化的短视频平台。在抖音中直播，达人（在某方面很精通的人）带货是主流，多数消费者购买直播间商品是以带货主播的信誉为依据的。抖音直播间的流量主要来源于直播平台的推送机制，或将直播中的优质片段整理成短视频以吸引消费者到直播间，从而产生购买行为。

3. 快手

快手是北京快手科技有限公司旗下的短视频平台。随着直播的发展，快手也加入了直播电子商务的队伍，开通了直播的功能。快手和抖音的用户重合度较高，但快手直播的转化率更高。快手上的很多主播与工厂、原产地密切合作，这些主播的直播内容紧紧围绕工厂、原产地展开。例如，主播会直播果园、店面等场景，强调商品源自自家工厂。这种直接展现商品源头和商品产地的卖货方式可以让消费者更直观地了解商品，从而提升消费者对商品的好感度和对主播的忠诚度。

除了上述热门的直播电子商务平台，许多大型的电子商务平台也内嵌有直播的功能，如京东、苏宁易购、拼多多等。这些大型的电子商务平台利用平台自身的流量带动直播流量，等直播拥有充足的固定流量之后，再利用直播流量反哺电子商务平台。

案例与思考 8.2

格力 2021 年首场直播销售额达 11.4 亿元

格力 2021 年第一轮直播比较有特色。在武汉地标之一的汉口江滩"知音号"直播舞台上,董明珠走进客厅、儿童房、厨房、卧室、书房、阳台等家居场景,展示格力的全品类健康家电。此次,结合武汉冷热分明的气候特点,董明珠向大家推荐格力明珠空调、干衣机等。

作为多元化、科技型全球工业集团,格力在消费品和工业装备两大业务领域同步发力,不断在改革创新中加速打造"五个中心"和现代化"大武汉"。多年来,格力电器与武汉已在空调、生活电器、工业制品、精密模具等多领域开展深度合作,打造城企合力,撬动江城制造发展新引擎。

直播接近尾声时,董明珠宣布:"对 2021 年 3 月 1 日起销售的格力家用空调,全部实行整机十年免费包修!"事实上,2020 年《家用电器安全使用年限》系列标准中明确指出,家用空调安全使用年限为十年。在这一背景下重磅推出十年包修政策,是格力敢于为售出空调的"一生"作出承诺,即每台格力空调从购买到"退役"均享有"一次购买,终生无忧"的品质服务。董明珠强调:"产品、技术、质量是支撑'中国造'的三大驱动力,格力的承诺既是在对自身产品技术和质量提出高标准和新要求,也是对消费者、市场、行业负责。"

启发思考:(1)你认为直播电子商务是否会成为商业主流?
(2)电子商务行业需要高度的诚信意识,要树立正确的价值观和道德观,通过你关注的直播电子商务,谈一下你对这段话的认识。(课程思政)

三、直播运营的流程——以点淘直播运营为例

直播是一种非常强的吸粉与卖货的方式,有许多平台都推出了这一功能,从中赚取红利。近两年非常热门的点淘自然也不会放过,也开启了直播功能。下面以点淘直播运营为例介绍直播运营的流程。

1. 直播前的准备

1)明确活动的目的

通过网红或明星进行直播,直接触达消费者,迅速提升店铺流量,直接带动店铺商品销售转化。了解直播带货销售模式,提升店铺商品销量,进而推动公司在直播带货模式上的深度挖掘。

2)选择直播方式

网络直播大致分两种方式:一是在网上提供电视信号的观看,如各类体育比赛和文艺活动的直播,这类直播原理是将电视(模拟)信号通过采集,转换为数字信号输入计算机,实时上传至网站,供人观看,相当于"网络电视";二是人们所了解的"网络直播",在现场架设独立的信号采集设备(音频+视频)导入导播端(导播设备或平台),再通过网络上传至服务器,发布至网址供人观看。同时要策划直播场次、直播时间及直播主题。

3）直播筹备策划

直播筹备中人员分工及注意事项如表 8.1 所示。

表 8.1 直播筹备中人员分工及注意事项

执 行	事 项	负 责 人	时 间 节 点
主播运营	网红主播/明星对接	商务拓展	
	开箱、产品测试预热视频拍摄	摄影师	
	主播直播话术演练	文案策划	
媒体运营	公众号推文	新媒体运营	
	海报及朋友圈方案	美工、文案	
	公众号后台设置及相关需求文案	新媒体运营	
	直播平台选择及权限开通、设备采购	运营	
	直播脚本话术	方案策划	
	社群、知乎、豆瓣、贴吧话术	运营	
	直播平台、微博视频及文案	方案策划	具体时间具体安排
平面设计	活动海报	美工	
	奖励商品头圈	美工	
	客服二维码	美工	
运营推广	新建粉丝活动群	运营	
	预热视频上传	运营	
	红包、优惠券设置	运营	
	群内容管理（欢迎语、答疑解惑、活动推广、活动告知、平台其他活动告知）	运营、文案策划	
客户	商品准备	客服	
	统计发货	客服	
	售后服务	客服	

4）直播选品策划

（1）印象款。印象款是指促成直播间第一次交易的产品。有了第一次交易，消费者对主播或者直播间才会留下印象，下一次再进直播间的概率才会增大，因此，印象款的重要性不言而喻。什么样的产品适合作为印象款呢？可以选择直播间中高性价比、低客单价的常规产品。

（2）引流款。顾名思义，用来引流的款式肯定是店铺产品中最具有独特优势和卖点的款式。这款产品最好要做到人无我有，人有我优。何时推出引流款？根据直播间的实时数据，可以在观看量达到峰值的时候，为了促成销售成交推出引流款；也可以配合直播间活动，要求加关注到多少数值之后推出引流款，以此来增加消费者的在线观看时长和"拉新"。

（3）跑量款。在设置引流款时，为了提高竞争力，通常会设置一款价格很低的产品，这款产品不赚钱甚至亏本。所以，跑量款实则是支撑整场直播间销售额的产品。一场直播可以设置多款跑量款，有节奏地穿插着分批推出。跑量款一定要保证货源充足。

除此之外，直播间还可以有用来提升档次的气质款、便于设置价格梯度的评价款等。需要大家在不断实践中摸索最适合自己直播间活动和粉丝属性的产品规划。

（4）选品表格。根据销售商品的数据分析结果进行选品。选品表格可以根据自身店铺商品属性增加相关功能选项，如表8.2所示。

表8.2 选品表

序号	分类	产品名称	直播售价	优惠券	红包	平均客单价	毛利
1	印象款						
2							
3							
4							
5							
6	引流款						
7							
8							
9							
10							
11							
12							
13	跑量款						
14							
15							
16							
17							
18							
19							
20							

（5）直播话术脚本策划。在直播的对接过程中，可能会存在各种各样的问题，这样就需要以脚本的方式进行对接。脚本可以分为单品脚本和整场脚本。

针对单品脚本，建议以表格的形式写下来，这样能把卖点和利益点非常清晰地体现在表格上，在对接的过程中也不会产生疑惑点和不清楚的地方。品牌介绍、利益点强调、引导转化、直播间注意点都是表格中应该有的。

整场脚本是对整场直播的脚本编写，在直播过程中最重要的就是对直播方案进行规划和安排，重点是逻辑和玩法的编写及直播节奏的把控，整场直播4～6小时是不会休息的。

（6）直播环境搭建。

固定机位直播：准备三脚架或支架。如果有需要展示的商品，拿到镜头前展示即可。

移动机位直播：可能涉及门店边走边直播或者户外直播，尽量不要晃动镜头。

2. 直播运营中的内容

1）主播管理

主播管理的对象是自家主播/MCN 资源，更多的是协调性的工作，包括主播来源、直播方案沟通、排期、直播过程监控、主播业绩管理、主播激励管理。

2）内容运营

内容运营主要是策划和文案的工作，包括直播方向规划（选品/主题/品牌）、玩法策划、脚本策划、主播稿子审核等。

3）用户运营

用户运营主要是对直播间的观众进行运营，与主播配合较多，包括场控、言控、水军、场外触达等。

4）产品运营

产品包括直播使用的工具和销售的产品，这里运营更多的是行使建议权，提升业务效率和用户体验。

5）数据运营

数据运营主要是数据监控和分析，这是所有直播运营的基本技能。

3. 直播运营后的数据分析

常见的直播电子商务数据分析工具有壁虎看看、飞瓜数据、灰豚数据、卡思数据等。

1）壁虎看看

壁虎看看拥有涵盖全平台的数据参谋工具，以数据赋能驱动，为直播带货的从业者提供直播数据分析、品牌自播、直播分销、供应链整合、智能客服等全方位直播电子商务解决方案，目前已被 10000 多个主播/品牌所选择。壁虎看看主要服务于抖音、快手和小红书等直播电子商务平台，如图 8.16 所示。

图 8.16　壁虎看看——抖音版

2）飞瓜数据

飞瓜数据主要提供全网短视频达人查询等数据服务，并提供多维度的抖音、快手达人榜单排名、电子商务数据、直播推广等实用功能，是一款短视频和直播数据查询、运营及广告投放效果监控的专业工具。飞瓜数据主要服务于抖音、快手、哔哩哔哩等直播电子商务平台，如图 8.17 所示。

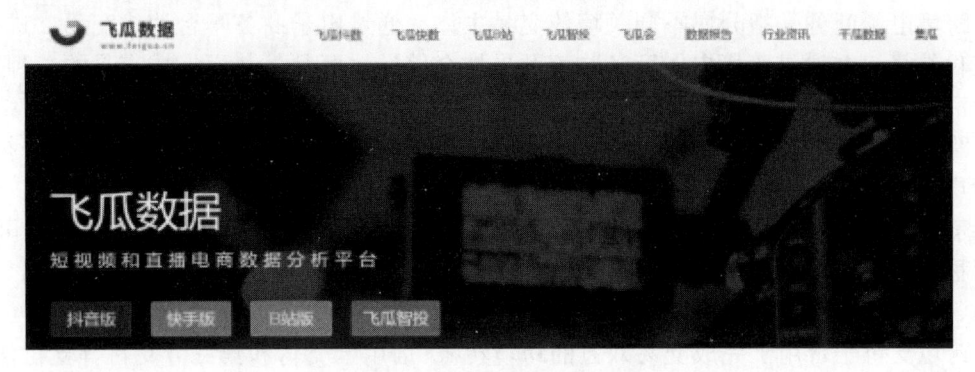

图 8.17　飞瓜数据分析平台

3）灰豚数据

灰豚数据支持对人气热销直播间的分析，快速发现热门直播间，还原播主历史直播热度和销量数据，实现直播流量和电子商务变现。灰豚数据主要服务于抖音、快手、淘宝、店透视、小红书等直播电子商务平台，如图 8.18 所示。

图 8.18　灰豚数据分析工具

4. 直播后及时复盘

直播结束后，要对直播数据进行分析及时复盘。

第三节　跨境电子商务

跨境电子商务作为推动经济一体化、贸易全球化的技术基础，具有非常重要的战略意义。跨境电子商务不仅突破了国家之间的障碍，使国际贸易走向无国界贸易，同时它也正在引起世界经济贸易的巨大变革。对企业来说，跨境电子商务构建的开放、多维、立体的多边经贸合作模式，极大地拓宽了进入国际市场的路径，大大促进了多边资源的优化配置与企业之间的互利共赢；对于消费者来说，跨境电子商务使他们非常容易地获取其他国家的信息并买到物美价廉的商品。

一、跨境电子商务概述

1. 跨境电子商务的概念

跨境电子商务是指分属不同关境的交易主体，通过电子商务平台达成交易，进行电子支付结算，并通过跨境电子商务物流及异地仓储送达商品，从而完成交易的一种国际商业活动。

跨境电子商务主要由跨境电子商务平台、跨境物流公司和跨境支付平台三部分构成。跨境电子商务平台用于展示产品信息，提供在线购物功能，如速卖通、亚马逊和 eBay 等；跨境物流公司用于运输和送达跨境包裹，主要有中国邮政速递物流股份有限公司（以下简称中国邮政）、美国联邦快递（FedEx）、美国联合包裹运送服务公司（UPS）、TNT 快递、中外运敦豪国际航空快递有限公司（DHL）等。

跨境支付平台用于完成交易双方的跨境转账、信用卡支付和第三方支付等支付活动。

2. 跨境电子商务的特征

1）全球性

网络是一个没有边界的媒介，具有全球性和非中心化的特征。依附于网络发生的跨境电子商务也因此具有了全球性和非中心化的特性。互联网用户不需要考虑跨越国界就可以把产品尤其是高附加值产品和服务提交到市场。网络的全球性特征带来的积极影响是信息的最大限度共享，消极影响是用户必须面临因文化、政治和法律的不同而产生的风险。

2）无形性

网络的发展使数字化产品和服务的传输盛行。数字化传输是通过不同类型的媒介，如数据、声音和图像在全球化网络环境中集中进行的，这些媒介在网络中是以计算机数据代码的形式出现的，因而是无形的。数字化产品和服务基于数字传输活动的特性也必然具有无形性，传统交易以实物交易为主，而在电子商务中，无形产品却可以替代实物，成为交易的对象。以书籍为例，传统的纸质书籍，其排版、印刷、销售和购买被看作产品的生产、销售。然而，在电子商务交易中，消费者只要购买网上的数据权便可以使用书中的知识和信息。

3）匿名性

由于跨境电子商务的非中心化和全球性的特性，所以，很难识别电子商务用户的身份和其所处的地理位置。在线交易的消费者往往不显示自己的真实身份和自己的地理位置，重要的是这丝毫不影响交易的进行，网络的匿名性也允许消费者这样做。

4）即时性

对于网络而言，传输的速度和地理距离无关。在传统交易模式下，信息交流方式如信函、电报、传真等，在信息的发送与接收之间存在长短不同的时间差。电子商务中的信息交流，无论实际时空距离远近，一方发送信息与另一方接收信息几乎是同时的，就如同生活中面对面交谈。某些数字化产品（如音像制品、软件等）的交易，还可以即时清结，订货、付款、交货都可以在瞬间完成。

电子商务交易的即时性提高了人们交往和交易的效率，免去了传统交易中的中介环节，但也隐藏了法律危机。在税收领域表现如下：电子商务交易的即时性往往会导致交易活动的随意性，电子商务主体的交易活动可能随时开始、随时终止、随时变动，这就使得税务机关难以掌握交易双方的具体交易情况，不仅使税收的源泉扣缴的管控手段失灵，而且客观上促成了纳税人不遵从税法的随意性，加之税收领域现代化征管技术的严重滞后作用，都使依法治税变得苍白无力。

5）无纸化

电子商务主要采取无纸化操作的方式，这是以电子商务形式进行交易的主要特征。电子商务以数字合同、数字时间截取了传统贸易中的书面合同、结算票据，削弱了税务当局获取跨国纳税人经营状况和财务信息的能力，且电子商务所采用的其他保密措施也将增加税务机关掌握纳税人财务信息的难度。

6）快速演进

互联网是一个新生事物，现阶段尚处在"幼年时期"，网络设施和相应的软件协议的未来发展具有很大的不确定性。但税法制定者必须考虑的问题是，网络像其他的"新生儿"一样，必将以前所未有的速度和无法预知的方式不断演进。基于互联网的电子商务活动也处在瞬息万变的过程中，短短几十年间电子交易经历了从 EDI 到电子商务零售业的兴起的过程，而数字化产品和服务更是花样出新，不断改变着人类的生活。

3. 中国跨境电子商务的发展历程

我国跨境电子商务行业已经从黄页时代跨越到新零售时代。2019 年至今，中国跨境电子商务加速进入高质量发展阶段，主流电子商务平台纷纷加快线下新零售门店布局，加速线上线下相结合。可以预见，我国跨境电子商务开始走向新零售模式，线上线下融合将成为行业新的发展趋势，如图 8.19 所示。

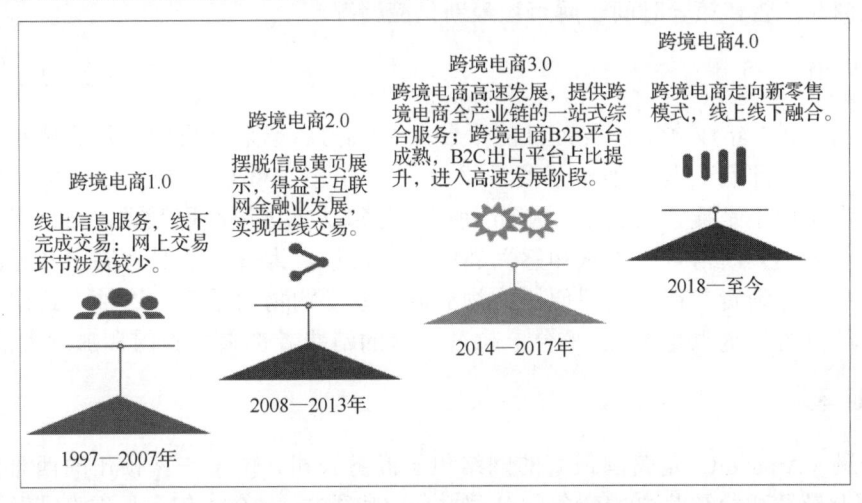

图 8.19 中国跨境电子商务的发展历程

从国家政策层面来看，我国不断出台税收、平台、监管等相关政策支持跨境电子商务产业的发展。例如，2020年5月，国务院发布《关于同意在雄安新区等46个城市和地区设立跨境电子商务综合试验区的批复》，同意在雄安新区等46个城市地区设立跨境电子商务综合试验区。

二、跨境电子商务常见平台简介

1. 速卖通

速卖通的全称是全球速卖通，是阿里巴巴集团旗下面向全球市场打造的在线交易平台，被广大卖家称为国际版"淘宝"。卖家可以像在淘宝上一样，把宝贝编辑成在线信息，通过速卖通平台发布到海外。类似国内的发货流程，卖家可以通过国际快递，将宝贝运输到买家手上，与世界多个国家或地区的买家达成交易，赚取美元。速卖通于2010年4月上线，目前已经覆盖220多个国家和地区的海外买家，涉及服饰、3C电子产品、家居、饰品等30个行业类目，每天海外买家的流量已经超过5000万人，最高峰值达到1亿人，已经成为全球最大的跨境交易平台之一。速卖通的主要目标市场国家是美国和新兴国家。

2. 敦煌网

敦煌网成立于2004年，是我国第一家整合在线交易和供应链服务的B2B电子商务网站，是协助中国广大的中小供应商，向海外庞大的中小采购商直接供货的新生代网上批发交易平台。敦煌网致力于打造一个完整的在线供应链体系，直接打通中国制造企业和贸易商同国外无数中小采购商之间的贸易联系，实现国际贸易的彻底在线化。

作为国际贸易领域B2B电子商务的创新者，敦煌网充分考虑了国际贸易的特殊性，全新融合了新兴的电子商务和传统的国际贸易，为国际贸易的操作提供专业有效的信息流、安全可靠的资金流、快捷简便的物流等服务，是国际贸易领域的一个重大革新，掀开了中国国际贸易领域的新篇章。敦煌网采用电子邮件营销模式，低成本、高效率地扩展海外市场，自建EDMSYS平台，为海外用户提供了高质量的商品信息，用户可以自由订阅英文快讯商品广告，第一时间了解市场最新供应情况。

3. Wish

Wish于2011年成立于硅谷，目前平台上90%的商家来自我国，是北美和欧洲最大的移动电子商务平台。与其他电子商务平台不同的是，Wish平台上的消费者更倾向于无目的地浏览而不是搜索关键字。Wish使用优化算法大规模获取数据，结合消费者的浏览和购买行为，判断消费者喜欢和感兴趣的产品信息，为每个消费者展示其近段时间感兴趣的产品，让消费者在移动端便捷购物的同时享受购物的乐趣。这种方式比较受北美洲消费者的喜爱，这也是Wish平台上超过60%的消费者都来自美国和加拿大的原因。

4. 亚马逊

亚马逊（Amazon）是美国最大的网络电子商务公司，位于华盛顿州的西雅图。亚马逊是网络上最早开始经营电子商务的公司之一，其成立于1994年，一开始只经营网络的书籍销售业务，现在已成为全球商品品种最多的网上零售商和全球第二大互联网企业。

亚马逊提供数百万种独特的全新、翻新及二手商品，如图书、影视、音乐和游戏、数码下载、电子和计算机、家居园艺用品、玩具、婴幼儿用品、食品、服饰、鞋类和珠宝、健康和个人护理用品、体育及户外用品、玩具、汽车及工业产品等。

5. eBay

1905年9月4日，皮埃尔·奥米迪亚在加利福尼亚州创立了 Auctionweb 网站，以在全美寻找 Pez 糖果爱好者。令人意外的是，该网站非常受相关爱好者的欢迎，网站也随之发展了起来。1997年9月，Auctionweb 正式更名为 eBay，并逐渐发展为让全球消费者在网上买卖产品的线上拍卖及购物网站。目前 eBay 已经成为全球最大的电子交易市场之一，是美国、英国、澳大利亚、德国和加拿大等地的主流电子商务平台。eBay 只有两种销售方式，一种是拍卖，另一种是一口价。平台一般按照产品发布费用和成交佣金的方式收取费用。eBay 开辟了全球直销渠道，为商家提供了低投入、零风险、高利润的境外直销模式，保障交易安全及消费者体验，同时能为通过审核的入驻商家提供客户经理支持，以方便商家快速开展业务。

三、跨境物流

跨境电子商务逐步成为我国对外贸易的新引擎，预计将持续保持高速增长，并向更均衡的路径结构发展。与传统电子商务不同，跨境电子商务需要跨越边境运输商品，因此，跨境电子商务的发展离不开配套的跨境物流的支持。

1. 跨境物流的运输方式

目前，常用的跨境物流的运输方式主要包括国际小包、国际快递、专线物流和海外仓。

1）国际小包

国际小包也称国际邮政小包裹，即通过邮政空邮服务寄往国外的小邮包。国际小包是当前比较常用的一种跨境物流运输方式，包括中国邮政小包、新加坡邮政小包、国际 e 邮宝和一些特殊情况下使用的邮政小包。

2）国际快递

国际快递主要是通过国际知名的四大快递公司邮寄国际快递，这四大快递公司分别是联邦快递（FedEx）、联合包裹速递服务公司（UPS）、TNT 快递和敦豪航空货运公司（DHL）。国际快递具有速度快、服务好、丢包率低等特点，但在运送包裹的过程中所产生的物流成本较高。

3）专线物流

专线物流一般是通过航空包舱的方式将货物运输到国外，再由合作公司派送至目的国，具有送货时间基本固定、运输速度较快和运输费用较低的特点。目前，业内使用最普遍的物流专线包括美国专线、俄罗斯专线及欧洲专线，但也有部分公司拥有南美专线、南非专线及中东专线。

4）海外仓

海外仓是指在其他国家和地区建立仓库，货物从本国出口，通过海运、货运和空运等形式存储到其他国家。交易前，商家只需将货物大量运输至目的国的海外仓，当线上交易完成后，再根据订单从海外仓中调出所需的物品，货物的分拣、包装及配送均可在目的国进行。

> **案例与思考 8.3**
>
> **联合包裹速递服务公司**
>
> 联合包裹速递服务公司（UPS）成立于 1907 年，总部设于美国佐治亚州亚特兰大市，是全球领先的物流企业，提供包裹和货物运输、国际贸易便利化、先进技术部署等多种旨在提高全球业务管理效率的解决方案。UPS 业务网点遍布全球 220 多个国家和地区，拥有超 53 万名员工。2021 年 UPS 营业额达到 846 亿美元。在中国，UPS 的服务范围覆盖中国 330 多个商业中心和主要城市，每周连接中国和美国、欧洲，以及亚洲其他国家和地区的航班近 200 个班次。UPS 致力于为各类客户提供全方位的物流服务，满足各种规模的中国企业不断变化的贸易需求，助力中国客户更好地与世界连接。
>
> UPS 拥有覆盖 220 多个国家和地区的强大物流网络，始终在不断变化的商业环境中升级全球智慧物流网络，支持客户与自身的发展。作为全球贸易的促进者，UPS 拥有高度整合的全球服务运输网络，支持多种不同运输方式的立体综合交流网络体系，可实现海、陆、空多式联运之间的"无缝连接"运作，可帮助客户的货件畅达全球市场。
>
> 启发思考：（1）联合包裹速递服务公司（UPS）提供了哪些服务？
> （2）通过学习 UPS 的案例，谈一谈对"可持续发展"的理解。（课程思政）

2. 跨境物流的选择

跨境物流在成本可控的情况下，为给予消费者或企业更佳的消费体验，越快送达越好，但在交易过程中，商品的种类多样，不同商品适用的物流方式是不同的。

（1）小件商品或日用商品

小件商品的货值和利润偏低，时效性的要求较低，一般选择邮政小包的运输方式；日用商品的需求频次较高，一般选择海外仓的运输方式。因为海外仓的运输方式不仅发货速度快，还有助于帮助跨境电子商务平台抢占市场份额。

（2）价值高的商品

价值高的商品对时效性的要求较高，选择国际快递能够保障商品安全且及时送达，但国际快递的运费较高，商家可以与国际快递公司签署合作协议，争取运费上的优惠政策。

（3）大宗商品

如果是大宗商品，那么优选海外仓，因为海外仓的性价比较高且可以解决时效性问题，以避免烦琐的进出口过境手续。

（4）时效性要求较高的中小型商品

对于时效性要求较高的中小型商品，需要注意的是，专线物流按实际质量收费，30 千克以下的商品可以选择此方式。

四、跨境支付

跨境电子商务中达成交易后，商品通过跨境物流送达，消费者或企业确认商品合格后，还需要支付款项，即跨境支付。因此，除了跨境物流，跨境支付也是跨境电子商务必不可少的环节。

跨境电子商务的主要支付方式有商业银行信用卡支付、第三方支付（如支付宝、微信支付等）及银行转账等。近年来，第三方支付快速发展，国际上常用的第三方支付有 eBay 的贝宝（PayPal）、西联汇款等。在我国，银联较早开展跨境电子商务支付业务，其他支付工具紧随其后。跨境支付的方式较多，不同收汇款方式存在差别，它们都有各自的优缺点、适用范围，表 8.3 所示为热门跨境支付方式的对比。

表 8.3 热门跨境支付方式的对比

跨境支付方式	优点	缺点	适用范围
银行电汇	收款迅速，先付款后发货，保证商家利益不受损失	由于先付款后发货，消费者或企业容易产生不信任；若数额较高，相应的手续费也较高	传统的 B2B 支付方式，适合大额的交易付款
PayPal	国际知名度较高、受买卖双方信赖；无开户费及使用费，且满足大多数地区消费者的付款习惯	每笔交易除手续费外，还需要支付交易处理费，增加了成本；账户易被冻结，商家利益受损失	跨境电子商务零售行业，小额交易更加划算
西联汇款	手续费由消费者或企业承担，利于商家，可先提钱再发货，安全性好	手续费由消费者或企业承担，消费者或企业不易接受；买卖双方需要去西联线下柜台操作，手续费较高	1 万美元以下的交易
信用卡收款	使用人数较多	收费较高；付款额度较低；有拒付的风险	B2C、C2C 平台

跨境电子商务收款是跨境电子商务交易流程中的一个重要环节，是指卖家在跨境电子商务平台中实现销售后取得资金的过程。选择收款方式是跨境商家最为关心的问题之一，安全和费用是核心。跨境电子商务主流平台使用的主要支付方式如表 8.4 所示。

表 8.4 跨境电子商务主流平台使用的主要支付方式

平台名称	使用的支付方式
全球速卖通平台	国际支付宝
亚马逊平台	P 卡（Payonner）、World First、CD 卡（Currencies Direct）、PingPong 金融、DTAS（帝塔思）、环球捷汇、香港银行账户、美国银行账户
eBay 平台	PayPal
Wish 平台	P 卡（Payonner）、易联支付（PayEco）、Bill.com
敦煌网	国内银行卡

五、跨境客服

跨境客服与国内网络客服最大的区别在于服务对象不同，客服人员需要具备一定的外语能力和外贸相关工作经验。

以电子商务交易的流程来划分，电子商务客服一般分为售前客服、售中客服和售后客服。就跨境客户服务的实际情况来看，其工作主要集中在售前和售后，主要是应对买家的询盘沟通和处理产品售后问题。

1. 应对买家的询盘沟通

跨境电子商务卖家与客户进行沟通交流，必然会面临买家提出的各种关于产品、价格和服务方面的咨询，也就是外贸术语中所谓的"询盘"。售前客服要应对的询盘沟通分为以下4个主题。

（1）产品相关：产品的功能和兼容性、产品相关细节、产品配件等。
（2）交易相关：关于付款方式和付款时间等交易流程的咨询。
（3）物流相关：运送地区和运送时间、能否提供快递、是否挂号等物流问题咨询。
（4）费用相关：合并邮费的价格、批发购买的价格、关税费用、是否有优惠等。

跨境电子商务客服能否较好地应对询盘，对产品成交具有直接影响。

2. 处理产品售后问题

国外买家通过产品详情页或售前客服了解产品后，往往选择静默下单。因此，一旦买家主动联系商家或平台，往往就是投诉。跨境电子商务客服主要的日常工作就是处理买家投诉或产品售后问题，如处理中差评和交易纠纷等。

第四节　农村电子商务

伴随着互联网的普及和农村基础设施的建设，我国农村电子商务发展势如破竹，商业模式不断创新，服务内容不断丰富，交易规模也在不断扩大。电子商务巨头纷纷涉足农村产品领域，尤其在"互联网+"浪潮的推动下，阿里巴巴集团、京东、苏宁等巨头开始了大规模的电子商务下乡。

一、农村电子商务概述

1. 农村电子商务的概念

农村电子商务是指利用计算机、互联网等现代信息技术，为从事涉农领域的生产经营主体提供在网上完成产品或服务的销售、购买和电子支付等业务交易的过程。农村电子商务的出现能够推动农业的生产和销售，提高农产品的知名度和竞争力，助力新农村建设。

农村电子商务要让农民受益，不是简单地让农民进行网购，更多的是提供各种生活上的便利，如缴费、贷款、医疗等，让农民和城镇居民一样享受互联网时代的方便与快捷。农村电子商务需要考察落地区域的经济现状，因地制宜地推动工业品和农产品的双向流通，促进当地县域经济的发展，让农民能够增收减负，逐步缩小城乡之间的差距。农村电子商务还应当响应国家号召，承担一定的社会责任，协助县级政府开展电子商务扶贫事业，让更多的贫困地区、贫困人口能够受益。

2. 农村电子商务的发展历程

1998年我国农产品电子商务开始起步，至今经历了7个发展阶段，特别是党的十八大以来，中共中央、国务院及各部办委先后发布各类政策，促进了我国农产品电子商务的发展，《国务院关于积极推进"互联网+"行动的指导意见》《关于深入实施"互联网+流通"行动计划的意见》《国务院关于印发促进大数据发展行动纲要的通知》，以及财政部、商务部发布的《关于开展电子商务进农村综合示范的通知》等150多项文件，推动了我国农产品电子商务的迅速发展。

第一阶段：1998—2004年，棉花、粮食两个品种先后在网上交易，当时称为"粮棉在网上流动起来"。1998年，郑州商品交易所集成现货网（现在称为中华粮网）开始进行网上粮食交易，2005年10月，中央储备粮网上交易。1998年，全国棉花交易市场成立，推出国储棉竞买竞卖交易，通过竞卖交易方式采购和抛售国家政策性棉花。

第二阶段：2005—2011年，生鲜及农产品开始在网上进行交易，2005年易果网成立，2008年和乐康、沱沱工社做生鲜农产品交易。2009—2012年，涌现出一大批生鲜电子商务平台，生鲜及农产品能够在网上交易，改写了电子商务交易的客体的定义和内容。

第三阶段：2012—2013年，褚橙进京、荔枝大战两个重要事件在北京出现，使生鲜农产品电子商务品牌运营一时成为热点，品牌农产品电子商务出现。许多生鲜及农产品电子商务开始探索品牌运营，顺丰优选、一号店、本来生活、沱沱工社、美味七七、菜管家获得资金注入。

第四阶段：2013—2014年，B2C、C2C、C2B、O2O等各种农产品电子商务模式竞相推出，宽带电信网、数字电视网、新一代互联网、物联网、大数据、云计算、区块链等大量先进信息技术被用到农产品电子商务中来。

第五阶段：2014年，本来生活、美味七七、京东、我买网、宅急送、1688、青年菜君、食行生鲜先后获得投融资，农产品电子商务进入融资高峰期。

第六阶段：2015年，农村电子商务融资和兼并重组高潮阶段，如2015年5月以C2B2F（Customer to Business to Farm/Factory）模式做生鲜的食行生鲜宣布获得由天图投资领投，A轮投资方协立投资及易浮泽跟投的B轮融资，融资额为1.8亿元；2015年天天果园获得京东集团的战略性投资数千万美元；2015年生鲜电子商务爱鲜蜂完成B轮融资。

第七阶段：2016年至今，按农村电子商务生命周期规范的角度来看，我国农村的电子商务已经完成了由"成长期"向"发展期"的转型。

二、农村电子商务模式

随着农村电子商务的兴起，越来越多的城镇居民会选择去各大电子商务App平台购买农副产品。凭借着天然有机、绿色环保的优势，农村电子商务购物方兴未艾。最新数据显示，中国一线城市的网购人数已达到5亿人，县级及农村的网购人数已突破9亿人，众多农产品商家纷纷大规模进军电子商务市场，如农村淘宝、京东的生鲜到家、抖音的农产品直播等。对于想入驻农村电子商务的商家来说，关心的问题就是"农村电子商务平台怎么做""农村电子商务有哪些商业模式"。目前，农村电子商务主要有以下3种商业模式。

1. 入驻电子商务分销平台

创业初期，在手头资金、货源有限的情况下，依托一些大型的电子商务平台，入驻相应的分销体系进行农副产品卖货，就是一个简单高效的方法。这样可以省去进货、发货的流程，只需在平台上开通自己的微店，然后去货源市场上挑选相关的农产品，通过代理卖货获得佣金，如有赞微商城、微店等。平台上精选百万好货，所有的商品均可一键上架，直接开售，店主也可以自己定价。店主只需负责推广销售商品即可，不需要任何操作，一切由系统自动完成，买家下单后，由供货商直接发货给买家。这种入驻分销平台的好处就是，不用考虑货源及配送问题，店家只需要专注于产品的营销推广即可。

案例与思考 8.4

中国邮政发力农村电子商务

近年来，中国邮政担负起重任，开始在农村电子商务领域布局，建设县城物流网，搭建电子商务平台，为我国的扶贫事业贡献了力量。

中国邮政助力安徽砀山酥梨销售是中国邮政发力农村电子商务的一个典型案例。砀山县位安徽北部，处于淮海平原的南部，具有优越的地理自然条件，砀山县最负盛名的是砀山酥梨。自 2015 年起，中国邮政与砀山县人民政府达成了合作，以"农村电子商务+特色农产品+精准扶贫"的模式助力砀山县农产品的电子商务之路，帮助砀山县销售包括砀山酥梨在内的农产品。砀山园艺场场长郭民繁曾说："中国邮政的平台为我们售出产品提供了便利，建立合作之后，我们只要负责生产产品，销售和物流都是中国邮政解决。"中国邮政采用"合作社+产业链"模式，全面参与农产品的生产和运输过程，为农产品种植、包装、营销推广、运输、售后等环节提供了服务，将"砀山酥梨"打造成了品牌农产品。

此外，从 2017 年开始，中国邮政就与砀山县的荣浩农场开展了合作，成立了果蔬种植专业合作社。在中国邮政的帮助下，荣浩农场将种植的酥梨、黄桃、甜瓜、樱桃上线到中国邮政旗下的电子商务平台，拓宽了农产品的销售渠道。同时借助邮掌柜系统，荣浩农场的农产品发运更加顺畅。最后，中国邮政还为荣浩农场搭建果蔬大棚提供了资金方面的支持，为果蔬种植提供了复合肥测土配方，真正做到了惠农助农。

启发思考：（1）中国邮政在布局农村电子商务方面有什么优势？
（2）农村电子商务对荣浩农场的农户意味着什么？（课程思政）

电子商务分销平台的定位是打造垂直品类移动分销平台，可实现全民通过分销平台销售创业，只需一部手机，就可以免费快速开通微店平台，成为店长，并通过微博、微信、QQ 等社交工具推广商品，获得佣金，建立"人人是买家，人人是卖家"的微商体系。

2. 与农村电子商务平台合作

对于手头有一定货源、想做农产品电子商务的用户，可以选择一些比较靠谱的电子商务平台入驻，每年交付一定的店铺租金，就可以开通自营店铺。下面介绍 3 个电子商务平台。

1）淘宝网

淘宝网拥有近 5 亿的注册用户数，每天有超过 6000 万的访客，是国内较大的电子商务平台，也是现在人们日常主流的电子商务购物平台。入驻淘宝的流程十分简单，只需缴纳 1000 元保证金即可，入驻门槛低。入驻之后，店家就可以在上面上传商品和修改对应的文字信息了。可以参考同品类的店铺是如何运营的。另外，农产品要有当地的特色包装，特色包装能更好地体现当地农产品的特色，增加用户的信任度。可以去1688网购买或定制，快递则要自己去联系。

2）拼多多

拼多多是电子商务行业兴起的"新贵"，尤其是在农产品电子商务领域，目前已有不少商家入驻。拼多多成立之初以水果生鲜拼单切入电子商务市场，如今拼多多发展壮大，平台一直都很重视农村电子商务市场。让全国各地的农产品走出农村，走向大城市是拼多多重要的方向。

3）惠农网

惠农网是一个典型的农产品电子商务交易平台，店家只需注册并登录，上传自己的产品，等待客户咨询和下单就可以。惠农网集聚了国内各地的农产品信息，而且几乎全是产地供货，价格非常低廉，卖货买货都是非常好的，可以帮助商家挖掘更多的商机。

除了这3个电子商务平台，农产品电子商务平台还有很多，如中国水果网、中国蔬菜网等。

3. 自建电子商务平台

自建电子商务平台，拥有独立的商城系统，商家可以通过自己的需要设置网站的商品上架时间，不同于电子商务入驻平台，上架十几天就要重新上架，避免枯燥的重复劳动，节约大量时间，还可以设置多个网站的管理人员，分配不同的管理权限，分工合作，便于管理。

以应用公园App在线制作平台为例，现在，不需要编程，就能独立快速制作一个电子商务类的手机App，平台已经有开发好的农村电子商务类App模板，可以直接使用，用户10分钟就能完成App的制作，可节约成本90%以上。应用公园App还提供了上百款已经开发好的App功能组件，如注册登录、商品展示、购物车订单、在线咨询、拼团配送、各种营销插件，利用这些开发的功能插件，像搭积木一样进行自由组合搭配，就可以生成一个农村电子商务App。

除此之外，平台还提供商铺后台管理、服务器域名部署、App应用上架申请、日常的售后技术支持，支持安卓和苹果双系统同步生成，App+小程序+H5三大平台数据一站式打通。这种SaaS平台共享化的模式，凭借低技术门槛和低成本的资金投入，深受广大商家的青睐。

三、农村电子商务的特征

随着我国经济水平的提升和互联网的飞速发展，新农村基础设施建设进一步完善，我国大部分地区的农民都能接触到网络，政府为农村电子商务基础设施建设提供了强大的政策支持；一些大的电子商务平台也响应国家号召，纷纷开展了农村电子商务发展项目。我国农村电子商务有以下5个特征。

1. 直接性

农村电子商务利用互联网的优势，直接将生产者、销售者、消费者联合在一起，是农业产业化经营的"助推器"和"黏合剂",可以有效解决农业生产、农用物资采购、农产品营销和服务网络等方面存在的问题,形成由物流、商流、信息流、资金流等组成的全新流通体系。生产者、销售者、消费者之间沟通便捷,农产品和服务相关信息传递到消费者、货物从生产者销售到消费者手中时间极短,促进了农产品的流通。例如,农村电子商务通过互联网,将海南的椰子直接销售到东北地区的消费者手中。

2. 低成本

农村电子商务利用网络带来的便利性,降低了运营成本。

首先,农村生产和管理成本很低,并且国家对农村经济有扶持。电子商务企业经营的成本也较低,只需要一些平台推广费用。消费者购买成本较低,足不出户就能购买到产品。

其次,在过去,一笔交易的形成往往伴随着许多交易部门的参与和促成,交易的完成是许多交易部门共同促成的结果。农村电子商务这一无形的超级大市场可促使农村的中心企业减少库存积压、降低库存成本,还可以通过电子商务实行网上销售,直接减少交易成本。

最后,农村电子商务可以实现农业的规模化、集约化生产,从而降低生产成本,同时通过网络营销可以推动"订单农业"模式的形成,在一定程度上解决供需不匹配的问题,避免了生产的过度浪费。

3. 集群效应

与传统的企业发展模式不同,农村电子商务发展的集群效应明显,发展的结果不是单一的公司壮大,而是整个村、镇的集群效应,如"堰下村""东风村""东高庄村"等淘宝村。在农村,往往是一两个主体先尝试,成功之后,被不断仿制和传播,这既有背靠共同的区位优势的原因,也与中国农村特有的文化、传统有关——信息极易扩散。这种密集的同质性的商务活动的集中,一方面会引发一定的竞争,同时也极易形成共同的联盟和完整的产业链条,如沙集镇已经成立了电子商务协会,并形成了网店、家具生产厂、板材加工厂、家具配件店、网店专业服务商和物流快递公司等相对完善的配套体系。

4. 可扩展性

虽然农村中小企业运用电子商务技术是一个循序渐进的过程,但各企业电子商务必须随着客户需求的变化而变化,随着企业业务需求的发展,以及市场环境和管理环境的变化而进行扩展或调整。要本着一切为客户考虑的原则,以提高客户的满意度为终极目标,给电子商务的交易留有足够的余地和空间,便于随时随地伸缩或延展。

5. 不均衡性

农村电子商务仍处于成长阶段且发展不均衡。总的来说,我国的农村电子商务仍处于成长期,东部地区农村电子商务发展已初具规模,而西部地区农村电子商务的发展仍处于起步阶段。在偏远山区,互联网的覆盖面小,物流基础设施依然薄弱,导致其农村电子商务的发展仍存在很大的困难。

四、农村电子商务运营流程——以拼多多店铺开店流程为例

1. 准备资料

商家入驻拼多多时需要提交一些资料，拼多多的店铺包括个人店和企业店。其中个人店有个人、个体工商户两种类型。个人类型店铺需要上传真实身份证原件照片，个体工商户类型店铺除了需要上传真实身份证原件照片，还需要上传属于入驻人本人的个体工商户营业执照照片。

2. 注册账户

注册拼多多账户的操作很简单，只需打开拼多多官方网站，根据系统提示进行相关操作即可。具体方法如下：

（1）进入拼多多首页，单击页面上方的"商家入驻"超链接。

（2）在打开的页面中输入手机号码和密码，单击"获取验证码"超链接，输入系统发送到手机上的短信验证码，单击"0元入驻"按钮，如图8.20所示。

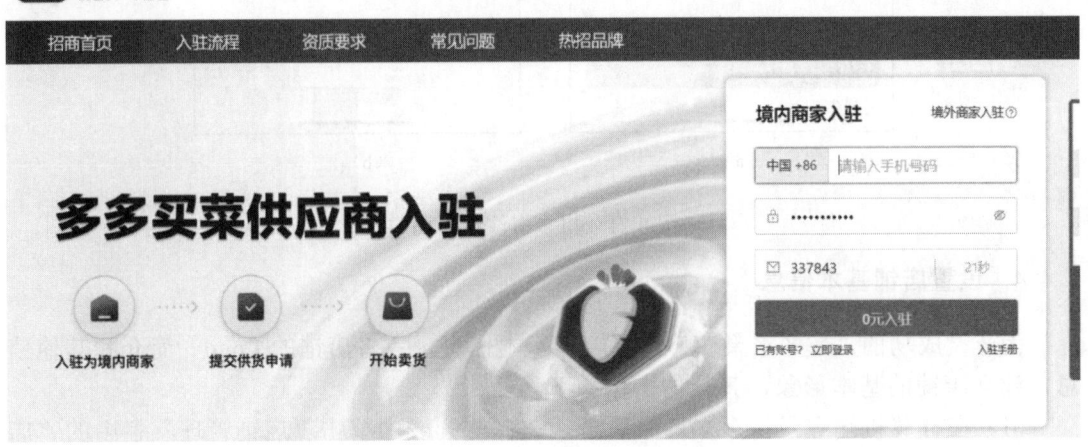

图8.20　拼多多商家入驻页面

3. 开设店铺

在拼多多开设店铺的操作很简单。这里以开设一家经营水果的个人类型店铺（普通农户一般没有营业执照，而水果属于初级农产品，个人类型店铺就可以经营）为例，介绍开设店铺的方法，具体操作如下。

（1）进入拼多多首页，点击"立即登录"超链接，在打开的页面中登录拼多多账户，然后在打开的"填写店铺基本信息"页面中填写"店铺名称"，"店铺类型"选择"个人店"，"主营类目"选择"普通商品"，如图8.21（a）所示。

（2）设置入驻人信息。上传入驻人真实身份证头像面和国徽面，点击"下一步（人脸验证）"按钮，进行人脸识别。当手机中显示"人脸验证通过，店铺信息提交成功"信息时，表示人脸识别认证已通过，如图8.21（b）所示，即可提交开店申请。系统审核

通过后，拼多多将向注册手机号发送短信，通知商家店铺注册成功，这时可进入拼多多店铺后台设置页面。

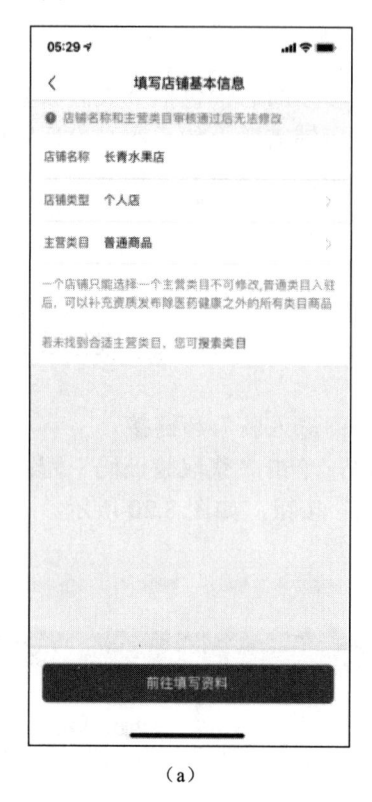

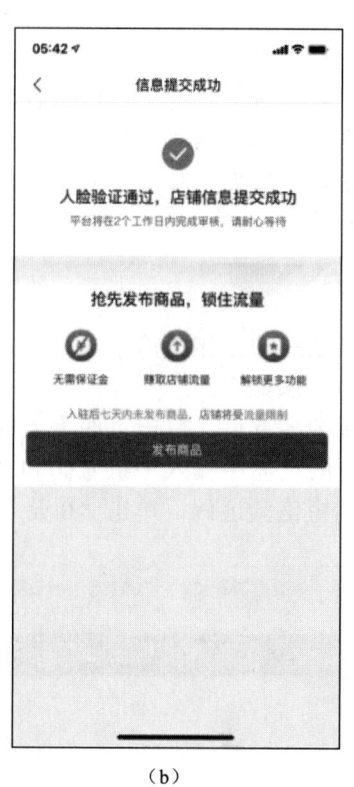

（a）　　　　　　　　　　（b）

图 8.21　拼多多注册页面

4. 设置店铺基本信息

为开设成功的"××水果店"设置店铺基本信息，完善店铺的 Logo、简介和其他信息，建立店铺的基本形象，其具体操作如下。

（1）在计算机端登录拼多多商家后台，在左侧列表中单击"店铺管理"栏中的"店铺信息"按钮，打开"基础信息"页面，单击"店铺 Logo"的图片框，单击"打开"对话框，选择需要上传的 Logo 文件，单击"打开"按钮，即可设置店铺 Logo，在"店铺简介"文本框中输入店铺简介，使用简洁的语言介绍店铺及所经营的农产品，如图 8.22 所示。

（2）设置联系方式。在"入驻人邮箱"文本框中输入联系邮箱，在"联系地址"文本框中设置商家的联系地址，选中"我声明……平台协议及平台规则规定为准"复选框，单击"保存"按钮，如图 8.23 所示。

5. 农产品发布及管理

（1）在计算机端登录拼多多商家后台，在页面左侧的"常用功能"栏中单击"发布新商品"超链接，打开"发布新商品"页面，在"选择分类"搜索框中输入水果的类别，选择需要的选项，然后单击"确认发布该类商品"按钮，如图 8.24 所示。

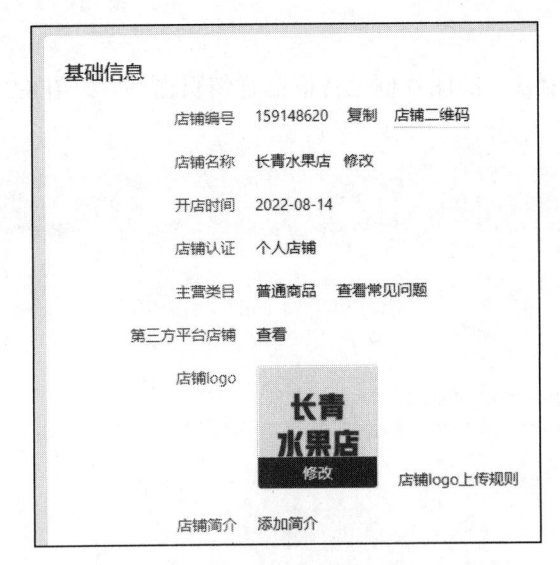

图 8.22　拼多多店铺信息填写页面　　　　图 8.23　拼多多店铺设置联系方式页面

图 8.24　拼多多店铺确认发布该类商品页面

（2）返回"发布新商品"页面，填写商品标题，在"商品属性"栏中设置城市、产地、包装方式、省份、水果品种等属性。

（3）上传农产品轮播图。单击"商品轮播图"的图片框上传商品详情页面图，如图 8.25 所示。

图 8.25 拼多多店铺设置商品属性页面

（4）设置水果的规格与库存。在"商品规格"栏中的净重、果径、价格及库存、商品参考价和满减折扣处填写数据参数。

（5）设置服务与承诺。最后单击"提交并上架"按钮。

6. 管理农产品

（1）上/下架农产品。进入拼多多商家后台，在左侧的"商品管理"栏中单击"商品列表"超链接，右侧的页面中将显示店铺目前在售的农产品，选中需下架农产品最左端的复选框，单击最右端的"下架"超链接，该农产品即可下架。

（2）切换到"已下架"选项卡，页面中将显示之前下架的农产品，可以看到已下架的农产品的"创建时间"列中显示"已下架"字样。选择需上架的农产品，单击其最右端的"上架"超链接，在打开的对话框中单击"确定"按钮，即可将该农产品上架。

思政案例

全国十大激励县之一——遂溪县的电子商务之路

自2015年，湛江市遂溪县成为湛江市首个农村淘宝试点县后，短短几年间，遂溪县电子商务就经历了从无到有、从有到完善、从完善到区域示范引领的历程，取得了良好的成效。

一、遂溪县的电子商务模式

2014年，广东省湛江市扶贫工作队提出电子商务扶贫思路。遂溪县结合自身实际情况，积极参与探索电子商务扶贫方式，带动贫困户就业创业，实现企业和贫困户双赢。

2015年，遂溪县全面启动农村电子商务工作，实施"23"保障举措。"2"即实施电子商务工作"两级一把手"工程，成立县级电子商务工作领导小组，由县政府主要领导任组长，统筹指导全县电子商务工作；成立镇级电子商务工作领导小组，由镇政府主要领导任组长，负责推进镇域电子商务工作。"3"即建立定期会商机制、工作考核激励机制、督导机制"三个机制"推进工作，强化部门联动参与，形成层层抓落实的工作局面。

随着短视频和直播热度的上升，遂溪县也跟上了这股热潮。2019年11月1日，在广州市举办的"南果北上，北果南下"活动中，遂溪县通过"短视频+县长代言+网红带货"的方式，通过直播销售遂溪县火龙果，1小时内火龙果销量就达到了1.7万件，总计3.4万千克；遂溪县领导在第十届广东现代农业博览会的县长直播间中，用15分钟售出遂溪县火龙果2.4万件，总计5.95万千克，销售额达117万元；2020年3月28日，遂溪县委书记走进搭在本县田间的电子商务直播间，化身"农民主播"，吸引超过228万名网络用户观看，售出了2.1万单、总计75吨番薯。

2020年1月到4月，遂溪县电子商务企业和个体工商户通过网络销售总售额达1.98亿元。为将产业产品朝精细化、优质化方向发展，村民以抱团方式，通过"一村一品"和扶贫明星产品的评选，借助网络直播平台，以"互联网+"和"带货直播"的形式，加强与网络大型平台合作，将瑶柱、火龙果、番薯等产品顺利销售到珠三角和国内外市场。

2017—2019年，遂溪县农产品网络零售额年均增长79.4%。2019年，农产品网络零售额达10.3亿元。

启发思考：（1）遂溪县是如何走上致富道路的？给其他地区开展农村电子商务带来了哪些启发？

（2）我们作为一名大学生，如何增强创新创业意识？（课程思政）

课程思政

响应国家号召，带动贫困户进行创业，提高幸福指数

增强民族自信心和创新意识

树立服务意识，全方位为用户服务，发扬吃苦耐劳的精神

新技术使用、企业社会责任、诚信经营

本章小结

随着互联网技术的发展，移动互联时代的到来，电子商务呈现出新的发展态势。移动电子商务、跨境电子商务、农村电子商务的全面爆发及直播电子商务的新型商业模式，为行业发展带来了新的机遇。本章重点阐述了移动电子商务、跨境电子商务、农村电子商务等电子商务新领域的概念、特点及应用，以及直播电子商务的策划方法及运营管理。

学习与思考

一、名词解释

移动电子商务　　跨境电子商务　　直播电子商务　　农村电子商务

二、单选题

1. 移动电子商务在线购物以（　　）等为代表。
   A．淘宝、京东和拼多多　　　　　　B．阿里巴巴和京东
   C．易贝和闲鱼　　　　　　　　　　D．速卖通
2. 直播电子商务主要具有店铺直播模式、秒杀模式、（　　）及基地走播模式等。
   A．限时折扣模式　B．优惠券模式　C．抽奖模式　　D．达人带货模式
3. 对于跨境电子商务而言，交易依赖信誉，而商家信誉的形成很大程度上取决于提供商品的（　　）。
   A．价格　　　　　B．物流　　　　C．质量　　　　D．包装
4. 农村电子商务是指利用互联网等现代信息技术，为从事（　　）的生产经营主体提供在网上完成产品或服务的销售、购买和电子支付等业务交易的过程。
   A．商业领域　　　B．涉农领域　　C．工业领域　　D．电子行业
5. 在直播电子商务平台中，三大平台竞争激烈，但（　　）仍占据较大优势。
   A．抖音　　　　　B．快手　　　　C．淘宝网　　　D．拼多多

三、多选题

1. 移动电子商务营销模式有（　　）。
   A．App商用模式　B．移动支付模式　C．O2O商家模式　D．微信营销模式
2. 常见的直播电子商务数据分析工具有（　　）等30多种。
   A．壁虎看看　　　B．卡思数据　　C．灰豚数据　　D．飞瓜数据
3. 跨境电子商务平台用于展示产品信息，提供在线购物功能，如（　　）等。
   A．亚马逊　　　　B．京东　　　　C．速卖通　　　D．eBay
4. 典型农村电子商务平台包括（　　）等。
   A．赶街网　　　　B．卖货郎　　　C．淘实惠　　　D．村村乐
5. 目前国际上实力较为雄厚的第三方支付平台有（　　）。
   A．PayPal　　　　B．WorldFirst　C．微信　　　　D．财富通

四、思考题

1. 通过研究移动电子商务，列举出两个以上主流移动电子商务平台，并总结和比较这些平台各自的特点、优势及商业模式。
2. 了解抖音直播和点淘直播的盈利模式，分析两者有什么区别。
3. 选择跨境电子商务平台应该从哪些方面进行考量？
4. 农村电子商务想要进一步发展，需要注意哪些问题？

技能训练

通过卡思数据分析工具，通过排行榜数据分析抖音店铺自播销售情况，对排名前 20 的店铺进行分类，哪些用户是抖音购买大军的主力军？

参考文献

[1] 宋艳苹. 电子商务基础与应用[M]. 北京：电子工业出版社，2018.
[2] 陈德人. 电子商务概论与案例分析[M]. 北京：人民邮电出版社，2017.
[3] 白东蕊. 电子商务基础概论[M]. 北京：人民邮电出版社，2019.
[4] 华迎. 电子商务基础与实务[M]. 北京：人民邮电出版社，2018.
[5] 蒋景葵. 电子商务案例分析[M]. 上海：上海交通大学出版社，2020.
[6] 逯宇铎. 跨境电子商务物流[M]. 北京：人民邮电出版社，2021.
[7] 李晓明. 电子商务案例分析[M]. 北京：中国铁道出版社，2019.
[8] 干冀春，王子建. 电子商务理论与应用[M]. 北京：北京理工大学出版社，2019.
[9] 张冠凤. 跨境电子商务[M]. 镇江：江苏大学出版社，2018.
[10] 梅琪，王刚，黄旭强. 新媒体内容营销实务[M]. 北京：清华大学出版社，2022.
[11] 王卫东，张荣刚. 电子商务法律法规[M]. 北京：清华大学出版社，2021.
[12] 王鑫鑫. 电子商务概论[M]. 北京：北京大学出版社，2014.
[13] 李洪心，姜明. 电子商务概论[M]. 大连：东北财经大学出版社，2021.
[14] 杨立钒. 电子商务基础与应用[M]. 西安：西安电子科技大学出版社，2019.
[15] 嵇美华. 电子商务与应用[M]. 北京：中国人民大学出版社，2020.
[16] 王华新，赵雨. 电子商务基础与应用[M]. 北京：人民邮电出版社，2021.
[17] 罗佩华. 电子商务法律法规[M]. 北京：清华大学出版社，2019.
[18] 欧志敏. 电子商务法律法规[M]. 北京：中国人民大学出版社，2022.
[19] 张春玉，徐巧，闫晓勇. 电子商务实务[M]. 北京：清华大学出版社，2020.

反侵权盗版声明

电子工业出版社依法对本作品享有专有出版权。任何未经权利人书面许可，复制、销售或通过信息网络传播本作品的行为，歪曲、篡改、剽窃本作品的行为，均违反《中华人民共和国著作权法》，其行为人应承担相应的民事责任和行政责任，构成犯罪的，将被依法追究刑事责任。

为了维护市场秩序，保护权利人的合法权益，我社将依法查处和打击侵权盗版的单位和个人。欢迎社会各界人士积极举报侵权盗版行为，本社将奖励举报有功人员，并保证举报人的信息不被泄露。

举报电话：（010）88254396；（010）88258888

传　　真：（010）88254397

E-mail：　dbqq@phei.com.cn

通信地址：北京市海淀区万寿路 173 信箱
　　　　　电子工业出版社总编办公室

邮　　编：100036